OCEANO exprés

Caldo de Pollo para el Alma®

Gracias, Papá

101 historias de gratitud, amor y buenos tiempos

Caldo de Pollo para el Alma®

Gracias, Papá

101 historias de gratitud, amor y buenos tiempos

Jack Canfield
Mark Victor Hansen
Wendy Walker

Prólogo de Scott Hamilton

OCEANO exprés

Diseño de portada: cortesía de Pneuma Books, LLC
Fotografía de portada: iStockPhoto.com/
©Lisa Thornberg (Liliboas)

CALDO DE POLLO PARA EL ALMA. GRACIAS PAPÁ
101 historias de gratitud, amor y buenos tiempos

Título original: CHICKEN SOUP FOR THE SOUL: THANKS DAD;
101 STORIES OF GRATITUDE, LOVE, AND GOOD TIMES

Tradujo: Pilar Carril

El editor agradece a todas las editoriales y personas que autorizaron a CHICKEN SOUP FOR THE SOUL/CALDO DE POLLO PARA EL ALMA la reproducción de los textos citados.

Homero 1500 - 402, Col. Polanco
Miguel Hidalgo, 11560, Ciudad de México
info@oceano.com.mx

Primera edición en Océano exprés: junio, 2018

ISBN: 978-607-527-601-4

Impreso en México / Printed in Mexico

Índice

6

Padres sustitutos

7

Lazos que unen

8

Héroes de todos los días

9

Prólogo

Tengo una teoría que va más o menos así: en el instante en el que uno oye el llanto de su primogénito por primera vez, se libera una sustancia química en el cerebro que lo deja a uno un poco psicótico para toda la vida. El mundo cambia para siempre a partir de entonces. Uno se transforma, cambia, y probablemente se vuelve mejor de lo que nunca ha sido.

Estoy seguro de que es más que una teoría. Siempre que me encuentro cerca de otros padres en diferentes ocasiones con mis hijos, veo el tierno resplandor que sólo puede emanar del amor absoluto e incondicional. No es el amor que sentimos por la esposa, los hermanos o los padres. Es un amor que sólo podemos sentir por los hijos, que nos fortalece, nos debilita, nos vuelve más valientes y nos llena de más temor de lo que alguna vez pensamos posible.

Si tienes un hijo, lo más seguro es que hayas perdido la cuenta de cuántas veces le salvaste la vida en los primeros años. Si tienes una hija, tus instintos crean un radar que siempre está alerta para protegerla de todo. Harías lo que fuera por tus hijos y eso es algo extraordinario y difícil de explicar. En este momento, si estás leyendo esto y no tienes hijos, tal vez no lo comprendas.

Nadie puede prepararnos para eso. Nadie puede describir con precisión de qué se trata. Lo gracioso es que cuando uno toma la decisión de iniciar el proceso de engendrar un hijo, nadie puede convencerlo de lo contrario. Es la naturaleza que obra su mejor magia, la más asombrosa, bella y complicada.

Soy hijo adoptado. Me explicaron lo que eso significaba en cuanto tuve edad suficiente para comprender. Mi hermana fue fruto del único embarazo de mi madre que no terminó en desconsuelo. Simplemente no podría soportar pasar por otro intento fallido y decidió que la adopción era la alternativa mejor. Mis padres me querían. Me eligieron. Los amé y los respeté. Ambos han pasado a mejor vida y los echo mucho de menos.

Sus sacrificios fueron más allá de la razón o la lógica. Fui muy enfermizo de niño y ellos hicieron hasta lo imposible para encontrar respuestas y devolverme la salud. Cuando descubrimos el patinaje, empecé a recuperarme en forma milagrosa. Sin embargo, cuando llegué a niveles superiores de competencia, el gasto fue insostenible.

Mi padre era profesor de la Bowling Green State University e hizo todo lo que pudo, incluso en los momentos en que el cáncer lo obligó a perder el amor por la vida. Todos nos dábamos cuenta de que sufría, tanto en el aspecto emocional como en el financiero. Mi padre y mi madre tuvieron que hacer sacrificios personales increíbles para evitar que la familia se quedara en la ruina. Mi hermano y mi hermana también lo sufrieron. Yo me sentí muy culpable por los sacrificios que mis padres hicieron por mí hasta que tuve hijos. En ese momento comprendí que no hay ningún sacrificio que sea demasiado grande por los hijos.

Cuando Tracie y yo nos comprometimos, nuestros amigos Sterling y Stacy Ball ofrecieron una fiesta en nuestro honor. Menciono a Sterling y a Stacy por nombre porque cuando su hijo Casey tenía cinco años, sus riñones dejaron de funcionar. Sterling, sin dudarlo un instante, le donó un riñón a su hijo. Casey vive y prospera gracias al sacrificio que su padre hizo por él, sin titubear en absoluto.

Hacia el final de la fiesta de Sterling, me acerqué a algunos amigos que tenían hijos y les pregunté por qué habían decidido iniciar una familia. Tracie y yo queríamos hijos, por lo que mi pregunta tenía más bien el fin de adquirir cierta perspectiva. Cada uno de ellos me dio una respuesta distinta.

Uno apuntó: "Porque tenemos la responsabilidad de continuar nuestra familia". Otro respondió: "Para eso estamos aquí: para ser padres", Luego algunos dijeron: "Todos tenemos la necesidad emocional de asumir esa responsabilidad" y "Quise sentir el amor incondicional que sólo se recibe de un hijo". Otro más repuso: "Sabía que sería muy divertido vivir otra vez como niño".

Ya me entienden.

Sin embargo, como sabía que era sobreviviente del cáncer testicular, creía que era poco probable que llegara a ser padre algún día. Se necesitaba un milagro. Y este milagro se me concedió a poco más de nueve meses de que nos casamos. Cuando nació mi hijo Aidan, fue la primera vez que vi carne de mi carne.

Como fui adoptado, eso era algo que nunca pude compartir con mis padres. Me refiero a las características físicas: ojos, nariz, tipo de cuerpo, etcétera. Nunca las añoré. En realidad creo que carecieron de importancia para mí hasta que miré los ojos de Aidan. ¡Eran los MÍOS! ¡Idénticos! Nunca olvidaré el momento en que me di cuenta de eso. Después de luchar con problemas de salud de manera intermitente a lo largo de la vida y preguntarme si podría tener hijos propios, de pronto comprendí mi razón para ser padre. Nadie me mirará jamás como mis hijos me ven: con amor absoluto, necesidad, miedo a lo desconocido y confianza, *con mis propios ojos.*

Mi segundo hijo, Maxx, fue otro milagro. Era muy improbable que este segundo milagro ocurriera después de que padecí de un tumor cerebral en la glándula pituitaria en 2004 que cambió la química de mi cuerpo de tal modo que inhibía la fertilidad. Durante dos años tuve que ponerme yo mismo seis inyecciones a la semana, tres en la pierna y tres en el vientre. Al final del segundo año me di por vencido. Tracie comprendió y aceptamos el hecho de que un milagro era más que suficiente. Exactamente al mes siguiente descubrimos que esperábamos otro hijo. Otro niño, el milagroso Maxx.

Tengo el magnífico deber y honor de ser el hombre más importante en la vida de mis hijos, y ellos son los hombres más importantes en la mía. Nunca volveré a ser el mismo.

Ahora me encuentro mejor de lo que nunca había estado porque tengo que estar bien. Ellos lo merecen, y la misión de mi vida es cumplir con esta responsabilidad formidable.

Este es el magnífico deber y honor que todos los padres compartimos.

Amar y ser amados incondicionalmente.

Que nos vean con admiración.

Y en mi caso, con esos ojos idénticos.

SCOTT HAMILTON

Caldo de Pollo para el Alma

1

CAPÍTULO

Cómo dice "te amo" un padre

1

La aprobación de mi padre

Era una noche fría de finales de noviembre. Una noche ideal para un partido de futbol en la preparatoria. La luna llena de otoño se alzaba por encima de las luces del estadio y eclipsaba las estrellas. Estaba en el último año de preparatoria y era capitán del equipo en mi posición de apoyador central. Éramos un buen equipo de futbol con un récord de 12 juegos ganados y uno perdido hasta el momento. Ese partido en particular era la ronda semifinal de las eliminatorias del Campeonato Estatal de Alabama, clase 5A.

> No crías héroes, crías hijos. Y si los tratas como hijos, llegarán a ser héroes, aunque sea sólo a tu parecer.
>
> WALTER M. SCHIRRA, SR.

Viajamos de Eufaula a Mobile por autobús de la línea Greyhound para enfrentar a nuestra némesis al otro lado del estado. Si ganábamos ese partido, jugaríamos contra Etowah High School en el juego por el campeonato estatal en diciembre.

JaMarcus Russell, un chico que en aquella época cursaba el primer año de preparatoria, era el mariscal de campo de nuestro adversario. Russell jugó después en el futbol colegial para Louisiana State University y luego fue la primera selección en el draft de la NFL de 2007 y lo contrataron los Oakland Raiders. Otro muchacho llamado Carnell Williams, también conocido como "Cadillac" Williams, jugó como corredor para Etowah. Posteriormente jugaría para Auburn

University y después con los Tampa Bay Buccaneers. Era un equipo muy fuerte.

Esa noche de noviembre el aire helado nos traspasaba las narices y parecía quemarnos los pulmones mientras corríamos durante los ejercicios de calentamiento previos al partido. El estadio engulló a los poco más de cien fanáticos fieles que nos habían seguido a la batalla. Las otras diez mil personas que componían la legión enemiga manifestaban su apoyo a voz en cuello. Mis padres estaban sentados en el mismísimo centro del campo, en la línea de la yarda cincuenta, unas filas arriba en la sección más cercana a la cancha.

Nuestro equipo había llegado lo más cerca de ganar el campeonato estatal que cualquier otro equipo de Eufaula en casi veinte años. Pero primero teníamos que vencer a este Goliat en Mobile para avanzar a las finales en Birmingham. Mi papá jugó el partido de campeonato en Birmingham en su último año de preparatoria. Uno de mis sueños era llegar ahí. Quería hacer algo que mi padre había hecho, pero mejor.

El partido comenzó y salimos corriendo por las rejas dispuestos a ganar. Fue una batalla campal hasta el final y los dos equipos dejamos todo lo que teníamos en el campo. Nosotros anotamos primero, 7-0. Luego ellos respondieron, 7-7. En seguida logramos anotar otro *touchdown*, 14-7. Ellos anotaron de nuevo, pero logramos bloquear el punto extra, 14-13. Tomaron la delantera por primera vez en la noche cuando quedaban poco más de siete minutos del cuarto cuarto. La conversión de dos puntos falló y el marcador quedó 14-19. Cuando quedaba menos de un minuto soltamos el balón. Se acabaron el reloj y luego aceptaron un *safety* cuando quedaban diecinueve segundos de juego. Estábamos 16-19. Con sólo tres segundos para anotar, peleamos, mordimos, arañamos, desgarramos, sujetamos y logramos llegar a la zona final una última vez, pero el tiempo se acabó.

Pude taclear a muchos jugadores, pero también se me fueron varias tacleadas. Tomé algunas decisiones buenas y otras malas. Una jugada que me atormenta fue mi oportunidad de capturar a JaMarcus Russell. Me acerqué a él cuando llegábamos a la línea lateral. Hizo un corte a la izquierda; yo también. Tomó hacia la derecha; lo seguí. Estuve a punto de capturar al futuro mariscal de campo de la NFL, pero un instante antes de entrar con mi casco en las hombreras de él, me tropecé. Caí, alcancé a estirarme para sujetarlo por las piernas y ambos rodamos fuera del campo; sin embargo, no fue antes de que el balón saliera de sus manos abriéndose en una espiral y cayera en las manos del receptor para lograr la primera oportunidad.

Me sentí humillado. Tuve mi oportunidad y la eché a perder. Me equivoqué por completo. La parte más vergonzosa fue cuando rodamos fuera del campo por la línea lateral de mi equipo. Sabía dónde estaban sentados mis padres y oculté el rostro para que no pudieran verme desde sus asientos. Alcancé a oír la desilusión en los suspiros de la multitud. No podía soportar la idea de lo que mi padre debía de estar pensando.

El reloj marcó cero como señal de que nuestra oportunidad de llegar a las finales se nos había escapado. Estábamos como anestesiados. No hubo lágrimas, sólo decepción. No teníamos energía suficiente para llorar. El tiempo avanzaba muy despacio y los gritos y vivas de nuestros oponentes resonaban en nuestros cascos. Guardé silencio. Sentía que la cabeza me iba a estallar. No quería hablar con nadie. Ni con las animadoras, ni con los entrenadores, ni con mi compañero apoyador a cuyo lado había jugado en los últimos seis años, ni mucho menos con mi papá. Temía cómo sería nuestra conversación. No quería oír "buen partido", porque sabía no era cierto. No quería oír "ya será la próxima", porque no iba a haber una "próxima". No quería tener que tragarme el comentario: "Deberías de haber hecho esta tacleada o esta otra". No estaba preparado para enfrentar la realidad de no haber podido seguir los pasos de mi padre.

Con el casco en una mano y las hombreras en la otra, crucé el campo yo solo para dirigirme a la casa club. Miré a las gradas donde mis padres se habían sentado. Estaban desiertas. Todos los lugares estaban vacíos. Supuse que habían decidido marcharse antes. ¿Acaso era por las tacleadas que fallé? ¿Había sido el marcador lo que los alejó? ¿O era algo peor, algo tan horrible como la vergüenza? No los culpé; yo también me sentía decepcionado.

Es muy curioso cómo el aire puede estar frío, el cuerpo caliente y las emociones congeladas cuando los oídos perciben de pronto un sonido familiar. Era un silbido. Un silbido conocido. Entre miles de vivas, una banda militar, bocinas de aire, fuegos artificiales y sirenas, reconocí ese silbido. Venía de la línea lateral. Alcé con brusquedad la cabeza y me concentré en el punto de donde venía.

Ahí estaba él en el atuendo que se ponía para los partidos: gorra roja, camisa roja con mi número bordado en el bolsillo izquierdo, pantalón caqui y un cojín rojo del estadio con una garra de tigre. Era el silbido de mi padre. ¿Por qué había bajado a la línea lateral? ¿Qué me diría? ¿Qué podía ser tan importante para que tratara de captar mi atención y hacerme olvidar la autocompasión? ¿Qué noticia era aquella que no podía esperar hasta que yo llegara a casa? ¿Por qué era tan importante recordarme la gran decepción que yo era para él?

Nuestras miradas se cruzaron; ambos teníamos los ojos enrojecidos por el dolor. Lo miré a la espera de su veredicto. No dijo: "Buen partido", ni "Deberías de haber jugado mejor". Su rostro no tenía expresión. Luego dijo algo que no olvidaré en lo que me queda de vida. Extendió el brazo musculoso, levantó el pulgar en ademán de aprobación y dijo: "Te amo, hijo".

¿Me amaba? ¿Aunque hubiera metido la pata? ¿Aunque hubiera echado todo a perder? ¿Aunque el peso del partido descansaba en mis hombros y me había equivocado? ¿Me amaba? Sí, claro que sí. ¡Me amaba! Todos los pensamientos negativos se esfumaron como por arte de magia. El amor de mi padre no dependía de mis éxitos o fracasos. Mi padre me amaba porque soy su hijo y él es mi padre. Mi papá me aprobaba porque soy su hijo, no porque hubiera conseguido o no un anillo del campeonato estatal. Gracias, papá. Gracias por mostrarme la imagen perfecta del amor celestial de mi padre.

Bryan Gill

2

Del único

Pensé que iba a morir. Era el primer semestre de mi segundo año en la universidad y mi novio de primer año acababa de terminar conmigo. No sabía qué hacer. Había tenido novio desde que estaba en segundo año de preparatoria, pero este era especial. Consideraba que este noviazgo era mi primera relación propiamente adulta, dado que tenía casi veinte años. Estaba desconsolada y no podía comer ni dormir. Mis compañeras de habitación se preocuparon por mí, pero se habían dado por vencidas después de tratar de alegrarme de mil maneras. Incluso le escribí al novio que me había abandonado un poema sobre una muñeca vieja que se había quedado olvidada en una repisa, o sea, yo. Estaba muy herida y era muy joven.

Empecé a llamar a casa casi todos los días después del rompimiento para despertar la compasión de mi madre. Sin embargo, mi papá y yo seguimos teniendo esas conversaciones telefónicas escuetas que se dan entre padre e hija durante nuestras llamadas oficiales del domingo, aquellas en las que le aseguraba cada vez que estaba estudiando y tenía suficiente dinero. Por otra parte, mi madre y yo hablábamos de verdad. Ella quería saber todo lo que ocurría en la universidad, qué estaba aprendiendo en mis clases y qué cosas ricas había en la cafetería. Estoy hablando de los tiempos anteriores a los "minutos libres a cualquier hora" de la telefonía celular y la larga distancia ilimitada, por lo que las cuentas empezaron a

> Papá, tu mano conductora
> en mi hombro se quedará
> conmigo para siempre.
>
> AUTOR ANÓNIMO

acumularse. Esperé a oír la perorata de que "hay otros peces en el mar", la cual, gracias a Dios, nunca llegó. Mi madre se mostró solidaria y paciente con mi llanto, pero al cabo de varias semanas por fin me dijo que era una tontería que siguiera sufriendo de ese modo. Comprendí que tenía razón, por lo que traté de salir de mi abatimiento, me concentré aún más en mis estudios y me hice socia de algunas organizaciones universitarias. Papá se mantuvo por completo al margen del tema. Yo sabía que él se sentía mal porque yo me sentía mal, pero en general le dejaba los rescates emocionales a mi madre.

Un día que volví a la residencia universitaria de una clase por la tarde, encontré a mi compañera de cuarto sentada al escritorio, sonriéndome. Había un arreglo de flores muy lindas, de color claro, en la mesa al centro de la habitación.

—Son para ti —anunció. El corazón me dio un vuelco. Eso era todo. Mi ex se había dado cuenta por fin del error que había cometido al tratarme así y quería que volviéramos. Después de todo, no se había enamorado de esa muñeca Barbie de primer año que conoció en su grupo de orientación para asistentes de residencias. Me acerqué despacio, levanté la canasta fragante y abrí la tarjeta con las manos temblorosas. Tenía escrito simplemente: *Del único hombre que te ha amado veinte años.* Los ojos se me llenaron de lágrimas. Mi compañera me miró, confundida.

—Son de mi papá —sollocé y me senté, sosteniendo contra el pecho el ramo de flores, mientras miraba los delicados botones.

—¿Tú papá? ¿Por qué? —mi compañera cruzó la habitación, tomó asiento a mi lado y me pasó el brazo por los hombros. Le di la tarjeta y ella volvió a sonreír—. Tu papá es un encanto.

—Lo sé —sorbí las narices. En ese instante algo cambió en mí. Vi las cosas en su verdadera dimensión. El consejo continuo de mi madre me había ayudado en mi lenta recuperación, pero esto era lo que necesitaba para sanar por completo.

Han pasado muchos años desde entonces; ahora estoy felizmente casada y tengo una hija. Mi padre ha tenido que librar sus propias batallas en los últimos años por problemas de salud y una jubilación forzada, pero la gran imagen de Papá como protector nunca desaparece. Resulta que la fortaleza física de un padre es sólo una metáfora de lo que en realidad les da a sus hijos. No creo haber comprendido la fortaleza invencible que era el temple de mi padre, la fuerza de sus principios morales y convicciones hasta que empezó a tener problemas de salud. Mamá me había dicho muchas veces que mi padre nunca se quejaba del deterioro de su calidad de vida por más mal que se sintiera, pero que con frecuencia lamentaba ya no poder hacer cosas por nosotras. Yo quería hallar una manera de asegurarle que el hecho de que ya no fuera activo no tenía nada que ver con su capacidad de ser un magnífico padre. Papá y yo habíamos recorrido juntos el camino de nuestras vidas y yo extrañaba ese aspecto de nuestra relación. Sin embargo, la base y apoyo que me había dado nunca se habían debilitado. De hecho, se habían fortalecido.

Casi había olvidado a aquel novio, mi desesperación y las flores de papá hasta que vi una fotografía en un viejo álbum que me refrescó la memoria. Los ojos se me llenaron de lágrimas una vez más al pensar en el gesto amoroso de mi padre. Faltaba una semana para el día del padre y se me ocurrió una idea.

Mi papá abrió la tarjeta sencilla con una débil sonrisa, pues la enfermedad de Parkinson hace muy difícil que pueda sonreír. Las flores lo sorprendieron, aunque siempre había sido de esos hombres contados que aprecian las flores como regalo. La tarjeta decía: *De la única mujer que te ha amado desde el día en que nació.*

Entonces lo abracé y le pregunté en susurros:

—¿Te acuerdas?

—Sí, me acuerdo —me aseguró en voz baja. Asentimos mutuamente. Como siempre, no hubo necesidad de decir nada.

Heidi Durig Heiby

3

Documentos muy importantes

—¡Su currículum es impresionante! —exclamó el señor Green mientras examinaba el documento que tenía en la mano.

Excelente, pensé. De seguro me darán el puesto.

—Sólo un último detalle. Queremos que presente una pequeña prueba de aptitud y después hablamos —añadió.

—Sí, claro, estoy lista —repuse con más entusiasmo del que sentía. Pensé que tenía que conservar la sonrisa y verme tranquila. Podía oír a mi papá diciendo: "No dejes que nadie se dé cuenta de que algo te molesta".

> La educación es simplemente el alma de una sociedad que se transmite de una generación a otra.
>
> G. K. CHESTERTON

Presenté el examen y no me quedó la menor duda de que me había equivocado terriblemente. Estaba muy nerviosa y abrumada. Esta entrevista había comenzado a la hora del desayuno y ya era más de la una de la tarde. Agotada mentalmente, llamé a la gerente de recursos humanos, Cleo, y le informé que había terminado. Luego esperé. Por fin llegaron los resultados.

—Bueno, señorita Rodman, salta a la vista que está muy bien preparada para el puesto. Voy a pedirle a Cleo que la lleve a su oficina para iniciar todos los trámites. ¿Puede empezar el lunes? —preguntó el señor Green.

—Eh, desde luego —respondí, totalmente sorprendida. Entonces pregunté lo que en realidad quería saber—. ¿Puede decirme qué calificación obtuve en los exámenes?

—No puedo darle esa información, pero digamos que le fue muy bien.

—Gracias —respondí en tono sumiso.

¡Había conseguido el empleo de mis sueños! Reflexioné al respecto en el automóvil de camino a casa y me pregunté por qué me habría ido tan bien.

Las palabras de mi padre resonaron en mis oídos: "Educación, querida, educación. Es lo que se necesita para avanzar en este mundo".

Mi papá atribuía un valor formidable a la educación. Él se había visto obligado a renunciar a ir a la universidad, pues su padre murió cuando mi papá estaba terminando la preparatoria. Como hijo mayor, se esperaba que se pusiera a trabajar y mantuviera a su madre, dos hermanos y dos hermanas. Muchos años después, se casó y mantuvo a mi hermana y a mi madre con su trabajo de electricista. Cuando llegó a California el año antes de que yo naciera, se vivía el auge económico que la Segunda Guerra Mundial provocó en Estados Unidos, y una de las empresas fabricantes de aviones vio algo prometedor en él y lo mandó a la Universidad del Sur de California a estudiar la carrera de ingeniero.

Mi padre se aseguró de mandarme a las mejores escuelas que el dinero podía pagar. Fui a una escuela primaria particular y luego a una preparatoria católica para señoritas. Cuando tenía diecinueve años me fugué con mi novio y mi padre se sintió muy desilusionado de que no estudiara una carrera universitaria. Me habían aceptado en la Universidad del Sur de California y me parece que él quería que sus hijas siguieran sus pasos.

Cuando mis hijos estaban en preparatoria, volví a estudiar y terminé mi carrera a los treinta y siete años. Papá fue a mi graduación y no había en el público un padre más orgulloso que él.

Después de aquella entrevista que había durado todo el día, caí en la cuenta de que nunca le había dado las gracias a mi padre por todos los sacrificios que me permitieron obtener una educación de primera. Esa noche me senté a escribirle una carta. Quería decirle todas estas cosas sin que se pusiera demasiado emotivo. A papá se le humedecían los ojos cuando oía cantar el himno nacional en un partido de beisbol. A veces me costaba trabajo lidiar con sus emociones. Así, seleccioné mi mejor papel floral de escribir, tomé un bolígrafo y empecé a expresarle mi gratitud. La carta decía algo así:

Querido papá:

Cada vez que sé cuál es la palabra precisa que debo emplear en un informe financiero o cómo calcular la tasa de rendimiento en un análisis de marketing, o que reviso y corrijo correctamente un informe para la asamblea de accionistas, pienso en ti.

Gracias, papá, por todas las veces que me pusiste a hacer mi tarea, me preguntaste las tablas de multiplicar o me ayudaste a deletrear las palabras. Ahora entiendo cuánto sacrificaste para asegurarte de que recibiera la mejor educación posible.

Te quiero, papá, y me siento muy agradecida de que seas mi padre. Espero que siempre te sientas orgulloso de mí y sé que siempre seré tu pequeña.

Con amor,

Sallie

Esperé con emoción a que recibiera la nota que le envié. Transcurrieron días, semanas y luego un mes. Nada. Por fin decidí llamar a mi madre.

—Mamá, ¿no te ha comentado nada papá sobre algo que recibió en el correo últimamente?

—No, Sallie. ¿Está esperando algo?

—Nada especial, mamá. Sólo tenía curiosidad. Quiero decir... le mandé una notita por correo, pero no es nada importante —respondí. Tenía demasiado miedo de revelar lo que sentía.

El tiempo pasó y nunca se dijo nada al respecto. No sabía si mi padre había recibido mi nota y había hecho caso omiso, o incluso si la había recibido o no. Mientras tanto los años pasaron volando y progresé en mi carrera. Papá siempre me llamaba para felicitarme.

Después de que mi padre murió, registramos su departamento. Me había dicho que había dinero escondido por toda la casa: en el sofá, la otomana y su sillón reclinable. Como había crecido durante la Gran Depresión, no confiaba mucho en los bancos. Tenía que asegurarme de que no dejáramos nada y, por lo tanto, busqué por todas partes.

Cuando limpiamos el dormitorio, en un cajón de su cómoda encontramos unos documentos sujetos por una liga que estaban marcados con la leyenda "Documentos muy importantes". Entre la factura de su automóvil, su póliza de seguro de vida y la libreta de su cuenta de ahorros había una hoja de papel floral que se había puesto amarilla por el paso del tiempo. El corazón me dio un vuelco de alegría cuando me di cuenta de que había recibido mi nota. Mi padre había sabido lo agradecida que estaba con él y, aun cuando no había podido decirme nada en aquel entonces, entendí cuánto me amaba cuando encontré mi carta.

SALLIE A. RODMAN

4

Lo sabía

Hace un par de años, un cálido día de verano, mi familia se reunió en la casa de mis padres para celebrar el cumpleaños de mi hermano mayor. Estas celebraciones eran más o menos comunes en nuestra familia, ya que éramos cinco hermanos y quince nietos, y todos, en algún momento de nuestra vida, habíamos celebrado una ocasión especial ahí. Los amigos cercanos de la familia, entre los cuales se contaba un sacerdote a quien conocíamos como el padre Mike, también estaban presentes.

Cuando mi esposa, mis hijos y yo caminábamos por la entrada de automóviles, vimos que algunos adultos estaban sentados en la cochera abierta, otros se hallaban de pie en el foso de la barbacoa y casi todos los niños corrían de un lado a otro en el patio trasero. Mis hijos echaron a correr delante de nosotros para unirse a sus primos y mi esposa y yo empezamos a hacer nuestra ronda para saludar a todo el mundo.

> Lo más importante es lo más difícil de decir, porque las palabras lo disminuyen.
>
> STEPHEN KING

Me acerqué a mi padre, que estaba sentado junto al padre Mike. Tenía los ojos enrojecidos y llorosos por haber pasado mucho tiempo junto al humo que salía del foso de la barbacoa donde estuvo preparando la comida de cumpleaños de mi hermano. Entrecruzamos miradas y mi padre me saludó con ese reconocimiento universal típico de los hombres hispanos cuando nos vemos: un movimiento rápido de cabeza hacia arriba, que básicamente se traduce como "qué tal" o "cómo te va". Respondí con el mismo movimiento de cabeza, y con este gesto terminó nuestro saludo. El padre Mike, evidentemente molesto por nuestra actitud, le dijo a mi papá: "Esa no es forma de saludar a tu hijo. Levántate y dale un abrazo para que sepa cuánto lo quieres". Sin dudarlo un momento, le respondí al padre Mike: "No tiene que hacerlo, sé perfectamente cuánto me quiere". Mi padre miró al sacerdote sonriendo de oreja a oreja y soltó una risita.

Soy el menor de tres hermanos y mis hermanos mayores a menudo comentan lo fáciles que fueron las cosas para mí de niño. Ellos fueron los conejillos de indias con los que mi padre practicó sus técnicas de disciplina. Cuando llegó mi turno, mi padre había dominado el arte de disciplinar a sus hijos con una sola mirada, una mirada capaz de hacerme parar en seco y obligarme a cambiar de actitud.

Por supuesto, eso no es lo único que distingue a mi padre. Es un hombre bueno, íntegro y con una sólida ética de trabajo. Durante mi niñez, e incluso en mis primeros años de adulto, los actos de mi padre demostraron siempre su amor por mí. Por esa razón, cuando le aseguré al padre Mike que sabía perfectamente cuánto me quería mi padre se lo dije con plena convicción.

Supe que mi padre me quería cuando, siendo yo muy pequeño, me enseñó pacientemente a atar un anzuelo en mi línea de pescar. Supe que me amaba cuando volvíamos a casa temprano de nuestra excursión de pesca, incluso cuando él no quería, porque yo estaba cansado. Supe que me quería cuando llegaba a casa del trabajo con una caja de tarjetas de basquetbol para mi colección. Me observaba mientras abría emocionado los paquetes y me preguntaba si me había salido algo "bueno". Supe que me quería cuando me llevaba a la escuela en días lluviosos, sin quejarse ni una sola vez de que iba a llegar tarde a su trabajo. Supe que me quería cuando, en mi época de jugador de basquetbol en la preparatoria, me gritaba "¡usa el tablero!" cada vez que podía. Supe que me quería cuando, durante uno de esos partidos de basquetbol, me torcí un tobillo y me caí y corrió desde las gradas para estar a mi lado. Supe que me quería cuando me contaba historias de cuando él era niño y me decía que tenía que hacer mi mejor esfuerzo en la escuela para no tener que trabajar tan duro. Supe que me quería porque, durante mi graduación de preparatoria, en cuanto anunciaron mi nombre, gritó "¡muy bien, Adrian!" delante de cientos de personas.

Supe que me quería cuando me enseñó a cambiar los frenos de mi automóvil por primera vez. Me advirtió: "Te voy a enseñar sólo una vez para que aprendas". Una vez era todo lo que necesitaba. Supe que me quería cuando, unos momentos antes de casarme, me llamó aparte y me dijo: "Sabes que vas a trabajar sin descanso el resto de tu vida. Siempre ocúpate primero de tu familia". Supe que me quería cuando llegaba lo más pronto posible cada vez que yo necesitaba ayuda en mi nueva casa. Supe que me quería cuando, en mi cumpleaños, él y mi madre me llamaban por teléfono a primera hora de la mañana para cantarme. Supe que me quería porque siempre estuvo presente cuando nacieron mis hijos.

Soy un hombre muy afortunado por tener un padre como el mío. Hay otros en este mundo que nunca conocerán este tipo de experiencias. Nunca conocerán a un hombre tan bueno como mi padre, un hombre dispuesto a darse por completo, sin quejase jamás y sin nunca esperar nada a cambio. Es un buen padre, un buen esposo, pero sobre todo, es un buen hombre. Me enseñó a valorar lo que tengo, a ser bueno con los demás, a trabajar duro, a amar a mi esposa y a ser fuerte en todo lo que hago. Gracias, papá, por tu apoyo de siempre. Tengo una deuda eterna de gratitud contigo. Ojalá supiera cómo pagarte todo lo que has hecho por mí. Si alguna vez te preguntas si sé cuánto me amas, no te preocupes... lo sé perfectamente.

ADRIAN R. SORIANO

5

La flauta plateada

—Mamá, ¿qué es esto? —gritó mi hija menor desde la sala.

Volví la cabeza para ver a qué se refería. Miré el estuche rectangular blanco y negro que tenía en la mano. Los recuerdos se agolparon en mi mente mientras caminaba hacia ella.

—¡Válgame Dios! —respondí, tratando de contener la emoción—. Es mi flauta.

Tomé el estuche y lo puse con delicadeza sobre la mesa del comedor. Abrí los broches a cada lado y, despacio, levanté la tapa. Sobre el forro de terciopelo rojo estaba mi vieja flauta plateada que tocaba hace más de cuarenta años.

> No existe mejor préstamo que prestar atención y escuchar con compasión a alguien.
>
> FRANK TYGER

—Tócala, mamá —pidió mi hija, entusiasmada.

—Ay, no sé —titubeé. Durante unos minutos me transporté en el tiempo a otro mundo. Al fondo podía oír el redoble de los tambores y el sonido de los instrumentos.

Estaba tocando de nuevo en la banda marcial. Llevaba puesto mi grueso uniforme azul marino y mi gorra y marchaba con todos los demás en formación de un lado a otro. Mis dedos tocaban la marcha Sousa y el corazón se me salía de gusto. Otro partido de futbol. Otro medio tiempo.

Había sido difícil para mí crecer en una familia de seis. Era tímida y callada, siempre dispuesta a quedarme al margen. Mis padres hicieron su mejor esfuerzo para satisfacer las necesidades de mis dos hermanos, mi hermana menor y yo. Pese a ello, algo faltaba en mi vida y yo no sabía qué era. Siempre fui buena estudiante y tocaba el piano en el coro; sin embargo, a los quince años, era insegura y anhelaba sentirme parte de algo.

Un día que estaba pensando en mi vida sin resolver, me sentí inquieta y desasosegada. Traté de tocar el piano, que siempre me serenaba y tranquilizaba mi ánimo. Pero esa vez no me ayudó. Cuando me estaba levantando del piano vi a mi padre que entró en la habitación. Se acercó, se sentó en el sofá y empezó a leer el periódico.

—Hola, cariño —me saludó sin alzar la vista del periódico.

—Hola, papá —respondí en voz baja. En ese momento me sentía como si llevara a cuestas todo el peso del mundo y quería estar sola.

—¿Qué te pasa? —inquirió mi padre al tiempo que dejaba a un lado el periódico.

—No sé —contesté un poco avergonzada por la pregunta.

—Ven aquí —hizo un ademán para indicarme que tomara asiento a su lado.

Me miró mientras me sentaba. En cuanto empezó a indagar, desembuché todo lo que me había guardado hasta entonces y le conté que me sentía sola y que no me aceptaban en la escuela.

Mi padre tomó las cosas con calma y trató de resolver el problema.

—Bueno, ¿qué podemos hacer? —preguntó.

—Creo que me serviría mucho si pudiera tocar en la banda como David —respondí. Mi hermano mayor siempre parecía mostrarme el camino—. Él puede ir gratis a todos los partidos de futbol y viajar en el autobús. A una pianista no la toman en cuenta para nada, sólo para tocar el piano.

—De acuerdo. Te conseguiremos un instrumento. ¿Qué te gustaría tocar?

—La flauta —contesté, sin dar crédito a lo que decía—. Así podré tomar clases con los demás y tocar en la banda.

De buenas a primeras, mi padre dejó el periódico, se levantó y puso manos a la obra. Tomó la guía telefónica y buscó la tienda de música más cercana. En seguida salimos a comprar una flauta.

En cuanto llegamos a la tienda me cautivó el brillo de los instrumentos. El gerente nos llevó a donde estaban las flautas. Con cuidado abrió varias, pero yo ya sabía cuál quería.

—Y bien, ¿qué opinas? —preguntó mi padre.

—Me gusta aquella —respondí en voz baja. Ahí estaba: nueva, flamante, absolutamente perfecta.

—Es una flauta muy buena —aseguró el gerente—. Produce un sonido muy bello —en segundos pagamos la flauta y salimos de la tienda; yo llevaba el instrumento como si fuera un tesoro entre los brazos.

Sentía el corazón rebosante de alegría, no sólo por la flauta nueva, sino porque sabía que mi padre me amaba. El valor de ese amor significó más para mí ese día que todos los instrumentos de la tienda juntos.

Fiel a mi palabra, tomé clases y empecé a tocar en la banda de la preparatoria. En cuestión de meses empecé a tocar en los partidos de futbol y a marchar en los desfiles. Por primera vez en muchos años me sentía en paz y contenta.

—Tócala por favor, mami —las palabras de mi hija me devolvieron al presente.

—No sé si todavía me acuerde —advertí, mientras armaba las partes.

Pasé las manos por la flauta plateada mientras escuchaba el gorjeo de las flautas y los flautines en mi memoria.

Acerqué la flauta a la boca y empecé a tocar despacio, primero una canción y luego otra. Asombrada de que aún recordaba la colocación de los dedos para tocar las diferentes notas, tomé un libro viejo de partituras y me quedé absorta en la música durante un rato.

Gracias, papá, pensé, por entender lo que había en el fondo de mi corazón y por estar tan dispuesto a hacer lo posible por ayudarme aquel día.

Esa flauta entrañaba un tesoro más grande de lo que podía apreciarse a simple vista y siempre guardaré en el corazón lo que representa.

Sharon Beth Brani

6

Herramientas para la vida

Era diciembre cuando mi papá tuvo que pasar por el momento que todo padre teme, pero por partida doble. Yo, con mi título de licenciada en la mano, me disponía a abandonar el nido de manera oficial y permanente para irme a Connecticut. Mi hermana, con su título de maestría, se dirigía a New Jersey para iniciar su nueva vida.

Y para colmo de males, cada una de nosotras teníamos un novio de mucho tiempo esperándonos. Mi padre no sólo iba a perder a sus hijas al mismo tiempo, sino que las dos se estaban yendo con otros hombres. Nos secuestró durante las vacaciones, pero al fin y al cabo, la situación había cambiado drásticamente y el reloj continuó su marcha inexorable.

> Un niño llega un día a tu casa y durante los siguientes veinte años hace tanto ruido que apenas puedes soportarlo. El niño se marcha y deja la casa tan silenciosa que crees que vas a enloquecer.
>
> JOHN ANDREW HOLMES

Por eso, aquel año nos dio a mi hermana y a mí los mejores regalos que hemos recibido.

¿Un poni? No, había renunciado a ese sueño hacía años cuando me compró en cambio un caballo de peluche. ¿Un automóvil? No, mi padre insistía en que el viejo Buick que le compró a nuestro anciano vecino era "¡un estupendo automóvil!"

Esa mañana de Navidad había dos regalos idénticos debajo del árbol que mi hermano, estirando los músculos, empujó hacia sus hermanas. Era algo grande, de superficie un tanto irregular y suficientemente grande para hacerme pensar en qué haría con una caja de piedras.

—Este regalo es de su padre —aclaró mi madre, impaciente por darle el reconocimiento que merecía. Mi hermana y yo entrecruzamos miradas nerviosas (mi papá no salía nunca de compras) y rompimos la envoltura del empaque para descubrir ¡cajas de herramientas! Justo lo que toda chica, la niña de los ojos de su padre, quiere recibir en Navidad.

—¡Ábranla, ábranla! —nuestro Santa Claus personal invitó con regocijo mientras aplaudía.

No nos quedó más remedio que abrirla.

Martillos, llaves, clavos, cinta adhesiva plateada, medidor de aire para neumáticos, cinta de medir, tornillos. Qué puedo decir, las cosas más divertidas que se puedan imaginar, y mi padre no podía haber estado más orgulloso. Nosotras, por nuestra parte, no podíamos haber estado más confundidas.

Como chicas bien educadas, sentimos que era nuestro deber demostrar alegría y agradecer nuestra suerte, pero no podíamos quitar la vista de encima de la caja que decía GAP con toda claridad debajo del árbol.

—Lo hizo todo él solo, saben —mamá nos confió después, cuando todo el papel de envoltura arrugado estaba tirado en el piso y los regalos yacían esparcidos por todas partes—. Tardó horas en elegir su regalo.

De pronto entendí a la perfección: muy bien envueltas en esas cajas de herramientas, pesadas y engorrosas, estaban todas las lecciones y el amor de un padre. Estaba a punto de entregarnos a otros hombres, pero sus niñas iban a ser capaces de cuidar de sí mismas, y siempre recordarían quién había sido en sus vidas el primero que sentó los cimientos y siempre tomó las piezas y las volvió a armar con trabajo y esfuerzo.

Sí, mi padre me dio un medidor de aire de Navidad, junto con la previsión de atender los problemas antes de que se presentaran.

Un portallaves, y el conocimiento que todos somos humanos y a veces olvidamos las llaves.

Un martillo, y la fortaleza de saber que las chicas también pueden blandirlo.

Clavos, e innumerables recuerdos para colgar en las paredes.

Una caja de herramientas, y todo el amor y el apoyo para superar lo bueno y lo malo en la vida, sin importar lo que se haya deformado o roto.

Gracias, papá, por todas las herramientas que me has dado.

CAITLIN Q. BAILEY

7

El corte de cabello de veinte mil dólares

Mi papá es un tipo muy poco tradicional. Me dejaba llamarlo por su nombre cuando era niño. Se mandó hacer un tatuaje y estaba tan entusiasmado con él que se ofreció a pagarme uno (¡yo tenía dieciséis años!). Tiene exactamente una corbata de tela estampada con bolas de billar. Y desde que tengo memoria, llevaba con orgullo el cabello recogido en una cola de caballo.

Sin embargo, por más bonachón y liberal que fuera mi padre, algunos aspectos de crecer al lado de un librepensador no fueron fáciles. Pagar la universidad era uno de ellos.

> No es lo que tomamos, sino lo que damos, lo que nos vuelve ricos.
>
> HENRY WARD BEECHER

—¿Por qué no tienen una casilla que simplemente se pueda marcar en esos formularios de ayuda económica que diga: "Mis padres no van a pagar esto"?

—Porque la mayoría de los padres pagan los estudios de sus hijos.

—Los míos no.

—Porque no fuiste a la universidad.

—La universidad no es para todos —así empezaba una perorata que había oído muchas veces—. Puedes conseguir trabajo o ir a la escuela medio tiempo. O enlistarte en el ejército y que ellos te paguen la universidad. Bueno, sólo en las reservas. Es como dos fines de semana al mes y no tienes que ir a la guerra.

No lo decía de broma, aunque yo pesaba 41 kilogramos y ODIABA las actividades al aire libre.

Huelga decir que muy pronto me quedó claro que yo mismo tendría que pagar mi educación universitaria. Aunque quisiera, mi papá no estaba en condiciones de ayudar demasiado. Simplemente no teníamos cien mil dólares que nos sobraran.

Las posibilidades de conseguir una beca no se veían muy halagüeñas. Había muchas becas de 500 dólares por ser descendiente de un indio americano; becas de 800 dólares por tocar la gaita; y becas de 100 dólares por ensayos que no valía la pena escribir. Pero ni siquiera reunía los requisitos para conseguir una de esas y las mejores becas eran muy pocas o la escuela las ofrecía de forma directa.

Por fin, al cabo de varias semanas de buscar por todas partes los recursos que podría tener a disposición, me topé con una beca para la que reunía todos los requisitos, y era por una cantidad considerable.

—¡¿Veinte mil dólares?!

Mi padre se quedó estupefacto. Los ojos literalmente se le salieron.

—¡Consíguela! —prorrumpió—. Consigue esa beca. Asegúrate de obtenerla —hablaba muy en serio.

En las semanas que siguieron, me dediqué por completo al proceso de solicitud. Pulí los ensayos. Les pedí a mis profesores que me dieran cartas de recomendación impecables. Preparé una lista de todo lo que había hecho que pudiera considerarse servicio a la comunidad.

Luego de un mes de tratar de convencer a los jueces en papel, y otro mes de esperar con impaciencia, mi trabajo rindió frutos.

—¡Quieren entrevistarme! —le conté a mi papá—. ¡Quieren entrevistarme contigo y mamá! ¡Soy uno de los finalistas!

Por primera vez mi padre cayó en la cuenta de que en realidad podía conseguir esa beca. Él quería que me la dieran desde el principio, pero hasta que conseguí la entrevista, no creo que hubiera creído que de verdad podía pasar. Ese día sentí que el dinero estaba al alcance de mi mano.

La mañana de la entrevista pasé mucho tiempo escogiendo mi vestimenta. Quería verme profesional, pero no desesperado. Opté por unos pantalones vaqueros y un suéter de cuello de tortuga. Eso sería un buen atuendo, ¿cierto?

—¿Listo para irnos? —mi mamá llamó desde la sala.

—Un segundo —repuse mientras me ponía una última rociada de desodorante y colonia corporal. Tenía un muy buen presentimiento. Estaba seguro de que mi inteligencia impresionaría a los entrevistadores y mi personalidad los conquistaría. Tenía fe en que mi mamá los haría sonreír y que mi papá los mataría de risa. Éramos un buen equipo. Una verdadera familia, que me agradaba mucho.

Cuando salí de mi habitación, totalmente preparado para afrontar lo que de seguro sería una de las entrevistas más importantes de mi vida, me detuve en seco, mudo de asombro.

Mi papá estaba en la sala, ¡sin su cola de caballo!

—Tu cola de caballo —musité al tiempo que señalaba el lugar vacío en la nuca.

—Me la corté. No quiero que pierdas una beca de veinte mil dólares porque no tomaron en serio a tu padre.

Tuve un sentimiento agridulce. Me conmovió que tomara tan en serio esta reunión, en especial después de todo lo que me había dicho en tono burlón sobre pagar mis estudios universitarios. Pero me sentí mal de que literalmente hubiera tenido que deshacerse de algo que lo había definido por años.

—Hay gente que ha perdido su trabajo por cosas más tontas —atajó cuando traté de decirle que no era necesario—. No quería siquiera que existiera la posibilidad de que mi aspecto te privara de ese dinero.

La entrevista salió bien y unos días después nos informaron que me habían otorgado la beca. Fui uno de los cinco beneficiarios y los veinte mil dólares que recibí cambiaron literalmente mi vida. La beca me dio el valor para solicitar admisión en la Universidad del Sur de California cuando me enteré de que tenían un programa para guionistas cinematográficos, y me dio los medios para inscribirme cuando me admitieron. La USC me llevó a mi trabajo en Hollywood, y a amigos que jamás habría conocido.

No sé si el hecho de que mi padre se haya cortado el cabello cambió algo en realidad. De hecho, sospecho que no tuvo nada que ver. Pero como mi papá dijo, no estuvo de más. Y si de veras influyó en los jueces, estoy más agradecido aún por el gesto.

Gracias, papá, por cortarte la cola de caballo. Realmente hiciste todo lo que estaba a tu alcance por ayudarme.

JESS KNOX

8

El sacrificio de un padre

Si le preguntaran a cualquiera por la relación que tengo con mi padre, les diría que soy la niña consentida de papá. Rara vez me dijo "te amo" o "estoy orgulloso de ti", pero siempre supe que creía en mí. Aunque no era un hombre muy afectuoso, nunca dudé de su amor por mí. Su principal función era la de ser proveedor de nuestra familia. Eso significó que papá trabajara muchas horas en una fábrica de neumáticos de la zona y no pasara mucho tiempo en casa. Eso no cambió mis sentimientos por él. Lo idolatraba, como muchas niñas adoran a sus padres. Teníamos un lazo especial que nos unía y que incluso mi madre no comprendía, un lazo que no puedo describir hasta este día.

> Cualquier hombre puede engendrar un hijo. Se necesita alguien especial para ser padre.
>
> AUTOR ANÓNIMO

Sin embargo, las cosas en nuestra familia iban a cambiar. En el otoño de mi último año de preparatoria, mi madre decidió abandonar a nuestra familia por un hombre que había conocido en Internet muchos meses antes. Esto puso mi mundo de cabeza y dejó desolado a mi padre. Perdí a mi madre esa noche y necesitaba a papá más que nunca. Por fortuna, nuestra relación como familia floreció. Empezamos a cenar juntos, a ir a la iglesia juntos y a pasar mucho tiempo juntos. El lazo especial entre nosotros se hizo aún más fuerte ese año y seguiría fortaleciéndose a lo largo de mis cuatro años en la universidad.

Cuando empecé a elegir una universidad ese enero, papá me dijo que podría ir a cualquier escuela que yo quisiera. Para su sorpresa, elegí una universidad privada muy cara que se hallaba a hora y media de distancia de donde vivíamos. Me otorgaron varias becas que cubrían la mitad de mi colegiatura e inscripción, pero papá tendría que pagar el resto. Cuando se lo informé, lo único que dijo fue "está bien". Me había hecho una promesa y la iba a cumplir.

Empecé a ir a la universidad ese otoño, ¡y me encantó! Sobresalí en mis clases y me inscribí en actividades que me obligaban a salir de mi zona de confort. Participé en el gobierno estudiantil, los ministerios del campus y otras cosas que no sólo fortalecieron mis habilidades organizativas y don de gentes, sino que también me exigieron superar mi miedo a hablar en público. A través de todo ello, mi padre siempre estuvo a mi lado. Cuando necesitaba dinero, papá me lo enviaba en un sobre marcado "monedero de papá". Cada vez que recibía uno me hacía reír. Incluso fue a la escuela para llevarme a buscar un vestido nuevo para el baile inaugural.

Hubo ocasiones en que los sacrificios de mi papá me hacían sentir culpable. Sin embargo, un domingo comprendí por qué hacía todas esas cosas por mí. Estaba sentada en la iglesia esa mañana escuchando al pastor que hablaba sobre el significado de guerrero pastor, cuando uno de los puntos del resumen captó mi atención. Decía: "Un pastor ama hasta el sacrificio". El pastor describió el sacrificio como "renunciar a algo que uno ama por algo que uno ama todavía más". En ese momento comprendí al fin. Papá me amaba tanto que me daba todo lo que yo quería sin importar lo que le costara. Se sacrificaba para que yo pudiera asistir a la escuela que me encantaba y lo hacía sin vacilar o quejarse. Para él, permitirme ir a esa escuela era más que cumplir una promesa; era su forma de demostrarme su amor. Su amor, así como el amor de quienes me rodeaban, me ayudaron a concluir ese capítulo de mi vida.

Al cabo de algunas semanas que pasaron volando, papá me vio aceptar mis dos títulos de licenciatura: uno en biología y otro en psicología. Como siempre, no dijo gran cosa. Simplemente me dejó regocijarme en mis logros. Con un abrazo después de la ceremonia, papá me dijo todo lo que yo necesitaba saber: que estaba orgulloso de mí y que siempre lo estaría sin importar lo que hiciera con mi vida.

Le doy gracias a Dios todos los días por mi padre. Le doy gracias a Dios por las innumerables horas que papá y yo pasamos en el automóvil yendo y viniendo de la escuela los fines de semanas y las vacaciones mientras conversábamos y escuchábamos nuestro programa de radio favorito. Le doy gracias a Dios por las notas, mi fruta favorita y la rosa de chocolate que papá escondía entre mi ropa o en las bolsas de comestibles para recordarme que me amaba. Le doy gracias a Dios por los abrazos que recibía antes de que mi papá se marchara cuando me llevaba de regreso a la escuela, y le doy gracias por las visitas de mi padre que iba a verme sin ningún motivo en especial, sólo porque me extrañaba. Le doy gracias a Dios por la enorme canasta de golosinas que mi papá me llevaba durante la semana de los exámenes finales, porque había olvidado comprar el "kit de supervivencia" preparado de antemano por la escuela. Llenaba la canasta hasta que se desbordaba de barras de chocolate, galletas y papas fritas. ¡Incluso le pegaba tela a la canasta para hacerla más especial!

Se dice que nuestro padre terrenal es un reflejo del Padre celestial aquí en la Tierra. Nos protege de quienes quieren hacernos daño. Nos corrige cuando nos equivocamos. Nos guía para que lleguemos a ser la persona que debemos ser. Nos ama aun cuando parece que nadie más nos quiere. Veo al Padre en el sacrificio de mi padre. Veo el amor de Dios a través del amor de mi papá, y le doy gracias a Dios por haberme bendecido con un hombre tan maravilloso, el hombre que llamo papá.

ABBY MCNUTT

9

Morey

Los vientos del cambio habían llevado consigo la brisa primaveral y catapultado a mi familia a una nueva era. Mi hermano se había graduado de la preparatoria en mayo y se marcharía a la universidad. Yo había terminado mis estudios y partiría a un nuevo trabajo en Europa. Nos quedaban sólo unos meses preciosos como familia que vivía bajo el mismo techo. Todo cambiaría en el otoño.

Papá tenía fama de ser sentimental y efusivo. Sorprendentemente, se estaba comportando a la altura de las circunstancias, pese a la inminencia del nido vacío. Derramó algunas lágrimas cuando tocaron "Pompa y circunstancia" en la ceremonia de graduación, pero en general mantuvo la compostura. Nos sentimos muy orgullosos de su circunspección.

> Quien quiera aprender a volar algún día, primero debe aprender a ponerse de pie y a caminar, correr, trepar y bailar; no se puede ir volando a volar.
>
> FRIEDRICH NIETZSCHE

Mayo marcó también la llegada de una familia de urracas que establecieron su residencia en nuestro arce. Esta familia volvía año tras año a armar gresca, graznar, construir su nido y criar urracas bebés.

Esta generación de urracas en particular parecía ser excepcionalmente bullanguera. El árbol se estremecía con las escaramuzas diarias, la caída de las hojas y los horribles graznidos que salían del interior de las ramas. Una mañana muy temprano, el alboroto era tan fuerte que mi padre salió a ver qué estaban haciendo los pájaros. Encontró a una cría solitaria saltando en el patio, agitando sus pequeñas alas y graznando a todo pulmón.

Papá se agachó a hablar con el polluelo.

—Hola, muchacho ¿Qué te pasó? ¿Te caíste del nido? Pobre pajarito. ¿Dónde está tu familia?

Miró hacia el árbol y descubrió a mamá y papá urraca posados en una rama viéndolo de manera amenazadora.

—Ah, ahí están. Deberían cuidar mejor a su bebé. Hay gatos malvados rondando.

Papá entró para ducharse. Cuando estaba a punto de irse a trabajar, la pobre urraca bebé seguía saltando, agitando las alas y tratando de levantar el vuelo. Tenía que hacer algo por la pobre avecilla.

Papá llamó al zoológico.

—Sí, mire, hay una urraca bebé en mi jardín. Está aprendiendo a volar, pero todavía no puede remontar y no sé qué hacer para ayudarle. ¿Debo atraparla y ponerla en la caja? ¿Debo ponerla de nuevo en el nido? ¿Debo llevarla al zoológico? Creo que tal vez es mejor dejarla en paz, pero me da miedo que algo le suceda.

—¿Señor? —respondió el encargado del zoológico—. Como usted comprenderá, se trata de un animal silvestre.

—Pues sí.

—Y, como tal, aprender a volar es un proceso natural.

—Claro.

—Entonces lo mejor es que deje al pájaro en paz. Ya aprenderá. No se sienta ofendido, pero su presencia en el jardín tal vez lo esté asustando.

Papá dejó de seguir a la urraca por el jardín. Sin embargo, la vigilaba atentamente desde la ventana de la sala para asegurarse de que un gato callejero no se la almorzara.

Al día siguiente recibí una llamada en mi trabajo de verano. Era mi padre. Nunca me llamaba al trabajo.

—Papá, ¿estás bien?

—Heather, ¿has visto a Morey?

—¿Morey?

—Sí, Morey… Morey, la urraca.

—¿Le pusiste nombre al pajarraco?

—Lo vi esta mañana, pero ahora no puedo encontrarlo. Ya recorrí el jardín tres veces. Incluso lo busqué en el árbol, pero no está y me preocupa.

—¿Le pusiste nombre al pájaro ese?

—Estoy muy preocupado por él.

—Tal vez aprendió por fin a volar.

Hubo una larga pausa.

—Eso espero.

—Papá, es la hora del almuerzo. Tengo ocho mesas llenas que atender. Tengo que irme.

Mientras iba en el automóvil de regreso a casa del trabajo, mi clase de introducción a la psicología finalmente me sirvió de algo. No se trataba de la urraca. Para mi papá, se trataba de sus propios polluelos que estaban a punto de abandonar el nido. Se trataba de mi hermano y de mí.

Papá se sentía tan impotente como la mamá y el papá urracas que miraban desde el árbol. No podría hacernos volar una vez que dejáramos el nido. No podría disponer todo para que fuéramos prósperos y felices. No podría mantener a raya a los gatos atigrados. De hecho, en cuanto dejáramos el nido, sólo podría observarnos desde su rama, ofrecernos amor y apoyo y esperar lo mejor.

No era de extrañar que le hubiera puesto nombre al ave.

Cuando llegué a casa lo encontré mirando por la ventana de la cocina.

—¿Encontraste a Morey?

—No, pero tampoco encontré plumas ni señales de pelea. Por eso creo que está bien. Tal vez aprendió a volar y se fue.

—Claro que sí. Tuvo padres muy buenos que lo criaron bien, lo amaron y le enseñaron a atrapar gusanos. Le dieron un nido cálido y acogedor. Cuando llegó el momento, ya sabía cómo remontar el vuelo.

Los ojos de mi padre se llenaron de lágrimas.

—De todos modos lo voy a echar de menos.

—Eres un papá chistoso —me burlé.

Pasamos el verano jugando, riendo y disfrutando del tiempo que nos quedaba en familia. Papá nunca encontró a Morey. A veces le señalaba una urraca y le preguntaba:

—¿Es él?

—No, no es Morey.

—Papá, es una urraca. No puedes distinguir una de otra, ¿no?

—Claro que sí. Creamos un lazo entre nosotros.

Agosto pronto llegó a su fin. Empacamos las maletas y llegó la hora de que mi hermano y yo abandonáramos el nido. Al final de cuentas, papá no tenía nada de qué preocuparse. Había criado bien a sus polluelos.

Y volamos.

Heather Simms Schichtel

10

Fue mi padre

En los tiempos en que competía en los debates de secundaria, mi padre, maestro de toda la vida, se despertaba muy temprano para levantarme los sábados por la mañana en que había torneo. Aunque el cielo matutino todavía estaba oscuro, me ayudaba a ponerme mi traje y me sugería estrategias mientras me llevaba al autobús escolar que me esperaba. Si había tiempo, comprábamos una caja de donas para el equipo.

Aproximadamente doce horas después, el autobús volvía a detenerse en el estacionamiento a oscuras de la escuela como si nunca hubiera salido el sol. Veía el automóvil de mi papá, con la luz interior prendida que le permitía calificar los exámenes mientras me esperaba. Adelantaba mucho su trabajo en aquellas noches.

> El silencio es la madre de la verdad.
>
> BENJAMIN DISRAELI

—Y bien… ¿qué hay de nuevo? —preguntaba socarronamente cuando me subía al auto, como si los trofeos de plástico y mármol que llevaba en la mano no hubieran respondido ya a la pregunta. Le contaba los detalles del día y él asimilaba cada palabra con aire pensativo.

"¿Qué hay de nuevo?" es lo más cerca que mi padre ha llegado a decir "te amo", como si la palabra "amor" le fuera a quemar los labios al pronunciarla.

En retrospectiva, me doy cuenta de que mi padre expresa amor, como los padres son tan propensos a hacerlo, con los hechos más que con las palabras. El amor de mi padre está oculto bajo un manto de atención, sacrificio y generosidad desinteresada. El amor es la pila silenciosa que energiza esas cualidades humanas.

Fue mi padre el que me dijo que no me preocupara por el costo de la universidad, que él y mamá se las "arreglarían" de algún modo. Fue mi padre el que subió a su automóvil y fue a buscarme a mi trabajo para entregarme en propia mano mis calificaciones del examen de aptitud académica, que acababa de dejar el cartero.

Fue mi padre el que llamaba todas las semanas para darme ánimo cuando estuve desempleado en Los Ángeles y dormía en la sala de un amigo. Fue mi padre el que me sostuvo y apoyó cuando empecé a ir a la facultad de derecho, al igual que cuando deserté seis meses después. Y fue mi padre el que me visitó en el centro comercial donde competía con un adolescente para ser el subgerente de una pequeña tienda de videos.

Fue mi padre el que me abrió su casa y todas sus posesiones cuando me mudé a su condominio después de mi divorcio. Se comportó como si fuera un incidente rutinario, a pesar de que era el primer divorcio en la historia de nuestra familia.

Recuerdo cómo insistía mi papá en que me probara sus camisas y pantalones de trabajo, como si percibiera los agujeros que la separación había dejado en mí y tratara con desesperación de llenarlos con partes de sí mismo.

Fue mi padre el que sostuvo con firmeza la escalera mientras yo trataba de subir para reanudar mi vida.

"Amor" o no "amor", oigo a mi padre con toda claridad.

A veces, los viernes por la noche, mientras espero en la entrada de la casa de mi exesposa a que mis hijos salgan, juego con la luz interior del auto y me pregunto qué clase de padre soy.

Los niños me hacen olvidar ese pensamiento cuando suben al auto entusiasmados.

—Y bien... ¿qué hay de nuevo? —pregunto de modo instintivo.

Ellos esbozan una enorme sonrisa y empiezan a contarme sus historias.

JOEL SCHWARTZBERG

11

El silencio es oro

Mi papá estaba sentado en su mecedora. La silla corcoveaba, agitada como él mientras en todo caso, le quitaba la cáscara a los cacahuates y se los llevaba a la boca. Mi padre me miraba de vez en cuando y hacía una mueca. Parecía, por el entrecejo fruncido, que era él quien sudaba tinta, hora tras hora, en la piscina, contando las vueltas y los mosaicos, sintiendo los brazos pesados como plomo, jadeante y, a pesar de todo, ¡avanzaba cada vez más despacio!

—Es sólo un estancamiento, Kath —ofreció mi padre. Qué estancamiento ni qué nada. La verdad era que estaba empeorando.

—¿Cómo voy a seguir así? —estaba sentaba en el sofá frente a mi padre; tenía las piernas subidas y abrazadas al pecho. Respiraba de manera entrecortada por los sollozos—. ¡No puedo ir más rápido!

Mi papá se levantó de su silla. Sentí una leve opresión en el pecho. Creí que se había hartado de mis lloriqueos y se disponía a marcharse. Pero entonces sentí un suave apretón de su mano fuerte en la base del cuello. Lo había hecho un millón de veces a lo largo de mi vida. Era su respuesta a los abrazos de oso que dan otros padres.

—¿Estás esforzándote al máximo? —preguntó.

—¡Sí!

> Cuanto más viejo soy, tanto más escucho a la gente que no habla demasiado.
>
> GERMAIN G. GLIEN

Dejó de apretar. No dijo nada. No podía creerlo. Levanté la mirada hacia él desde mi postura acurrucada en el sofá y esperé a oír las palabras mágicas, los sentimientos o consejos que me revelarían los siguientes pasos que tenía que dar para convertirme en una nadadora más veloz. Al fin y al cabo era mi padre y los discursos para levantarme la moral eran su especialidad. Siempre me había parecido que tenía una bola de cristal que distribuía a cuentagotas consejos que en realidad funcionaban. Sin embargo, esta vez guardó silencio.

—Bueno —empezó a apretar de nuevo—, pues mañana te levantas temprano, regresas a la piscina y te esfuerzas todavía más. Ah, y confía en Dios. Un poco de fe siempre ayuda.

Me separé de él y me volví a mirarlo boquiabierta.

—¿Eso es todo? Me esfuerzo todo lo que puedo. ¿Así nada más? ¿No voy a llegar a ser mejor?

Un fugaz esbozo de sonrisa no canceló la calidez de su mirada. Toda mi vida me había dicho que podía ser lo que quisiera si me lo proponía y ahí estaba yo, haciendo precisamente eso, y sin saber por qué, seguía ahogándome en mi propia mediocridad. ¿Era posible que se hubiera equivocado por completo?

—Papá, hablo en serio. ¿Nunca seré mejor que esto?

—No lo sé —respondió—. ¿Esto es lo mejor que puedes hacer? —y en eso se fue a ayudar a mi madre a destapar el inodoro.

Desperté a la mañana siguiente y volví a la piscina como si tuviera asegurado un lugar en el equipo olímpico de Estados Unidos. En las circunvoluciones de mi cerebro ya estaba grabado que tenía que trabajar duro. Aunque quisiera, no podía rendirme. Y ahí en la piscina, entregándome a lo que tanto me frustraba, encontré mi respuesta.

***

Diecisiete años después, con un doctorado, esposo, dos hijos y un diagnóstico de esclerosis múltiple…

Me hallaba de vuelta en el sofá de mis padres durante una visita. Esta vez, mis dos hijos pequeños gateaban encima de mí, a mi alrededor, gritando y pidiendo atención. Los rodeé con los brazos entumecidos y me sentí agradecida por que eran todavía demasiado pequeños para fijarse en mis lágrimas silenciosas, o para darse cuenta de que no podía sentir su suave piel en las yemas espinosas de mis dedos. Con tal de que mi cuerpo tibio estuviera cerca, todo estaba bien para ellos. No tenían idea de lo que era la esclerosis múltiple ni de lo que significaba para mí.

Mi papá se sentó en su mecedora del otro lado de la habitación y empezó a narrar las noticias de la televisión como si yo no pudiera oírlas.

—¡Malditos políticos! —la mecedora se movía al ritmo del mal humor de mi padre.

Me miraba de reojo de vez en cuando y esbozaba una sonrisa forzada cuando se topaba con mi mirada. Esperé sus palabras de aliento, su visión del mundo que estaba atada a su corazón por la creencia de que cualquier cosa es posible con un poco de fe y trabajo arduo.

Sentada ahí, me hundí en la autocompasión y me pregunté dónde estaban esos sentimientos. Me los había ofrecido a lo largo de mi vida de nadadora, mientras yo me las arreglaba para trabajar tiempo completo y estudiar mi doctorado, durante el nacimiento prematuro de mis dos hijos y mientras esperaba a ver publicado mi trabajo. Pero ahora que mi sistema inmunológico atacaba la cubierta protectora de las neuronas de mi cerebro, ¿no tenía nada que ofrecer?

Cerré los ojos y apoyé la mejilla en la cabeza de mi hija, olí el shampo de bebé, escuché sus arrullos y suspiré por el simple placer de estar viva.

Entonces sentí el apretón de la mano de mi padre en la base del cuello. Esperé sus palabras, pero no dijo nada. Me dio algunos apretones más y se fue a la cocina a buscar sus nueces favoritas con cáscara. Recordé todas las veces que me había ofrecido su consejo.

En ese momento me di cuenta de que a medida que me hacía mayor, él me decía cada vez menos acerca de cómo debía manejar las cosas. Pasó junto a mí de regreso a su mecedora y volví a sentir el apretón en el cuello. Ese apretón que decía todo lo que él no podía.

KATHLEEN SHOOP

12

El caballero de la brillante armadura

Una de las cosas más dulces de la vida es toparse con momentos preciosos en la cotidianidad de la gente común y corriente y descubrir verdades ordinarias. Hace algunos años, fui a dejar a mis hijos a la parada del autobús escolar una fría mañana de invierno. Noté la presencia de un hombre con aspecto de leñador, que estaba muy callado, con las manos metidas hasta el fondo de los bolsillos, parado en medio de la algarabía de un montón de niños de primaria. Estos niños lo habían rodeado por completo. Sin embargo, este hombre de aspecto fornido tenía ojos sólo para una niña pequeña: su hija, una princesita peinada de coletas, que había heredado sus ojos y se aferraba a él.

> Es cierto que no hay otro afecto más puro y angelical que el amor de un padre por su hija. En el amor por nuestras esposas hay deseo; en el que sentimos por nuestros hijos, ambición; pero en el amor por nuestras hijas hay algo que no puede expresarse con palabras.
>
> JOSEPH ADDISON

No era la primera vez que veía a este padre en la parada del autobús. De hecho, estaba ahí todas las mañanas, así lloviera o tronara, para despedir a su hijita. La cuestión es que no es extraño ver a las mamás, amas de casa de los suburbios, en la parada del autobús escolar con sus hijos. Pero ver a un padre ahí... bueno, creo que podría decirse que sobresalía entre la multitud. Y esa mañana en particular, presencié algo que tocó una fibra muy sensible en mí y me inspiró a conservar el momento por escrito.

Cuando el autobús amarillo llegó, el pequeño círculo de niños se arremolinó en torno a él, como una oleada de energía desbocada, para abordar de manera atropellada (y bastante estridente) el autobús. Observé a ese padre corpulento, un hombre modesto, lanzarle besos a su hija mientras ella lograba subir los escalones, demasiado grandes para sus piernas pequeñas.

El hombre miró con paciencia a su hija recorrer el estrecho pasillo hasta que su princesita se acomodó por fin en su asiento a medio autobús. La niña no perdió un instante y apretó la nariz rosada contra el vidrio helado de la ventana y le sonrió confiada. A juzgar por la expresión embobada que tenía pintada en el rostro, no me quedó duda alguna de que este padre estaba loco por su hija. La niña tenía a este hombre musculoso, que desentonaba terriblemente con la gente de los suburbios, comiendo sin remedio de la palma de su mano. Y, a juzgar por la expresión confiada de la niña, ella lo sabía.

El padre de esta pequeña dio dos pasos grandes con gallardía y con dos movimientos delicados dibujó un corazón en el cristal empañado de la ventana. La sonrisa de la niña irradió el tipo de certidumbre que toda niña debería tener. Cuando el autobús empezó a alejarse, los dos agitaron la mano para decirse adiós. Seguí observando a ese padre, que se quedó mirando con las manos hundidas en los bolsillos, firme como un caballero, hasta que el autobús dobló la esquina y se perdió de vista.

Esta escena fue una afirmación para mí de la importancia que tiene el padre en la vida de su pequeña hija. Es el primer hombre que ella amará y el último que determinará cómo seguirá ella su búsqueda del amor. Esta pequeña en especial sabrá lo que significa ser amada por el hombre de su vida. Sabrá que no merece nada menos que besos de mariposa, corazones dibujados y la certidumbre infinita de que él estará ahí para amarla y protegerla mucho después de haber doblado la esquina y perderse de vista.

Hay muchas niñas que crecen en un mar de desilusión, sin conocer jamás esa seguridad inicial y adoración de sus padres, y pasan la vida entera buscándolas inútilmente. Mis respetos para los padres que tienen el valor de grabar impresiones duraderas en los corazones de sus hijas y que se mantienen con entereza, como caballeros, en su deber como padres de dar amor, seguridad y tranquilidad a las mujeres que siempre se sentirán como la niña de papá.

NATALIE JUNE REILLY

Caldo de Pollo para el Alma

2

CAPÍTULO

Lecciones de vida

13

Así practicamos no darnos por vencidos

Nunca olvidaré el día en que mi padre, ejecutivo profesional de deportes, se volvió corredor de maratón. Al terminar su primera carrera, el Maratón de Disney, en enero de 1995, lo vi entrar por la puerta principal cojeando, completamente exhausto y lastimado. Parecía como si hubiera estado trabado en un combate mano a mano y a rastras, volviera a casa de la guerra. Recuerdo que me pregunté qué tenía de divertido todo eso. Sin embargo, unos años después, cuando lo vi cruzar la meta en el Maratón de Chicago en 1997, comprendí lo que sucedía. Sin importar qué lo motivaba, la satisfacción que vi en su cara me hizo querer lo mismo para mí también. Por eso comencé a entrenar para mi primer maratón. Hasta el día de hoy, he corrido en nueve de estas competencias épicas; siete de ellas al lado de mi papá.

> La perseverancia es el trabajo duro que uno hace cuando se cansa de hacer el trabajo duro que ya hizo.
>
> NEWT GINGRICH

La primera vez que corrimos juntos el Maratón de Boston entrené muy duro durante varios meses, y mi papá y yo estábamos listos y en condición. Pasó la primera parte de la carrera y me sentía imparable. Tenía la energía de una demente, pero papá corría con dificultad, así que hice mi mejor esfuerzo para que él siguiera adelante. Fue un poco como Frodo y Sam. Aunque el plan era que nos mantuviéramos juntos, papá insistía en decirme: "¡Continúa! Haz un mejor tiempo si puedes... ¡Sigue adelante!". Lo pensé, pero decidí quedarme con él. Después de los primeros veinte kilómetros, nos detuvimos para ir al baño y ahí fue cuando me dio un calambre muy fuerte. Papá se reanimó después de eso y durante la segunda parte de la carrera ¡él tuvo que "llevarme a cuestas"! Del kilómetro veinte al cuarenta fue muy difícil y cuando íbamos por el kilómetro treinta y tres, al subir en un grito de dolor y casi llorando por la colina que acertadamente se llama "Colina de la angustia", me volví a ver a papá y exclamé: "¿Por qué *diablos* estamos haciendo esto?".

—La gente me lo pregunta todo el tiempo —respondió papá—, pero, ¿sabes por qué corro maratones? Porque es mi forma de practicar no darme por vencido.

¡Caramba! ¡Qué *maravillosa* perspectiva! Sobra decir que esto fue como una inyección de energía y terminamos la carrera con una sonrisa en el rostro, y mano a mano cruzamos la meta.

Muchas veces he recordado lo que dijo mi padre ese día, y me ha ayudado a atravesar por muchas situaciones difíciles y a superarlas. Todavía no entiendo qué tiene de *divertido* un maratón, pero conozco la inmensa satisfacción que siento después de correr uno. Es un gran momento cuando uno exclama: "¡Lo logré!". Una vez más obligué a mi cuerpo a seguir adelante mucho más allá del momento en que me pedía que me diera por vencida.

A Rich DeVos, cofundador de Amway y amigo de la familia, le gusta decir que la perseverancia es la terquedad con propósito. Creo que es una excelente cita y me recuerda que si uno se rinde una vez, es más fácil que se rinda la siguiente ocasión. Cuando uno comienza a darse por vencido,es difícil dejar de hacerlo.

Oigo a muchas personas decir todo el tiempo: "¡Ay, yo *nunca* podría correr un maratón!". ¿Y saben cuál es mi respuesta? "¡Claro que puedes! La mayor parte de esa carrera está en tu mente." La gente me ve como si estuviera loca, pero créanme, los maratones son un reto tanto mental como físico. Básicamente, desde el momento en que uno empieza, el cuerpo quiere parar. Pero entonces la mente poderosa entra en acción y dice: "Ya comenzaste esto... ¡ahora *vas* a terminarlo!". En verdad no hay nada como esa sensación: la descarga de emoción que sientes al saber que te venciste a ti mismo durante esos cuarenta y dos kilómetros.

Yo no tengo el tipo de papá que se sienta en el porche a beber cerveza contigo. Mi papá es alguien que *te* reta a mantenerte a *su* lado en un maratón. ¿No es sensacional? Gracias a su actitud de "no darse por vencido", me inspiró a enfrentar también ese reto.

Hoy en día, sea que se trate de correr un maratón con papá o de abrirme camino en el mundo de la música country, sé que tal vez no sea la mejor, pero *puedo* asegurar esto: trabajaré con todas mis fuerzas; aguantaré todo lo que se necesite y lucharé por tener la mejor calidad en mi área de trabajo, pase lo que pase. Gracias, papá, por una de las lecciones más importantes que aprendí de ti.

KARYN WILLIAMS

14

Bueno, sí, mi padre tenía razón

La mayor parte de mi vida me negué a aceptar que estaba equivocado, en especial cuando se trataba de un consejo que me había dado mi padre. Ahora veo con meridiana claridad cuánta razón, cariño y sensatez entrañaban los consejos de mi padre desde el principio.

Tal vez la cuestión que más comúnmente se convierte en fuente de problemas entre padres e hijos sea el trabajo y cómo alcanzar el éxito en el mundo real. Desde el principio pensé que yo estaba destinado a empezar en la cima. Era un joven talentoso y creía que todos a mi alrededor deberían saberlo. Con mis aires de grandeza y creyéndome con derecho a todo, no pensaba que debía trabajar por lo que quería como lo hacía el resto de la gente. Como resultado, constantemente trataba de encontrar un atajo para llegar a lo más alto.

> Cuando tenía catorce años, mi padre era tan ignorante que apenas podía soportar tener al viejo cerca de mí. Pero cuando cumplí los veintiún años, me parecía increíble cuánto había aprendido mi padre en siete años.
>
> MARK TWAIN

La metáfora del beisbol que mi padre siempre utilizaba era que yo intentaba batear un cuadrangular en lugar de concentrar mis esfuerzos en llegar a la primera base. De hecho, esperaba ganar todos los partidos en mi primera temporada al bate en las grandes ligas, lo que daría por resultado mi inmediata inducción al Salón de la Fama. Como la mayoría de nosotros llegamos a aprender a través de la lente de la experiencia en la vida, tales expectativas ridículas conducen directamente a un amargo desengaño y a callejones sin salida; se trata de fracasos que ocurren porque uno carece de la honestidad que da haber comenzado por lo básico, desde abajo. Sin embargo, mi padre y yo procedíamos de ambientes sociales muy distintos y ese era el origen de nuestras perspectivas contradictorias sobre la vida.

Mi padre es el ejemplo prototípico del sueño americano hecho realidad; un hombre autodidacta que logró el éxito a fuerza de mucho trabajo y esfuerzo. Creció en Denver, Colorado, en el seno de una familia de clase media que a menudo sufría altibajos económicos muy pronunciados. Concentrado en el sueño de entrar a la universidad, papá obtuvo una beca para ir a la Brown University. Por medio del estudio y la formación de un grupo de amigos muy unido, prosperó en la universidad.

Después de graduarse, mi papá se casó con mi bella madre en el Plaza Hotel de la ciudad de Nueva York y obtuvo un trabajo a nivel de principiante en una casa de bolsa de Wall Street. Al pasar de los años y con el nacimiento de sus hijos, papá trabajó con determinación implacable y llegó a ser un socio respetado de la empresa y director del departamento de ventas. Trabajaba duro, pero también era innovador y a la larga se convirtió en un renombrado experto en el arte de recaudar capital donde otros fracasaban.

Su esfuerzo más famoso quedó captado en el libro *Behind Closed Doors: Wheeling and Dealing in the Banking World,* de Hope Lambert. Papá es el personaje principal de un capítulo sobre el reto de reunir dinero para la oferta pública inicial de acciones de la compañía de computación Compaq. Nadie creía que era posible hacer frente a IBM en ese momento. Sin embargo, después de entrevistar a los fundadores de Compaq, papá descubrió una forma de vender la compañía a los inversionistas. En 1992, Compaq era el proveedor de computadoras personales más grande del mundo.

A diferencia del éxito de mi padre, alcanzado después de mucho esfuerzo, yo crecí como un neoyorquino privilegiado del Upper East Side que esperaba que todo se le diera en bandeja de plata. Al igual que mi padre y mis dos hermanas, asistí a Brown, donde me gradué en teoría literaria y me iba de juerga hasta altas horas de la madrugada. Después de la universidad, me fui a Los Ángeles a perseguir mi sueño de vender un exitoso guión cinematográfico. Aunque mis parrandas se volvieron habituales y fuera de control, siempre creí que la siguiente gran venta de un guión cambiaría todo. Si tan sólo lograra el legendario jonrón para ganar el juego, la vida se arreglaría y el ciclo de la adicción terminaría.

Al ver mi actitud de primera mano, mi padre me advirtió que no había atajos y que todos debíamos esforzarnos para conseguir lo que queríamos. Nunca lo escuché y siempre intenté convencerlo y convencerme de que el gran éxito estaba a punto de suceder. Finalmente, perdí mi casa y mi matrimonio y terminé en un centro de rehabilitación. No escuchaba los consejos de mi padre e insistía en seguir mi camino hacia la autodestrucción. Terminé tocando lo más hondo del abismo.

Sin embargo, mi padre nunca se dio por vencido y me ha brindado apoyo extraordinario para mantenerme sobrio. Cuando colaboré para fundar una sociedad de inversión sin fines de lucro, mi padre aceptó un puesto en el consejo de administración e hizo todo lo posible para ayudarnos a despegar. Ya que nunca había trabajado en mi vida, cometí muchos errores. Sin embargo, con la fe de mi familia y el apoyo de mi padre he logrado pagar mis deudas y comenzar mi carrera como escritor técnico y revisor de páginas electrónicas. A diferencia de algunos viejos amigos, no he ganado un premio de la Academia ni he producido películas de millones de dólares, pero he descubierto mi sentido personal de la dignidad y la integridad.

Lo que sigue resultando sorprendente es que la mayoría de las lecciones que he aprendido vienen directamente de mi padre. Al escucharlo, he llegado a comprender que ninguno de mis amigos exitosos había ganado el boleto dorado para entrar a la fábrica de chocolate de Willy Wonka. En su lugar, todos ellos, ya sea por suerte o porque tenían talento increíble, o una combinación de ambas cosas, se esforzaron y trabajaron duro para alcanzar el éxito. Así como mi padre trató de enseñarme desde el primer día, no hay atajos. Sin importar lo afortunado o talentoso que uno sea, el éxito es resultado del esfuerzo y el trabajo duro, de ir a trabajar todos los días y hacer el trabajo lo mejor posible.

Esto puede parecer como un montón de clichés terribles de un manual de autoayuda. Sin embargo, he comprobado que cada uno de estos "clichés" funciona en la vida real. Mi padre aún trabaja muy duro, incluso después de todos sus éxitos. Cada día de la semana, a una edad a la que la mayoría de sus contemporáneos se jubilaron, mi padre se despierta temprano cada mañana y se sienta en su computadora para ver cómo va el mercado antes de iniciar su largo horario de trabajo en el que habla incesantemente con sus clientes y realiza videoconferencias. Estoy muy agradecido de que mi padre haya permanecido a mi lado y creído en mí aun cuando yo mismo era incapaz de hacerlo. Al aprender de su ejemplo he llegado a aceptar los retos de ser adulto. Sin el amor y el apoyo inmutables de mi padre esto jamás habría sido posible.

John Lavitt

15

Vivir en mi corazón

Aún recuerdo que estaba parada en la orilla, nerviosa, mientras veía el fondo de la piscina. El agua me invitaba a saltar, pero yo no podía moverme.

En mi mente de siete años, le ordené a mis piernas que se flexionaran, a mi cuerpo que se irguiera y dejara la plataforma, pero se negaban con obstinación. Había llegado la hora de la verdad. Todos en la clase habían saltado de la plataforma, excepto yo. Tarde o temprano llegaría mi turno. El tarde se convirtió en un ahora. Retrocedí un poco, como si eso pudiera retrasar lo inevitable. Fue entonces cuando oí su voz.

> Oh, corazón, si alguien te dice que el alma perece como el cuerpo, contesta que la flor se marchita, pero la semilla permanece.
>
> KAHLIL GIBRAN

—Salta —escuché la voz de mi padre—. Salta y ya.

Me rehusé a alzar la vista y mantuve la mirada fija en el agua ahí abajo.

—Salta, *mijita*, salta. ¡Tú puedes hacerlo!

Por fin pude quitar la mirada del agua. Mi padre estaba a un lado de la piscina. Tenía una gran sonrisa en su rostro. No había duda en su expresión de que podía lograrlo. Me guiñó el ojo para darme confianza. Como no quería decepcionarlo, salté. Antes de que la sensación de caer y golpear el agua quedara registrada en mi cerebro, ya estaba flotando en la superficie. Mi papá me esperaba con una toalla cuando salí del agua.

—¡Lo lograste! ¡Saltaste!

Esa era la filosofía de vida de mi papá: "Salta y ya". Cada vez que yo tenía miedo de algo, él me decía que imaginara lo peor que podía suceder, luego elaborara un plan y siguiera adelante. "Salta y ya", decía él, y con su ayuda, lo hacía. La pequeña que tenía miedo de saltar de la plataforma se unió al equipo de natación. Esa misma niña tímida bailó en la obra escolar y jugó en la posición de guardia del equipo de basquetbol. Como a menudo era insegura, siempre pensaba que había alguien que era más inteligente que yo. Al rehusarme a verme como una fracasada y esperando sólo lo mejor de mí, llegaba a casa con puros dieces.

Mi padre me alentó a saltar toda mi vida. Cuando era una adolescente tímida, me forzó a expresarme y a defender mis ideas por medio de debates en el comedor. Al crecer, constantemente me repetía que no había nada que no estuviera a mi alcance, nada que no pudiera lograr. Contaba con que él sería mi fuerza, mi animador y mi apoyo. Y sin importar lo que pasara, él siempre estaba a mi lado, listo para ayudarme y hacerme sentir mejor.

Por eso, cuando le diagnosticaron cáncer fue muy difícil para mí creer lo que estaba pasando. El año anterior había sufrido un ataque cardiaco y un derrame cerebral. El diagnóstico parecía un golpe injusto contra un hombre que ya tenía que sobrellevar muchas dificultades. Sin embargo, el hombre que debía haberse amargado nunca lo estuvo. Como en muchas otras ocasiones, me alentó a hacer las paces con la situación. "Estoy bien", me decía. Aun en ese estado de debilidad, dependía de él para que fuera mi fortaleza. Quería creer que todo estaría bien y que nada era imposible.

Cuando se diagnosticó que el cáncer era incurable, su aceptación me dejó atónita. Quería que luchara contra los médicos, que me dijera que se equivocaban. No era posible que se rindiera. Aún había mucho por hacer. Se suponía que le enseñaría a mis hijos a hablar español y que sería su principal animador cuando aprendieran a andar en bicicleta o a nadar. Tenía que estar ahí para ayudarme a enseñarles a ser fuertes, a perseverar y a soñar. Quería que les enseñara a saltar. Quería que su espíritu hiciera de ellos el tipo de persona que se arriesga para lograr lo imposible; quería que les diera a mis hijos todo lo que me dio a mí.

Muy pronto su cuerpo se rindió ante el cáncer. Sabíamos que su muerte era inminente, por lo que mi hermana se quedó con mamá y papá. Decidimos turnarnos para cuidarlo por las noches. Sin embargo, resultó que no vivió lo suficiente para eso. Una mañana recibí una llamada en la que me dijeron que el final estaba cerca y corrí a casa de mis padres. La muerte no es como en las películas. En ellas, la gente tiene un último momento para despedirse, para decir lo que tiene que decir o lo que se había reservado, o por lo menos, para decir "te amo" por última vez. A diferencia de lo que ocurre en la pantalla grande, no llegué a tiempo para darle el último adiós u oír sus últimas palabras. Falleció momentos antes de que llegara. Ese hecho aún me atormenta. Mi padre se reiría de saber que todavía pienso en ello. "Energía desperdiciada", seguramente diría.

Un pensamiento romántico acerca de perder a alguien que amas es la idea de que siempre estará contigo en tu corazón. Así que cuando mi padre falleció, busqué en mi corazón para encontrarlo. Quería sentir su presencia, en especial cuando necesitaba su fortaleza. Durante mucho tiempo, todo lo que sentí fue un vacío. La sensación de tenerlo a mi lado me eludía.

Entonces, una tarde de verano, mi búsqueda terminó. Mi hija Sarah y yo observábamos a mi hijo durante una clase de natación. Él tenía apenas tres años y era tímido, en contraste con mi hija que era muy extrovertida y abierta. Por eso, cuando el instructor preguntó si alguien quería saltar del trampolín, me sorprendí cuando mi hijo (con un poco de coerción de mi hija) dijo que él quería hacerlo, especialmente cuando todos los demás niños en la clase habían contestado con una negativa contundente.

Sin embargo, una vez que se hallaba arriba empezó a dudar. Se paró en la orilla de la plataforma. No quería saltar. Vio el agua desde la altura y se quedó paralizado. Por instinto, quería decirle que no se preocupara. Quería decirle que se diera media vuelta y bajara por las escaleras a donde estaba el resto del grupo. De hecho, abrí la boca para decírselo. Sin embargo, en lugar de gritarle que bajara, le pedí que saltara.

Sarah y yo gritamos desde la orilla.

—¡Salta, Adam, salta! ¡Tú puedes! —gritamos.

Adam me miró y yo le sonreí y le guiñé el ojo.

—Salta, Adam. ¡Salta y ya!

Mi papá estaba ahí conmigo y con mi hija, alentando a Adam y apoyándolo. Mi papá estaba seguro de que Adam podía lograrlo y yo también. Adam se acercó más a la orilla. Escuché la voz reconfortante de papá en armonía con la mía.

—¡Tú puedes!

Entonces, dirigiéndonos una sonrisa fugaz, mi pequeño hijo, el mismo que tenía miedo de su propia sombra, lo hizo. ¡Saltó!

Teresa Armas

16

Su última lección

—Meg, tenemos que hablar.

—Claro que sí, papá.

Mi padre y yo estábamos sentados en el sofá viendo juntos la televisión, y me di cuenta de que quería hablar en serio cuando pidió que le bajara el volumen.

—Como sabes, he ido a ver al médico varias veces en los últimos días y bueno, Meg, tengo un tumor cerebral.

> Si pensara que voy a morir mañana, aun así debo plantar un árbol hoy.
>
> STEPHEN GIRARD

—Está bien —fue todo lo que atiné a decir.

—¿Sólo "está bien"?

—Sí, sólo está bien.

Por supuesto, comenzó a explicarme las generalidades a lo que yo simplemente asentí. Cuando pienso en aquella conversación, no sabía entonces lo impactante que resultaría ese instante en mi vida. En el momento, lo único que pensé fue: "Un tumor cerebral; nada importante para papá. Si mamá pudo vencer el cáncer, él puede contra esto". Ahora recuerdo ese momento y agradezco mi inocencia.

Era la segunda mitad de mi último año de preparatoria, esa época en la vida de una joven en que todas las cosas realmente sorprendentes comienzan a suceder: el baile de graduación, mi primera actuación dramática, mi decimoctavo cumpleaños y el quincuagésimo de mi padre, mi examen de admisión a la universidad y mi graduación; todo ocurrió en cuestión de un par de meses. Mis padres entraban y salían del hospital y yo entraba y salía de la casa. Por supuesto, fui a verlo unas cinco veces, pero estaba ocupada y tenía muchos eventos a los que quería asistir.

Para cuando llegó la época cercana a mi graduación, papá ya no tenía pelo; no podía concentrarse en mi actuación final, pero ahí estuvo. Valientemente se sentó y aguantó nuestras cenas de cumpleaños, incluso con la náusea, y luchó con todas sus fuerzas para poder salir del hospital para mi graduación. Durante esos meses, ambos nos concentramos en lo mismo: yo. Sin embargo, esta historia no es sobre mí. Su doctor dijo que concentrarse en todos mis eventos futuros mantendría a papá con vida por más tiempo. Supongo que saben muy bien de lo que hablaban, porque nueve días después de mi graduación mi padre murió.

Durante las siguientes dos semanas después de su funeral no salí de mi habitación, ni siquiera para bañarme. Un día, mi madre irrumpió abruptamente en mi habitación, abrió las persianas y dijo: "Ya basta, Megan. Levántate. Tengo algo que quiero que leas". El médico de mi padre le había enviado una carta a mi madre. Contenía las frases típicas, como "reciba mi más sentido pésame". Sin embargo, esta carta distaba mucho de ser típica. Tenía manchas de lágrimas. Podíamos ver literalmente el dolor que esta pérdida le había causado. En su carta escribió acerca de cómo mi padre lo inspiró a cambiar su vida y la forma en la que trabajaba. Mi padre no había sido sólo un paciente para él, y por primera vez vio en realidad a la persona a la que trataba.

Le importaba más la gente que lo rodeaba que su propio dolor. Nunca había conocido a alguien que pusiera a todos los demás delante de él mismo. Era el tipo de persona que deseó ser. Durante su corta estancia en el hospital, tocó el corazón de todos los internos y pronto se convirtió en el paciente favorito del octavo piso. Su recuerdo vivirá por siempre en los corazones de los médicos y las enfermeras de Saint Thomas y mi vida jamás volverá a ser la misma.

Después de leer la carta fui a buscar a mamá. Mirándome fijamente a los ojos me dijo: "Anda y sal de la casa. Tu padre ya no está. Todos lo extrañamos, pero vivir en la oscuridad de tu habitación no lo traerá de vuelta. Vive la vida. Consigue un empleo, sal con tus amigos; haz algo, lo que quieras, pero no desperdicies la vida que se te otorgó".

Tomé muy a pecho sus palabras. Dos semanas y tres días después de la muerte de mi padre obtuve un empleo como consejera en un campamento de verano. Trabajé desde que me levantaba hasta la hora de dormir todos los días durante ese verano. Di a esos niños todo lo que tenía, y poco a poco, ellos me ayudaron a sanar sin siquiera saber que lo hacían. Su inocencia me ayudó a redescubrir un poco de la mía.

Muy pronto llegó el final del verano y me senté en el suelo de mi habitación para empacar mis cosas a fin de marcharme a la universidad. Comencé a pensar en los últimos meses y en todos los cambios que habían tenido lugar en mi vida. Pensé en mi padre y en que no pudo ayudarme a mudarme a mi dormitorio, pero también pensé en el verano que pasé como consejera del campamento. De pronto, sin que viniera al caso, recordé la carta que escribió el médico. Fue entonces cuando me di cuenta del cambio más importante que se había operado en mi vida ese verano: me había convertido en adulta.

Ese verano reflejaba partes de la vida que mi padre llevó en sus últimos días. Pasé los meses del verano dando todo lo que tenía a los niños. No fue el verano después de la graduación que siempre había imaginado. No todo se trataba de mí. Aprendí la última lección que mi padre me enseñó: para vivir una vida feliz y plena, uno debe aprender a dar todo de sí a los demás. Al ayudarlos, en realidad uno se ayuda a sí mismo.

MEGAN TUCKER-HALL

17

El automóvil

Quería un automóvil. No, NECESITABA un automóvil.

Me acababa de graduar de la universidad y me mudé de nuevo a la casa de mis padres en lo que encontraba un buen empleo. Tenía ropa linda para las entrevistas, un par de zapatos elegantes y muchas copias de mi currículum. Estaba lista para buscar empleo, excepto por un pequeño detalle: no tenía un automóvil.

Nunca había tenido automóvil. Mis padres me enviaron a la escuela y pagaron toda mi educación. Pagaron mi estancia y comidas en la universidad también. Sin embargo, pensaban que un automóvil no era necesario y para hablar con toda franqueza, no lo era. Dondequiera que fuera se encontraba a corta distancia de la residencia universitaria. Y si no era así, le pedía a mi novio que me llevara.

> La voluntad de asumir la responsabilidad por la propia vida es la fuente de la que surge el respeto por uno mismo.
>
> JOAN DIDION

Sin embargo, no podía esperar que mi novio dejara todo para llevarme por todo el estado de Georgia a buscar trabajo. Cuando se lo mencioné a mi papá, no se preocupó. De hecho, ni siquiera se inmutó:

—Puedes pedirle prestado el automóvil a tu madre para ir a buscar empleo —me aconsejó.

—Pero, ¿qué va a pasar si obtengo el trabajo? —pregunté. Mi madre era maestra y yo podría usar su automóvil la mayoría del tiempo en junio, julio y agosto. Sin embargo, cuando el ciclo escolar comenzara en el otoño no tener automóvil sería un problema.

—Ya te preocuparás por eso cuando tengas trabajo —repuso él.

Refunfuñé y estuve enojada durante un día o dos, pero mi molestia tenía que ver con no haber causado el efecto deseado en mi papá. Si conocieran a mi papá, no se sorprenderían. No es el tipo de padre que simplemente les da a sus hijos todo lo que desean. Podía haberlo hecho. Sin embargo, era muy estricto en cuestiones de responsabilidad, lo que significaba que esperaba que sus hijos invirtieran su propio tiempo y dinero en las compras importantes. Un automóvil ocupaba el primer lugar en su lista de "compras importantes".

Mi hermano mayor era el único en la casa que se había comprado un automóvil. Trabajó mucho durante el verano después de cumplir diecinueve años; ahorró hasta el último centavo y se compró un Volkswagen Beetle. Mis otros hermanos y yo le teníamos envidia, por supuesto, pero no tanta como para querer trabajar como burros durante nuestras vacaciones de verano.

Así las cosas, era una joven graduada de la universidad, sin automóvil y sin trabajo, además de tener un padre que se negaba a conceder ni un ápice en la cuestión del auto.

Me puse feliz cuando al fin conseguí un empleo en la estación de radio local. Sólo se trataba de un puesto de medio tiempo, ¡pero era un trabajo! Ahora DEBÍA tener mi propio automóvil. Estábamos en julio y mi madre no tenía la menor intención de dejarme el suyo todos los días; ni siquiera medio día. Así que volví a exponer mi predicamento a mi papá.

—Papá, necesito un automóvil.

—Deberías comenzar por buscar algo que puedas costear —respondió.

Bueno, pues eso era más fácil decirlo que hacerlo. Vivíamos en un pueblo pequeño. Sólo había una agencia de automóviles. No había forma de que pudiera comprar uno nuevo. Necesitaba un auto usado y la única manera de comprarlo era conocer a alguien que conociera a alguien que supiera de alguien que quisiera vender su auto. No conocía a nadie así.

Ah, pero mi padre sí. Llegó a casa al día siguiente, hablando sobre un Impala que pertenecía a una anciana. ¡En serio! El automóvil costaba seiscientos dólares y mi padre pensaba que debíamos ir a verlo inmediatamente. Un automóvil como ese no tardaría en venderse, me advirtió.

Una vez que vi el automóvil, menos entendí el porqué. No era que fuera totalmente antiestético. Estaba en perfectas condiciones. Sin embargo, no creía que muchos jóvenes de veintidós años fueran a pelearse por quedarse con el auto. Era como un tanque y se manejaba como un tanque. Yo me había imaginado en un automóvil deportivo rojo, no en ese vejestorio color blanco percudido para "personas mayores". Dije que tenía que pensarlo.

Mientras más lo pensaba, más me daba cuenta de que a caballo regalado no se le ve el diente.

—Compremos el auto —decidí entonces.

—Yo no voy a comprar ese auto —aclaró mi padre, con expresión de sorpresa en el rostro.

—¡Pero papá! —ahora era yo la sorprendida. Apenas había trabajado una semana y todavía no me pagaban. No tenía un solo centavo a mi nombre. Además, el auto sólo costaba seiscientos dólares. Papá podía comprarlo sin problemas. Sin embargo, él seguía mirándome, calmado, tranquilo y contenido.

—Puedes comprar el auto y yo te pago después —propuse al fin. Tal vez en un mes o dos, papá se olvidaría del asunto.

—O puedes ir al banco a solicitar un crédito —atajó él. Esta era su manera de decir: ¡pide un préstamo!

¡Habrase visto! ¡Estaba tan enojada con mi padre! ¡Un préstamo! Apenas había salido de la escuela hace un mes y ya quería que me endeudara. Claro, así estaría obligada a pagar el préstamo. Me rehusé a hablar con papá de camino al banco. Estaba muy ocupada haciendo pucheros. ¡Era muy injusto!

Mi papá aceptó firmar conmigo como aval del préstamo. Sin embargo, dejó muy en claro que no efectuaría ningún pago si yo renunciaba a mi trabajo. Acepté las condiciones del banco y las de mi padre. ¿Qué remedio me quedaba? Después de que el banco me entregó el cheque fuimos directamente a casa de la dueña. Y así de rápido se me fue el dinero. Conduje mi Impala de regreso a casa, furibunda y tratando de organizar

Eso fue hace muchos años, y desde entonces he tenido muchos automóviles; algunos usados y otros nuevos. Sin embargo, ese Impala tenía algo especial. No era el horrible color que tenía, ni la forma como avanzaba a trompicones dando resoplidos y, por supuesto, mucho menos la manera en que consumía gasolina, sino que estaba orgullosa de ese auto.

No, mejor dicho, estaba orgullosa de haber comprado ese automóvil. Hice todos y cada uno de los pagos yo sola. Invertí mi tiempo en un trabajo y mi salario en ese auto. Fue todo un logro para una chica de veintidós años que nunca había tenido una sola responsabilidad de adulto. Y cuando llegó el siguiente verano y me mudé de la casa de mis padres debido a mi nuevo trabajo, estaba segura de que podría enfrentar lo que se me presentara. Después de todo, había comprado un auto por mi cuenta, gracias a papá.

CATHY C. HALL

18

Volviendo a la anormalidad

A mi padre se le ocurrían aforismos divertidos, pero sorprendentemente sensatos todo el tiempo. Debido a su sabiduría innata, he comenzado a compilarlos al pasar de los años en hojas amarillas pequeñas. Aunque los aforismos se dicen por lo general con expresión de seriedad, siempre me hacen sonreír y reflexionar.

—Todo está volviendo a la anormalidad —comentó mi padre el otro día por teléfono, después de organizar una cena familiar grande.

—¿Volviendo a la anormalidad? —pregunté.

—Sí, ya sabes a qué me refiero.

Una vez lo visité en Pamplin, Virginia, y sostuvimos una de esas conversaciones entre padre e hijo. Hizo una pausa, suspiró, miró a la distancia y luego dijo: "Bueno, pues no se pueden vivir dos días a la vez. Eso es seguro". Como una especie de Yogi Berra sureño, a papá siempre se le ocurren las palabras adecuadas que decir.

> Cuando expresamos nuestra gratitud, no debemos olvidar jamás que la forma más elevada de aprecio no es pronunciar las palabras, sino vivirlas.
>
> JOHN FITZGERALD KENNEDY

Cuando era más joven, por algún motivo no comprendía la esencia de estas máximas. Ahora que soy adulto, tomo una hoja adhesiva y las anoto. Incluso me sorprendo utilizándolas cuando ofrezco algún consejo, repitiendo las palabras de mi padre sin darme cuenta.

Papá me aconsejó vivir en el ahora con: "El pasado te puede matar... si lo dejas". Era un consejo útil para no obsesionarse con las cosas que no se pueden controlar.

Su amonestación sobre el alcohol no venía de la forma "Oye, te hace daño beber", sino que era algo más cercano al desagrado personal: "No lo sé", decía encogiéndose de hombros. "Simplemente me parece que la cerveza sabe a orina de caballo".

Tal vez su consejo más valioso me lo dio cuando me vio en apuros, siendo ya maestro. Aunque me encantaba escribir, la literatura y trasmitir esta pasión a mis alumnos, me sentía ahogado por las juntas superfluas y las toneladas de trabajos que tenía que calificar. Le hablé a papá una tarde para contarle mis frustraciones. Lo pensó un momento y manifestó: "Sabes, hijo, no siempre se necesita estar en el salón de clases para enseñar".

De hecho, los mejores profesores llevan su conocimiento consigo sin esfuerzo y lo imparten solamente cuando el alumno está listo. Así es mi padre. Nunca me sermoneaba. Una frase breve, dicha con amabilidad, parecía ser suficiente.

Al pasar de los años, me daba veinte dólares cada vez que me sacaba diez. Ofreció comprarme un auto si no tomaba bebidas alcohólicas o fumaba durante la preparatoria. Prometió enviarnos a mis dos hermanos y a mí a la universidad que escogiéramos y lo cumplió (con la ayuda de mi madre, por supuesto). Durante mi estancia en la universidad, decidió regresar a la escuela y obtener su título profesional. A menudo comparábamos calificaciones al final del semestre. No sólo me dio una educación universitaria, sino que él mismo volvió a la escuela a terminar su licenciatura para ponerme el ejemplo.

Polonio tenía una larga lista de consejos cuando su hijo Laertes estaba a punto de partir de casa en *Hamlet*: "Procura no dar ni pedir prestado a nadie", etcétera. Las siguientes son algunas de mis frases favoritas dichas por mi papá:

Sobre la religión: "Rezar es tener a alguien más con quien hablar".

Sobre las relaciones: "Si vas a amar a alguien, tendrás que aprender a vivir con sus defectos".

Sobre vivir juntos: "Algunas personas simplemente no deberían".

Sobre los trabajos: "Casi todos los trabajos del mundo son de oficinista hasta cierto punto".

Sobre los secretos: "No todos tienen que saber todo sobre uno. Está bien guardarse algunas cosas para sí".

Es deber de todo padre ofrecer tal sabiduría. Cuando se agrega la palabra "hijo", estas simples palabras se recuerdan toda la vida: "Estoy muy orgulloso de ti, hijo"; esta es una de las que más me gusta escuchar. El orgullo de un padre tiene cierto poder.

Algunas personas oyen sus frases y nada más se ríen, pero yo me he tomado muy en serio muchas de ellas, como si vinieran del mismísimo Buda.

El otro día estaba hablando por teléfono con un amigo sobre la grave crisis económica que vivimos. Después de un rato de conversar, me preguntó cómo me iba. Contesté con una sonrisa: "Estoy volviendo a la anormalidad".

MARK DAMON PUCKETT

19

Determinación ciega

—¿Cómo está mi niñita? —preguntó mi tío mientras acercaba a su hija y la llenaba de besos. Yo observaba mientras mi corazón ansiaba el mismo afecto. A los diez años, lloraba en silencio por un poco de ternura. De los labios de mi padre nunca salían palabras de cariño. Nunca, nunca oí un solo "te amo".

> Ah, amigo mío, lo que te quitan no es lo que cuenta, sino lo que haces con lo que te queda.
>
> HUBERT HUMPHREY

Los años pasaron y el respeto y la distancia caracterizaron nuestra relación. Es decir, eso fue hasta que me enteré de que había recibido algo de él; algo que cambiaría drásticamente mi vida.

Cuando cumplí trece años, mis padres me llevaron al oftalmólogo. Me senté en la silla de examen, mirando al frente con la cara apoyada firmemente sobre el soporte para la barbilla y las pupilas dilatadas. El médico me examinó los ojos con una lámpara que despedía un haz de luz brillante.

—Sí, lo heredó —anunció—. Necesitan estar preparados porque no hay cura para esta enfermedad de la retina.

Mi padre me transmitió el gen de la retinitis pigmentosa, que provoca el deterioro de la retina. El efecto de esta enfermedad casi siempre es la ceguera total, sin esperanza de cura. Aunque las retinas de mi hermano parecían estar bien, yo heredé el gen.

El doctor se aclaró la garganta.

—Sin embargo, puede que no note los efectos de la enfermedad sino hasta que llegue a los sesenta años.

Tristemente, el pronóstico esperanzador resultó ser totalmente equivocado. La ceguera nocturna dificultó mis actividades cuando comencé la adolescencia. La necesidad de ayuda de mis amigos para caminar en zonas poco iluminadas aumentaba mi frustración. La ceguera nocturna amenazaba con terminar con mi frágil autoestima de adolescente.

Logré disminuir mi aprensión y mi temor cuando terminé la universidad y posteriormente me casé con el amor de mi vida. Mi mundo irradiaba felicidad: tenía un esposo que me amaba, tres hijos que habían satisfecho con creces mi deseo de ser madre y buena salud en general.

Sin embargo, esa felicidad se evaporó como el rocío con el calor del sol matutino cuando, además de la ceguera nocturna, mi visión periférica comenzó a estrecharse. Muy despacio al principio, pero cada vez más con el transcurso de las semanas.

Por coincidencia, o tal vez por una cruel ironía, la vista de mi padre comenzó a disminuir al mismo tiempo. Papá tenía cincuenta y cinco años, pero yo tenía treinta. En cuestión de dos años ambos perdimos la vista por completo.

Me hundí en un pozo de autocompasión y la desesperación amenazó con ahogarme. Mi mundo se desmoronaba mientras la oscuridad física destruía los sueños que mi esposo y yo teníamos para nosotros y nuestros tres hijos pequeños. Sin tratamiento disponible o esperanza de un trasplante, la desesperación y la desesperanza se apoderaron de mi vida y la amargura me acompañaba en mis noches de insomnio. Cuando finalmente busque refugio en la fe, me di cuenta de que podía encontrar esperanza y paz. Aunque mi vista había desaparecido, mi corazón tenía una visión de 20/20. Mi actitud cambió, mi percepción se aclaró y mi perspectiva se agudizó.

La transformación más espectacular fue en la relación con mi papá, a quien ahora podía ver con el corazón en lugar de con los ojos. Es verdad, no era muy expresivo que digamos, no tenía palabras tiernas y cariñosas para endulzar mi vida; sin embargo, lo que él me dio fue más allá de las palabras de amor y las caricias. Me dio el ejemplo de una voluntad férrea y gran determinación.

A los treinta y cinco tomó la decisión de mudarse con la familia de Bolivia a Estados Unidos. Luchó contra la duda cuando sus amigos y familiares criticaron lo que percibían como una tontería. Mi padre pasó por alto sus críticas y siguió adelante. Una vez en Estados Unidos, superó la humillación, la soledad intensa, la impotencia y la incertidumbre. Soportó la humillación debido a su falta de fluidez con el inglés. Trabajaba durante la noche descargando camiones y logró ahorrar suficiente dinero para cubrir las necesidades básicas, como renta, muebles usados y el adelanto para comprar un automóvil. Nueve meses después, envió boletos de avión para mi madre, mi hermano y yo.

Ahora que veo las cosas de forma diferente, estoy agradecida por lo que mi padre me dio. Me mostró la determinación de seguir adelante a pesar de la adversidad. Me demostró el compromiso con la familia y la importancia de establecer prioridades. .

En retrospectiva, sé que tuve el padre perfecto, perfecto para mí. Abandonó la comodidad de nuestro pueblo natal en Bolivia para saltar a lo desconocido en una tierra extranjera. Yo hice lo mismo cuando entré en el territorio ignoto de un mundo sin luz.

Y aunque a papá le falten palabras cariñosas, sus acciones sutiles le dan una dulce voz. Escuché esta voz cuando se publicó mi primer libro. Cuenta mamá que tomó el libro y lo estrechó contra su pecho, mientras las lágrimas brotaban de sus ojos.

JANET PEREZ ECKLES

20

Entrenador de la vida

Crecí en Florida. Siempre había una liga, una práctica, un partido. Mi padre se aseguraba de ello. No había forma de darle la vuelta. No es que me disgustaran los deportes en equipo, aunque durante los años de primaria prefería los deportes más desorganizados (como el beisbol de playa, el futbol en el patio y el basquetbol frente a la cochera). Por supuesto, la cuestión de ser niño es que uno no puede decidir gran cosa, a excepción del deporte en sí. Practiqué beisbol la mayor parte de mi juventud y durante muchos de esos años mi padre nunca se sentó en las gradas. No, él estaba en la cueva.

> No hay deporte en el mundo tan ordenado y dramático como el beisbol con su causa y efecto, crimen y castigo, motivación y resultado tan claramente definidos.
>
> PAUL GALLICO

Mi padre creció en los suburbios de Cleveland durante un tiempo en el que los niños podían tomar solos el autobús para ir a ver un juego en el estadio; cosa que él hacía. También creció jugando beisbol y era muy atlético. He visto fotografías. Era muy fuerte. Además, tenía el deber adicional de ayudar a criar a sus cuatro hermanos menores. Estoy seguro de que el estrés tenía algo que ver con su amor por el ejercicio y la condición física. Con el tiempo, esta pasión lo llevó al ejército, donde sirvió en la Marina.

Como creció con un gran amor por el beisbol, era natural que lo trasmitiera a mi hermano y a mí. Sin embargo, he de aclarar que ninguno de los dos éramos muy atléticos de niños. Por supuesto, nos encantaba jugar afuera, pero no había esperanza de que lo practicáramos de forma profesional. Bueno, tal vez sí. Todos podemos soñar, ¿verdad? En cambio, el deporte ofreció lecciones particulares que pueden aplicarse en la vida adulta, como el trabajo en equipo, la dedicación para completar una tarea y otras cosas. El problema era, como mencioné antes, que mi padre era el entrenador.

Ahora que entreno beisbol con mi propio hijo me doy cuenta del porqué tener a tu padre como entrenador puede ser una experiencia frustrante. Eres el hijo del entrenador. Se espera que seas mejor que el resto de los jugadores. No puedes relajarte y hacer menos lagartijas. No puedes estar de holgazán en las prácticas.

Siempre parecía que cuando nos gritaba, se dirigía a mí, sólo a mí. ¿Por qué yo? Como lo veo ahora, no era así. Les gritaba a todos. Pero como hijo del entrenador, uno tiende a tomar las críticas de forma menos constructiva que el resto de los niños. Te inclinas a pensar que eres una decepción en lugar de un jugador más que necesita trabajar en los cambios cuando hay un jugador zurdo al bate.

Esto no es algo que comprendería sino hasta mucho después. De igual manera, esto no es algo que mi hijo comprenderá sino hasta que él entrene a mi nieto. Recuerdo que al entrenar a mi hijo, muchas veces me volvía a ver a mi padre en total exasperación. Su rostro se iluminaba y sonreía con sorna, como si me dijera: "Te lo dije, tonto". Sólo que, ¿qué fue exactamente lo que me dijo y cómo rayos no lo comprendí durante todos esos años?

Mi padre era ingeniero (digo "era" porque ahora se dedica a cuidar niños) y por naturaleza era muy crítico y cínico con respecto a la mayoría de las cosas. Si decías que estabas haciendo tu mejor esfuerzo, él no creía que en realidad fuera así y te presionaba para que mejoraras. Cuestionaba tus actos e intenciones hasta que obtenía una respuesta detallada del porqué y el cómo de las cosas. Entonces esperaba que analizaras lo que había salido mal y planearas cómo resolver los problemas. Eso hacía que todos los procesos relacionados con el deporte se volvieran experiencias de aprendizaje tediosas, por no decir frustrantes.

Sin embargo, esta es otra lección de vida que no comprendería sino hasta que empecé a entrenar y a aleccionar a mi hijo cuando cometía los mismos errores en que yo caí de niño. Como adulto, tenía una perspectiva diferente del juego y comprendía ciertos fundamentos que de niño pasaba por alto. Entonces, ¿fue mi padre muy duro conmigo o sólo me presionaba para que me superara?

De un modo u otro, la presión que ejerció en mí me llevó a esforzarme. Con o sin él, estaría en el patio lanzando una pelota de tenis a un lado de la casa y atrapándola de rebote del suelo para practicar. Correría por el patio lanzando la bola al aire para practicar cómo saltar y atraparla. Estaría en el patio del frente de la casa lanzando pelotas contra latas de aluminio para practicar la mecánica de bateo. Ahora mi hijo utiliza piñas. Pareceré chiflado, pero este tipo de concentración y fuerza de voluntad para realizar una tarea específica me ha servido bien en mi vida adulta. No creo que tuviera el mismo empuje sin los deportes, y sin mi padre no hubiera tenido los deportes que me dieron una razón para mejorar.

Como es evidente, no creo que sin su influencia hubiera llegado a donde estoy en la actualidad. Observo situaciones y las proceso de forma distinta. "Analizo la jugada", como se dice en el futbol, para solucionar problemas. Esto es algo que mi papá me inculcó, no sólo al enseñarme a jugar beisbol, sino también al ayudarme a comprender el juego.

Muchos niños ven y juegan beisbol, pero hay pocos a los que se les enseña a comprender el juego; desde la estrategia de utilizar ciertos lanzamientos en diferentes situaciones, hasta la forma en la que el receptor controla el encuentro. Estas son las cosas que él se aseguró de hacerme entender. El beisbol es un juego de decisiones súbitas e infinitas posibilidades y situaciones. Es imposible conocerlas todas, pero no es imposible comprenderlas cuando se presentan.

Solíamos ir a los partidos de la liga menor a menudo, y cuando un bateador lanzaba a tercera, mi padre se volvía y me preguntaba si lo había notado. Siempre le contestaba que sí, pero luego me preguntaba por qué el bateador había realizado esa acción en específico. Fue la interacción y el método de razonamiento lo que ahora transmito a mi hijo. Por todo esto, gracias, papá, por mostrarme que el beisbol es más que un juego; es una alegoría de la vida y más que eso.

CURTIS SILVER

21

El poder del aliento

Aunque mi padre ha sido una influencia formidable en mi vida, fueron unas sencillas palabras de aliento las que se quedaron grabadas en mi mente desde hace treinta y cinco años y me han guiado en momentos cruciales a lo largo del camino. Dudo mucho que papá se acuerde de haber pronunciado esas palabras, pero para mí significaron todo.

> Si alguien te inculcó confianza, le debes mucho.
>
> TRUMAN CAPOTE

Cuando estaba en primaria, teníamos boletos para toda la temporada de funciones culturales en Springfield, Illinois, durante el invierno. Sólo teníamos dos boletos, así que cualquiera de mis padres que tuviera menos trabajo me llevaba al evento, mientras que el otro se quedaba en casa para preparar las clases del día siguiente.

En vista de que mi padre no tenía trabajos que calificar aquella noche, él fue quien me acompañó al ballet. Olvidé desde hace mucho tiempo el nombre de la compañía, pero era un ballet tradicional en el que los hombres usaban leotardos y las mujeres llevaban zapatillas de punta. Papá y yo nos sentamos a un lado del balcón cercano al escenario. Lo más importante es que teníamos una excelente vista aérea del foso de la orquesta, donde se encontraban veinte músicos en sus puestos.

Había comenzado a tomar clases de violín unos años antes, cuando estaba en quinto grado. Mis padres se vieron forzados a oírme practicar, deseando sin duda que hubiera escogido otro instrumento. Ya me habían llevado a oír a varias orquestas para ese entonces, pero lo que estos músicos hacían en el foso era diferente. Acompañaban a los bailarines con temas de Tchaikovsky, Chopin o Mozart. No eran el centro de atención, sin embargo, eran la columna vertebral del espectáculo. El movimiento hacia arriba y hacia abajo de los arcos de los violines me dejó asombrada.

Cuando llegó el intermedio en aquella noche memorable, papá y yo caminamos por los pasillos de la preparatoria donde tenía lugar el espectáculo.

—¿Qué opinas de los bailarines? —preguntó.

—Los músicos son muy buenos —contesté. Como aún no tenía edad suficiente para fijarme en los chicos, no estaba impresionada con la musculatura masculina. Y como había tomado lecciones de ballet, sabía que las mujeres soportaban una tortura. Además, no me gustaban esos leotardos ridículos.

Durante la segunda parte del espectáculo pasé cada vez más tiempo concentrándome en los músicos. Las cabezas se levantaban al unísono en coyunturas cruciales de la pieza, y levantaban el cuello para observar al conductor, un joven nervioso cuyos lentes parecían estar a punto de caer de su nariz y cuyo esmoquin parecía quedarle demasiado grande. Entonces, de repente el director se rió y se apresuró a taparse la boca con la mano derecha. Varios músicos se volvieron hacia el escenario y yo también lo hice. Una de las bailarinas se había caído y uno de los hombres le tendió la mano para ayudarla a levantarse. Avergonzada, realizó de prisa una pirueta.

La risa entre los músicos era evidente. La bailarina no se lastimó, por lo que la risa no era maliciosa. Simplemente disfrutaban de la belleza de un espectáculo en vivo donde todo puede suceder y donde los pequeños detalles distinguen el esfuerzo de cada noche. Puesto que los músicos no eran el centro de atención, disfrutaban de una camaradería especial al comunicarse en silencio entre ellos. Eran parte de algo especial.

Después de los aplausos finales nos quedamos un rato. Mi papá me dio la oportunidad de bajar al foso de la orquesta para ver las carpetas negras con las partituras y el polvo bajo las luces en los puestos de los músicos. Era demasiado tímida para hablar con alguno de ellos, pero observé cómo limpiaban sus instrumentos y conversaban satisfechos (supuse yo) de un trabajo bien hecho.

—Podrías hacer esto si quisieras —no había notado que mi padre había bajado y estaba apoyado sobre el barandal a mi lado.

—¿Qué quieres decir?

—Podrías ser músico y viajar con una compañía de ballet. ¿Crees que te gustaría?

En ese momento me costaba trabajo la escala de do con sus tres sostenidos.

—Seguro. Parece divertido.

—Bueno, pues hay que seguir practicando.

No recuerdo el resto de la conversación ni el camino de regreso a casa. Lo que se me había quedado bien grabado en la mente fue la simple oración: "Podrías hacer esto si quisieras". Lo que mi papá me estaba diciendo en realidad era que podía crecer y llegar a ser tan buena como los músicos que acabábamos de escuchar y formar parte de algo así de maravilloso. Para una niña de trece años era un pensamiento asombroso.

En ese momento tenía poca confianza en mí misma, por lo que las palabras de mi papá me estremecieron. Esa noche pensé una y otra vez en lo que me había dicho: "Podrías hacer esto si quisieras". ¿Acaso no había oído lo mal que tocaba el violín? Yo sabía muy bien que sí. ¿Acaso no sabía lo difícil que era tocar bien un instrumento? Claro que sí. Él fue trompetista en la escuela. Sin embargo, tenía fe en mí a pesar de que ni yo creía en mí.

Este comentario no curó mis dudas internas, pero el hecho de que mi papá creyera en mí me sirvió como un faro que me guía desde entonces. Cuando me esforzaba en la licenciatura por aprender alemán, italiano y español al mismo tiempo, sus palabras cambiaron a: "Puedes lograrlo si así lo quieres". Recordé estas palabras cuando les di clases a niños de quinto grado en México y aprendí a tocar de oído la música de mariachi. Las recordé cuando escribí mi tesis. Sin importar lo que emprendiera, sabía que el reto no me iba a sobrepasar. Todo dependía de mí.

Resultó que con el tiempo llegué a ser maestra de redacción. Sin embargo, la música siempre ha sido la parte favorita de mi vida. Ahora toco con una orquesta local para disfrutar de la belleza de la música clásica, y también tengo un puesto en un grupo de mariachi, donde la camaradería es tan importante como la interpretación. Puede que no me haya convertido en músico itinerante, pero siempre estaré agradecida por aquellas impactantes palabras de aliento que aún permanecen conmigo.

D. R. Ransdell

22

Cómo construir un velero

Cuando era joven, algunos libros estaban bien acomodados en la mesa de la estancia familiar. Uno de ellos, acerca de cómo construir un velero, siempre me intrigó. Sus brillantes fotos de veleros esbeltos surcando el agua azul turquesa me hablaban de aventuras. La guía paso a paso estaba escrita para convencer a los lectores como yo de que construir un velero era tan sencillo como seguir las instrucciones al reverso de una caja de harina para pastel. Sin embargo, siempre abría aquel libro con la misma sensación de perplejidad. Un año mi mamá se lo regaló a mi padre de cumpleaños, y supongo que la implicación era que quería que él construyera uno. Lo que me intrigaba era que mi madre pensara que mi papá lo haría alguna vez.

> Hay un largo, largo y sinuoso camino que lleva a la tierra de mis sueños.
>
> STODDARD KING, JR.

Mi papá era habilidoso, sin duda. Pero al crecer, él y mi abuelo tenían tres tiendas departamentales en nuestro pequeño pueblo y en las comunidades aledañas. Trabajaba de lunes a sábado todas las semanas desde que tengo memoria. Casi todas las noches se sentaba a leer en la mesa de la cocina. El domingo era su único día libre y por lo general lo dedicaba a trabajar en el jardín o a dar mantenimiento a la casa, los tres edificios de las tiendas departamentales, o las casas de mis abuelas ya ancianas. Construyó muchas cosas prácticas a través de los años: muebles, libreros, una casa de muñecas; sin embargo, nunca construyó un velero. Concluí, al pasar las páginas del libro, que aunque mi papá soñaba con construir tal obra maestra, simplemente no estaba en condiciones de hacer realidad su sueño.

Estaba segura de que los sueños eran cosas que uno lograba a corto plazo. Soñaba con una bicicleta nueva, que me quitaran los aparatos de ortodoncia o que me admitieran en el equipo de porristas. Mi idea de un sueño a "largo plazo" era perforarme las orejas cuando cumpliera quince años. No se me ocurría que los sueños podían o debían quedar ocultos por mucho tiempo.

Con la construcción de nuevos centros comerciales y autopistas en nuestra comunidad rural fue más fácil para la gente salir del pueblo para ir de compras y las tiendas de mi padre enfrentaron problemas económicos. Cuando murió mi abuelo, mi padre trabajó duro para mantener las cosas a flote. Aunque mi papá nunca lo mencionara, estoy segura de que sus sueños en ese momento se centraban únicamente en poder pagar la nómina del personal. Como yo estaba absorta en mi mundo de graduaciones, fiestas y clases universitarias, apenas me daba cuenta de que su horario de trabajo semanal aumentó de cincuenta a ochenta horas.

Cuando me casé, comencé a entender que algunos sueños, como ahorrar para nuestra primera casa, necesitaban tiempo para convertirse en realidad. Más o menos en esta época mi padre anunció que iba a vender las tiendas para jubilarse. En retrospectiva, me pregunto por qué la noticia me sorprendió tanto. Supongo que no me había dado cuenta de lo difícil que se había vuelto la situación porque estaba muy ocupada con mi propia vida. Recuerdo que le pregunté con cierta inquietud: "Papá, ¿qué vas a hacer ahora?". Entonces, el sorprendido fue él. Me preguntó, a su vez, que si no me daba cuenta de que había muchas cosas que había tenido que postergar.

Papá desempolvó muchos de esos sueños, hizo una lista de sus prioridades y nunca miró atrás. Aprendió a bucear con equipo, ha cobrado renombre local por sus señuelos en forma de pato tallados en madera, trabajó para Hábitat para la Humanidad y hace poco participó en la carrera de cinco kilómetros de su alma máter como el único exalumno de cincuenta años. Él y mamá han viajado por el mundo. También enseñó inglés como segunda lengua a estadounidenses naturalizados y recibió a seis nietos.

Resulta que papá sabía mucho sobre los sueños. Sabía que algunas veces, lo queramos o no, tienen que guardarse para después debido a las obligaciones de la vida. Me enseñó que mientras uno tenga el valor para desempolvarlos, pueden ser tan vivos y vibrantes como lo eran al inicio.

Papá nunca construyó el velero. Cambió ese sueño por una opción más práctica en el Medio Oeste lejos del mar, y obtuvo su licencia de piloto un año después de jubilarse. Ahora le está dando los últimos toques a un biplano Starduster II que construyó de una pila de metal. Aprendí muchas cosas de mi papá, pero una de las más importantes es la esperanza y la felicidad de alcanzar los sueños que tenemos en la vida, aunque requieran tiempo para construirlos.

GAIL WILKINSON

23

Gracias por dejarme fallar

Ya sea que tengamos hijos o no, todos hemos visto a algún padre y hemos pensado: "Yo nunca haría las cosas de esa manera". Todo parece sencillo hasta que uno tiene que hacerlo. Para mí, lo más difícil de ser padre es ver a mis hijos cometer errores y no interferir.

Es algo muy difícil. Pensé que sólo tenía que darles espacio, verlos luchar, llorar y frustrarse y luego darles algún consejo mágico para que vencieran todos los obstáculos de inmediato. ¡Tan tan! Ningún problema. No tomé en cuenta que me rompería el corazón verlos fallar. No consideré que no siempre tendría un consejo mágico. No pensé que a veces ni siquiera querrían mi consejo; que en realidad querrían equivocarse.

> Pocas cosas son más satisfactorias que ver a tus hijos tener hijos adolescentes.
>
> DOUG LARSON

Ahora que estoy pasando por esta situación, he pensado en cuando era niño. Le contaba a mi papá mis brillantes ideas y él simplemente sonreía y decía: "Hmmm… parece interesante. Luego me cuentas cómo salió todo". Si algo se me complicaba, él me hacía un montón de preguntas y, por lo general, yo solo daba con la respuesta.

¿Cómo resistía la urgencia de disuadirme de hacer ciertas cosas, de ayudarme antes de que me equivocara? Debió de ser doloroso observarme, ya que intenté muchas cosas y fallé en muchas otras. Sin embargo, papá siempre estuvo dispuesto a apoyarme, como mi entrenador y partidario más acérrimo. Nunca trató de disuadirme de hacer cosas o de guiarme en la dirección correcta, a menos que yo pidiera primero su consejo. Me dio el espacio para que fallara por mi cuenta. Tal vez una de las cosas más importantes que hizo por mí como padre fue tener la fortaleza para hacerse a un lado y verme fallar para que pudiera resolver los problemas yo solo.

He pensado que esto influyó de gran manera en el hecho de que casi no tengo miedo al fracaso. No me malentiendan; no me gusta el fracaso, pero el riesgo de fracasar nunca me impide realizar algo. He tenido una buena vida, llena de viajes, aventuras y una gran variedad de experiencias y amistades, las cuales, en su mayoría, pueden atribuirse a que salgo e intento cosas en las que alguien debería haberme dicho que fracasaría. Fue un regalo que me dio mi papá: tener la confianza para equivocarme, para intentar lo que fuera y ver qué sucedía.

Les quiero dar el mismo regalo a mis hijos. Cuando están coloreando y se salen de las líneas, cuando colocan una cinta adhesiva torcida o quieren ponerle a fuerza un zapato a la muñeca Barbie en el pie equivocado. Los niños están en perpetuo estado de aprendizaje y eso significa que se equivocan constantemente.

Hoy, durante un entrenamiento de esquí a campo traviesa, Cassidy, mi hija de siete años, se cayó en repetidas ocasiones cuando trataba de subir una cuesta. Di un paso, luego otro paso, cada vez me acercaba más y pensaba: "De acuerdo, la ayudaré… no, mejor no. Bueno, ahora la ayudaré… Bueno no. ¡Es mejor dejar que ella lo haga!". Entonces, ella encontró por fin la manera de subir a gatas, y se veía chistosa, por lo que comenzó a reír con fuerza mientras trepaba, y se llenó de emoción cuando conquistó la cima. No era la mejor técnica de esquí, pero logró su cometido y los labios aún me duelen por tanto que me los mordí para no decir nada.

Tengo mucho trabajo que hacer para conseguir ser testigo de sus fallas y sonreír. Tal vez se me ocurra un plan para hacer frente a la situación. Tal vez ya conozca a alguien que tiene algunas buenas ideas. Tal vez tenga que preguntar a mi papá.

Él probablemente contestará: "Hmmmm… parece interesante. Luego me cuentas cómo salió todo".

TIM BREWSTER

24

La hija del predicador

La hija del predicador. Ah, sí, soy el material de las películas, las historias y los chistes. También soy madre, autora, esposa, amiga, incluso enfermera, pero he sido esto otro desde que nací y hasta que me muera: la hija de mi padre.

A veces no sabemos por qué amamos a alguien, algo o algún sitio; simplemente así es. Así es el amor. Quizá no conozca todas las razones, pero al menos conozco parte de la razón por la que ahora soy escritora; parte de la razón por la que me gustan las historias: contarlas, escucharlas, leerlas, analizarlas e integrarlas. La razón de todo es la misma: las prédicas. Todos esos sermones. Todos esos grupos de estudio de la Biblia y los servicios de los miércoles por la noche; las parábolas y las lecciones con el grupo de jóvenes frente a la fogata. Son demasiadas razones para contarlas.

> Hablar y hablar bien son dos cosas distintas. Un tonto puede parlotear, pero sólo un hombre sabio habla.
>
> BEN JONSON

Estas son las cosas más difíciles que implica el ser hija de un predicador: mudarse de ciudad, ser observada por miles de feligreses, ir a la iglesia cuatro o cinco veces por semana y soportar la confusión religiosa. Por otra parte, también están los regalos y el mío fue aprender el poder de una historia. Porque, en serio, ¿qué es lo que hace un predicador? Cuenta la misma historia una y otra vez de innumerables maneras. La esencia de todos los sermones es siempre la misma: Dios nos ama y envió a su Hijo para que muriera por nosotros. Eso puede resultar un poco aburrido después de un rato, ¿no es cierto? Por consiguiente, el predicador debe encontrar maneras nuevas e interesantes de llegar al mismo punto cada vez. Por supuesto, hay variaciones en los personajes, discípulos, plagas y pecados, pero siempre se llega a esto: Dios redime con amor infinito.

¿Quién quiere realmente ir a sentarse una hora en el banco de la iglesia a escuchar un sermón, salvo los que dan los mejores predicadores, aquellos a quienes la gente va a oír y nos cuentan una historia? ¿Importa si la historia es verdadera? Bueno, sí, de cierta forma, pero tal vez no en el sentido literal. ¿Qué son las parábolas si no una verdad escondida en una historia? Lo que importa es la Verdad, no si algunos detalles específicos de una historia son ciertos o no. Papá se dejaba llevar de tal forma por las historias que enseñaba a la congregación las palabras en griego en lugar de la traducción al inglés (como si les importara) y luego les decía lo que verdaderamente significaban. Quería que todos supieran lo que realmente significaba la historia y de alguna forma sabía que esta Verdad estaba contenida en todas esas palabras. Pudo haber fallado en otros aspectos de la vida, pero aquí nunca flaqueó y siempre envolvió las palabras alrededor de la fe y la confianza en un Dios Todopoderoso.

Y ahí está. Ese es el poder de una historia.

El otro regalo que mi padre me dio a través de las historias es menos evidente. Cuando tenía doce años, parece que Dios le dijo a mi papá que mudara a la familia de Filadelfia a Fort Lauderdale para fundar una nueva iglesia (nunca escuché semejante orden, por lo que todavía tengo mis serias dudas al respecto). Ahora bien, Dios y yo no estábamos realmente de acuerdo en este tema, por lo que tuvimos una larga charla (Dios y yo, no mi padre y yo) y conmigo, Dios guardó absoluto silencio. Así que nos mudamos. En el proceso de encontrar el lugar adecuado donde vivir y fundar la iglesia, asistí a cuatro escuelas para cursar el séptimo, octavo, noveno y décimo grado hasta que finalmente llegamos al lugar donde nos asentamos en Coral Springs, Florida.

La desesperación que nació de la soledad que sentí de adolescente me llevó a las novelas y los cuentos. Las bibliotecas y los cuartos pequeños y tranquilos se volvieron mi santuario. Los libros eran mis mejores amigos y confidentes. Las historias comprendían el mundo más allá del sur de la Florida, más allá de la soledad, y se adentraban en los sueños. Estos libros me llevaron a mí y a mi corazón a mejores lugares.

Luego hubo días en los que yo estaba aburrida mientras que todos los chicos populares (o sea, los que tenían amigos) conducían sus automóviles Firebird y Camaro descapotables, salían en parejas e iban a partidos de futbol. Era entonces cuando buscaba en la biblioteca de papá. Ahí encontré a C. S. Lewis, no literalmente, por supuesto. El señor Lewis partió de este mundo el año en que nací. Sin embargo, sus palabras resonaban en mí como si estuviera sentado a mi lado. Leí *The Screwtape Letters* y comprendí el verdadero poder de una historia: cómo a veces lo que realmente se necesita decir se expresa de mejor manera a través de una historia ficticia.

Cuando terminé *Between the Tides*, mi primera novela, la última persona a quien pensé en darle las gracias fue a mi papá. Yo soy la que se despertaba a las cuatro de la mañana para escribir mientras dormían mis bebés; yo soy la que trabajé y me esforcé durante muchos años para aprender el arte y la técnica de las palabras para escribir una sola novela; yo soy la que se enamoró de las palabras, de cómo suenan, se mueven y se unen.

Sin embargo, siempre hay un principio de todos los amores; un primer encuentro; un inicio. Siempre hay un inicio. Y mi relación amorosa con las historias y las palabras comenzó por mi papá.

Por eso, permítanme agradecerle a mi papá no sólo por mostrarme el poder de una historia, sino también por darme la oportunidad de perderme y encontrarme en su magia.

PATTI CALLAHAN HENRY

Caldo de Pollo para el Alma

3

CAPÍTULO

Papá al rescate

25

La persistencia de un padre

Cada vez que estaba deprimido durante mi adolescencia, mi padre, como muchos otros padres, compartía mi dolor. Sin embargo, nada puede compararse con su sufrimiento cuando mi vida cambió drásticamente para siempre.

> La diferencia entre la perseverancia y la obstinación es que una viene de una voluntad férrea y la otra de una fuerte negación.
>
> HENRY WARD BEECHER

Estuve en el lugar equivocado, en el momento menos indicado, cuando fui testigo inocente de un robo a mano armada. Uno de los asaltantes me disparó en la cabeza a modo de ejecución. Muy pocas personas pensaron que sobreviviría, y mucho menos que podría llegar a ser un miembro productivo de la sociedad. En la sala de espera del hospital, mi padre creyó que yo iba a morir y se puso a reflexionar sobre el pasado. ¿Qué podría haber hecho de otra forma? ¿Podría haber pasado más tiempo con su hijo?

Mis padres se reunieron con el neurocirujano por la mañana. Él les dijo que estaba sorprendido de que yo hubiera amanecido con vida. Ahora que había sucedido así, necesitaba operarme. Entonces advirtió que había 40% de probabilidades de que sobreviviera a la cirugía, y que si lo lograba, había casi 100% de probabilidades de que pasara mi vida en una casa de cuidados, sin poder caminar ni comunicarme.

Mi padre estaba desolado. El cirujano le estaba hablando sobre su segundo hijo; un joven estudiante distinguido de la Universidad de Texas.

Se preguntaba cuándo terminaría la pesadilla. Mi madre se rehusó a hacer caso de este pronóstico pesimista y le dijo a mi padre: "Necesitamos alquilar un almacén para guardar los muebles de Mike hasta que regrese a la universidad".

Pero mi padre, aún consternado, contestó recordándole el diagnóstico pesimista: "Toby, ¿no oíste al neurocirujano? Mike tendrá suerte si pasa el resto de sus días en una casa de cuidados".

Mi madre replicó furiosa: "Ese doctor no conoce a mi hijo, a mi Michael".

Mi padre no quería discutir, en especial no en un momento tan delicado. Alquilaron un lugar en un almacén en Austin. Mi padre no creyó que volverían a abrir el local. Sin embargo, yo vencí las expectativas del neurocirujano y sobreviví a la cirugía. Estaba en coma, y cada día que no mostraba progreso, mi padre sufría un verdadero suplicio.

Entonces, milagrosamente desperté. Estaba completamente paralizado del lado derecho, no podía hablar y alucinaba. Cuando el doctor les informó a mis padres que estaba lo suficientemente estable para que me llevaran a un hospital de rehabilitación en Houston, mi padre halló al fin una razón para tener esperanza. Mi rehabilitación en Houston fue constante, pero también muy, muy lenta (especialmente para mi padre). No era un hombre paciente. Se frustraba mucho cuando no podía comprender lo que yo quería. Cuando mi madre no tenía dificultad para entenderme, la frustración de mi padre crecía aún más.

Luego, a las siete semanas después de que me hirieron, comencé a balbucear algunas palabras. Mi padre consideró que era el momento ideal para trabajar conmigo. Al principio, comenzó a ayudarme con cosas sencillas, como a señalar el 1, luego el 2 y luego el 3. Se alegraba mucho cuando yo lograba una meta, sólo para sentirse desconsolado la siguiente ocasión que yo no podía repetir lo que había logrado antes.

Con el paso del tiempo fui mejorando. Mis habilidades verbales aumentaban cada día y después de la pesada jornada de mi papá en el trabajo, iba al hospital listo para trabajar conmigo. Aún recuerdo su mochila llena de tarjetas didácticas. Me ayudó con matemáticas y ortografía. Estiraba mi pierna inmóvil y hacía todo lo que podía por ayudarme.

Al personal del hospital le preocupaba que me estuviera forzando demasiado; que yo me frustrara por trabajar con ellos durante el día y luego con mi padre toda la tarde. Nada de eso le importó a él, quien sabía qué era lo mejor para su hijo y nadie podría persuadirlo de lo contrario. Muy pocas personas del equipo médico de ambos hospitales creyeron que algún día podría ser capaz de regresar a la universidad. Sin embargo, eso fue precisamente lo que hice casi un año después del tiroteo. No podría haberme recuperado sin mi padre. Él siempre me alentó a pensar positivamente, incluso cuando había muy pocos motivos para ser optimista. Él me ayudó a levantarme mental y físicamente, y me presionó todo lo que pudo porque estaba convencido de que podría retomar mi vida.

Cuatro años después de regresar a la escuela, me gradué con honores, incluido el *Phi Beta Kappa* y *summa cum laude*. Fui uno de los doce estudiantes nombrados como graduados distinguidos del rector.

Cuando subí cojeando al podio a recibir mi diploma de manos del rector, me ofrecieron una ovación de pie. Uno de los muchos pensamientos que cruzaron por mi mente era sobre mi padre; el hombre que me ayudó a lo largo de todo el proceso. El hombre que siempre ha estado dispuesto a apoyarme, sin importar lo ocurrido o quien pensara que algún día podría reanudar mi vida. Aunque no podía ver su rostro en el inmenso auditorio, sabía que sonreía. Siempre lo amaré.

MICHAEL JORDAN SEGAL, MSW

26

Siempre cuidándome las espaldas

Mi relación con mi padre es complicada. Siempre lo ha sido. Somos muy parecidos en muchas formas y esto sólo agrava las complicaciones. Sin embargo, alguna vez fue más sencillo; cuando era sólo una hija y él un padre. Así es como recuerdo una ocasión con mucho cariño.

Estaba en la universidad, probablemente en mi primer año. La universidad quedaba a sólo dos horas de la casa de mis padres, por lo que iba ahí siempre que tenía tiempo para visitar a mis amigos de la preparatoria, o para dormir y comer gratis. De vez en cuando llevaba amigos conmigo. Era un gran lugar para escapar de las muchas presiones universitarias y para madurar, pero también para volver a ser la niña de alguien.

> Cuando un niño no recibe, más adelante rara vez puede dar.
>
> P. D. JAMES, *TIME TO BE IN EARNEST*

Durante unos días de descanso, llegué a casa temprano para verme con mi mejor amiga de la preparatoria. La hermana de mi madre estaba de visita, así que me quedé en la habitación del sótano, que era ideal para mí, ya que así podía entrar sin hacer ruido en la madrugada. La madre de mi amiga nos llevó al cine y nos despedimos temprano por la noche. La casa estaba oscura cuando llegué, pero aún era buena hora para ver el programa de David Letterman. Vi un rato la televisión y luego me fui a dormir.

Unas horas más tarde me desperté con un dolor terrible en el vientre. No sabía de qué se trataba en el momento, pero se sentía como si fueran contracciones de parto, sólo que no iban y venían en oleadas de tormento. El dolor era constante. Traté de acomodarme para volver a dormir, pero me fue imposible. Apoyándome en las paredes para caminar, logré subir dos tramos de escaleras y llegué al mueble de las medicinas en el baño. Busqué en los cajones a ver si había algo que pudiera servirme: antiácidos, Tylenol, Motrin. Mi tía, que dormía en la habitación de al lado, oyó el ruido y salió a ver qué sucedía. En algún momento de su vida había sido terapeuta especializada en drogadicción y tenía un oído muy agudo para detectar a adolescentes que hurgaban en los botiquines médicos. Cuando me encontró, yo estaba doblada del dolor y mareada. Corrió por el pasillo hasta el cuarto de mis padres, pero cuando ellos entraron en el baño me hallaron desmayada en el piso.

Desperté en la habitación más cercana con los tres rodeándome. De inmediato comenzaron a preguntarme dónde había estado, qué había hecho, qué había comido y si había ingerido drogas (eso lo preguntó mi tía). La respuesta fue simplemente que había ido al cine y comido palomitas. Revisaron si tenía síntomas de apendicitis y me dieron un Motrin. No recuerdo si me quedé dormida de nuevo o pasé la noche en vela, pero en la mañana el dolor seguía siendo muy intenso.

Mi padre estaba vestido para ir a trabajar, pero llamó para avisar que llegaría tarde. Luego me subió al automóvil, me arropó y me llevó al servicio de urgencias de uno de los hospitales cercanos. Nos encontramos con lo de siempre: la sala estaba atestada de gente, caótica e impregnada del sentimiento distintivo que provoca estar a merced de una maquinaria burocrática acéfala. Nos registramos y esperamos nuestro turno en las sillas. Lo que es sencillo entender acerca de mi padre es que nunca ha sido un hombre paciente, y esto es particularmente cierto cuando alguien que él ama sufre. Yo estaba demasiado distraída con el dolor para darme cuenta en ese momento, pero su paciencia se agotaba al pasar los minutos y las horas.

Por fin logramos entrar a una sala de examen y ahí comenzó la verdadera espera. Al ver que necesitaba observación, el primer doctor llegó y luego nos dejó en una fila para admisión a una habitación. El problema es que la fila era demasiado larga. Pasaron cuatro horas. Mi padre iba y venía del cuarto donde me encontraba en posición fetal, tratando de respirar y helándome, ya que sólo tenía una sábana de hospital y el abrigo de mi padre para cubrirme. De todo lo que sucedió ese día, aparte del dolor en el vientre, los esporádicos pinchazos de agujas y sondas intravenosas, lo que recuerdo de forma más vívida es el frío que sentía en esa habitación.

A la larga, empecé a temblar y los labios se me pusieron morados. Necesitaba que autorizaran la admisión pronto.

Como de costumbre, la falta de paciencia de mi padre acababa, por decirlo de algún modo, en un vehemente alegato. Pero no ese día. Este día no hubo discusiones con las enfermeras ni gritos a los empleados. En cambio, mi padre le preguntó a algún empleado si estaban preparados para admitirme en ese momento. Como no pudieron darle respuesta, él simplemente tomó la bolsa con mi ropa, me envolvió con su abrigo y me sacó en brazos de la habitación, dejando atrás a los empleados del hospital que trataron de detenerlo, pasó por las puertas de seguridad, cruzó la sala de espera y salimos del hospital hasta el automóvil.

Vestida como estaba con la bata del hospital y su abrigo, me llevó a otro hospital y a otra sala de urgencias. Se dirigió de nuevo al mostrador de admisión y en menos de una hora me hospitalizaron para tenerme en observación. Me quedé ahí dos días, tras los cuales el dolor desapareció y se consideró que lo había causado un bicho estomacal. Pero esa no es la razón por la que recuerdo esta historia.

La gente que me conoce bien sabe que no soy ninguna perita en dulce. Si hubiera sido capaz de salir a buscar un segundo hospital ese día, no hay duda de que lo habría hecho y que mi padre me habría alentado a hacerlo por mi cuenta, orgulloso de haber criado a una mujer fuerte e independiente. Pero ese día no era fuerte ni independiente. Era una niña paralizada por el dolor. Era una hija que necesitaba protección. No había nadie que necesitara más en el mundo que a mi padre, y ahí estuvo.

No es muy seguido que la gente es puesta a prueba. En realidad, es precisamente en esos extraños momentos de urgencia en que los heroicos bomberos entran en un edificio en llamas, los pilotos aterrizan aviones en condiciones extremas, o una persona cualquiera saca a un extraño de las vías del tren. No puedo imaginar mayor consuelo que saber que hay alguien en tu vida que nunca dejará de cuidarte las espaldas y que hará lo que sea para protegerte. Yo tuve eso con mi padre.

Ahora soy madre y sé lo que se siente estar del otro lado de esta ecuación. Siento dentro de mí esta semejanza que tengo con mi padre. A veces se presenta como una lucha constante. La falta de paciencia probablemente encabeza la lista. Sin embargo, acepto todo con gusto con tal de tener esa capacidad suya que puedo ofrecer a mis propios hijos. Hay ocasiones en que veo en sus rostros la confianza en que soy fuerte y que pase lo que pase, les cuidaré las espaldas.

WENDY WALKER

27

Palabras de sabiduría

Me rompieron el corazón por primera vez cuando tenía cuatro años. El niño del vecindario que adoraba me dijo que ya no quería ser mi amigo y punto. Fue la primera cicatriz de mi corazón en el camino hacia el amor eterno. Mi papá lo arregló con un cono de helado de Dairy Queen. Mi papá siempre sabía cómo arreglar las cosas.

> Un padre siempre hace de su bebé una mujercita. Y cuando la hija es una mujer, la convierte de nuevo en un bebé.
>
> ENID BAGNOLD

Logré llegar hasta los catorce años antes de agregar otra cicatriz. Mi querido novio de dos semanas me dejó por mi amiga. Mi papá lo arregló contándome algo chistoso sobre lo extrañas que eran las orejas de mi exnovio. Mi papá siempre sabía cómo arreglar las cosas.

Me defendí durante mi adolescencia evitando las penas terribles que nos acechan durante esta época traicionera. Mi padre me hizo creer que podía hacer lo que quisiera y que era inteligente, chistosa y bonita, además de que no necesitaba el brazo de un muchacho a mi lado para saberlo. Él me enseñó a querer a todos, pero a amar sólo a unos pocos.

Mi papá, él siempre sabía cómo arreglar las cosas.

Cuando cumplí veintiún años, conocí al ELEGIDO. Aquel que hacía que mi corazón latiera acelerado, tocaba mi alma y hacía que cada día valiera la pena cantar. Salimos durante dos años, nos comprometimos y comenzamos a planear la boda. Mis sueños se iban a volver realidad.

Escogimos una fecha, comenzamos a ver salones, limusinas, servicios de banquete y demás. Parecía que lo único que debíamos hacer era formalizar la fecha, enviar las invitaciones y con eso estaríamos casados y viviríamos felices para siempre.

Hasta que llegó el día en que me llamó al trabajo desde mi teléfono celular mientras conducía mi automóvil para decirme que estaba enamorado de otra persona.

Me quedé ahí, paralizada, boquiabierta y sin saber qué decir. Logré convencerlo de que fuera por mí al trabajo por la única razón que me devolviera mi automóvil. Discutimos, peleamos, lloré y él estaba molesto por haber tenido que hablar conmigo. Me dejó sola, llorando en el estacionamiento. Él iba a comenzar su nueva vida con la otra mujer que, según él, había amado siempre.

Pasé por las etapas habituales del duelo. Lloré. Lloré un poco más. Mis amigas se congregaron a mi alrededor, trataron de levantarme el ánimo y de hacerme reír o lo que fuera para ayudarme a superar estas horribles primeras semanas después del rompimiento y luego devolver el anillo y decirle a mi familia que no habría boda ese año.

Me mudé de nuevo a casa por dos semanas para aclarar mis pensamientos y para dejar que mis amigas quitaran todo rastro suyo de mi departamento. Una noche estaba sentada en el porche trasero y mi padre salió con un tazón de helado. Sonreí entre las lágrimas.

—Papá, ya no tengo cuatro años.

A lo que mi padre contestó:

—¿En serio? Entonces ya eres suficientemente grande como para comprarte tu propio helado.

Se sentó conmigo y comió su helado. Contemplamos las estrellas en silencio. Cuando comenzó a hablar, repitió una y otra vez, como si fuera mantra, que yo era muy especial, que me recuperaría y seguiría adelante y que aunque siempre recordaría la herida, me aconsejó que no dejara que nublara mi juicio y cometiera el mismo error de nuevo. Me advirtió que no me precipitara a aceptar cualquier cosa de inmediato para permitir que la herida sanara y pudiera recordar que no hice nada malo y que el tiempo en verdad sana todas las heridas. Continuó hasta que se terminó su helado y otra vez nos quedamos en silencio y escuchamos los sonidos de la noche.

—¿Te sirvió algo de lo que te dije? —preguntó después de un rato.

—No mucho, papá. Al menos hoy no —sonreí con tristeza y contesté con franqueza.

Dejó su plato y me miró a los ojos para preguntarme muy en serio:

—¿Quieres que vaya a golpearlo?

La risa comenzó a surgir de lo profundo de la panza y salió por la boca en una sonora carcajada. Durante cinco felices minutos no pude parar de reír. Mis lágrimas de dolor se convirtieron en lágrimas de risa al imaginar a mi padre subiéndose al automóvil para ir a buscar a mi ex y darle una paliza a un hombre de veinticinco años. La verdad es que, con toda la ira que sentía como padre, ¡tenía una buena oportunidad de ganar!

Después de que cedió la risa, le respondí a mi papá:

—No, gracias, papá, pero agradezco mucho tu oferta.

—Bueno, pues para que lo sepas, la oferta siempre está en pie —me sonrió y dio por terminada la conversación.

Sonreí mientras él entraba a la casa y por primera vez supe que todo estaría bien.

Mi papá, él siempre sabía cómo arreglar las cosas.

TRACY CAVLOVIC

28

Simplemente espera

—Si tengo que entrar de nuevo, estarás en serios problemas. Ahora, ¡duérmete ya!

Oí cómo azotaba la puerta de mi habitación. Supongo que papá no bromeaba esta vez. Cuando dejé de oír sus pisadas, me asomé entre las cobijas. Con mi linterna en modo de baja intensidad, leí las agujas de mi reloj de escritorio: 12:55 AM. Uf... estuve cerca. Papá ya había hecho tres rondas esa noche. ¿Cómo sabía que estaba despierto? Había tomado las precauciones habituales: puerta y cortinas cerradas, lámpara nocturna desconectada y nada de dar vueltas en la cama. De hecho apenas si hacía algún ruido. Tal vez todos los padres tienen visión de rayos *X* o algo por el estilo. Pero, ¿dormir ahora? ¡De ninguna manera! En unas horas saldríamos de vacaciones por una semana a mi lugar favorito: Palomar.

> Grandes cosas aguardan a quienes saben esperar la pesca.
>
> AUTOR ANÓNIMO

El parque estatal de la montaña Palomar al sur de California le ofrecía a mi familia el escape ideal con sus majestuosos pinos de azúcar, observatorio y peces que siempre estaban hambrientos. El mejor lugar para acampar era cerca del estanque Doane, a una corta distancia a pie del lugar favorito para pescar. Este pequeño estanque ofrecía la mejor pesca de truchas que había visto. Bueno, eso es lo que mi papá siempre decía, y yo estaba de acuerdo con él. Siempre llenábamos nuestros colgadores cuando pescábamos en Palomar.

Papá incluso me permitía explorar el parque por mi cuenta, siempre que él o mamá pudieran ver dónde estaba. Además, no había forma de que me perdiera. Podía ver el sendero, el campamento y el estanque desde casi cualquier ángulo. Aunque en esa época tenía siete años, no podía sentirme más seguro.

Una tarde corrí para llegar al estanque de pesca para reservar un buen lugar para papá y para mí antes de que llegara la gente. Había hecho el viaje desde el campamento una docena de veces sin problemas, por lo que rara vez necesitaba fijarme por dónde iba. Atrapar el límite de peces era fácil para un pescador disciplinado como yo. Mi caña Eagle Claw y mi carrete Mitchell garantizaban mi éxito. Con un poco de suerte, tendría un colgador lleno de peces cuando llegara papá.

Para cuando debía haber cruzado la pradera, me di cuenta de que algo no estaba bien. No podía ver el estanque por ningún lado. Cuando miré por encima del hombro, me percaté que el campamento había desaparecido también. Estaba en problemas. ¡Me había perdido!

Sabía que no debía continuar caminando. Mi padre siempre me había dicho que "si alguna vez te pierdes, quédate donde estés y espera. Yo llegaré inmediatamente". Usando un poste cercano para apoyar la espalda, me senté y esperé. Seguía esperando cuando el sol empezó a ocultarse en el horizonte y llegó el frío de la noche.

Finalmente apareció un guardabosque en su camioneta. Se detuvo frente a mí.

—Oye, niño, ¿has visto a un niño más o menos de tu edad? —preguntó él—. Se extravió y su familia está preocupada por él.

Le devolví la sonrisa al guardabosque y negué con la cabeza. Antes de que pudiera pensar en algo más qué decir, la camioneta desapareció dejando sólo una estela de polvo. En vista de que yo mismo estaba perdido, tuve suerte de que el guardabosque no necesitara mi ayuda en la búsqueda. Pese a todo, me pareció curioso que no me hubiera preguntado si yo era el niño que buscaba.

Ya casi oscurecía cuando un hombre robusto dobló la esquina con paso lento, pero constante. Era papá. Mi padre salió a buscarme como había dicho. Me sentí muy seguro esa noche cuando volvimos al campamento, sintiendo su brazo alrededor de mi hombro.

Después me enteré de que el guardabosque no creyó que alguien pudiera estar perdido si estaba sentado debajo de un letrero que decía "Campamento de Doane Valley". Mi papá sólo sonrió cuando me vio sentado junto al letrero que señalaba el camino de regreso al campamento. Sin embargo, nunca se rió, ya que esperé pacientemente como me dijo.

Papá ya no está y nunca pude darle las gracias por rescatarme aquella noche. Supongo que así son algunos cánceres, se llevan de pronto a los padres, cuando uno menos lo espera. Durante el funeral, el sacerdote dijo que mi papá se había ido a un mejor lugar. No soy ningún experto en esto de la vida después de la muerte. Sin embargo, por lo que he oído, el Cielo es un lugar bastante grande. Puede que a los recién llegados les tome un tiempo orientarse en el lugar. Así que, papá, si te sientes un poco perdido allá arriba, sólo siéntate cerca de uno de esos pilares y espera. Uno de estos días estaré directamente a tu lado.

CHARLES E. HARREL

29

La niña consentida de papá

Cuando era muy pequeña, mi padre bailaba conmigo y cantaba una canción popular de la época llamada "Daddy's Little Girl", algo así como "la niña consentida de papá". Me paraba sobre sus zapatos y bailábamos por la sala, fingiendo que estábamos en un gran salón.

> Una hija puede crecer y no caber más en tu regazo, pero nunca será tan grande como para no caber en tu corazón.
>
> AUTOR ANÓNIMO

Cómo me encantaba bailar con mi padre y fingir que era la niña más bonita del salón. Pero de repente, un día ya no pude bailar. Una mañana de primavera de 1955 desperté con una fiebre muy alta, dolor y contracciones musculares. Mi padre me tomó en sus brazos y me llevó al pequeño hospital del pueblo. El diagnóstico fue uno de esos que hacía temblar de miedo a todos los padres y niños de la época. La polio entró en nuestro pequeño salón de baile y la vida nunca volvería a ser igual.

Como vivíamos lejos de cualquier ciudad grande, nuestro hospital estaba mal equipado para tratar a pacientes con polio. Rápidamente comencé a empeorar. Aunque por fuera parecía que estaba inconsciente, recuerdo que oí al doctor hablar con mis padres para decirles que no pasaría la noche. En ese momento, mi pequeña mente de ocho años comenzó a rezar: Hay cuatro esquinas en mi cama; hay cuatro ángeles sobre mi cabeza. Ahora que me acuesto a dormir, les pido velar por mi alma, y si esta noche he de morir, ruego al Señor que se lleve mi alma.

Lo siguiente que recuerdo es a mi papá sentado a mi lado cantándome. "Daddy's Little Girl" se volvió su canto de lucha; era una canción para alegrarme, para ayudarme a pasar la noche. Y sobre todo, era una canción desde el fondo de su corazón que hacía eco en el mío a través de todo el dolor.

Finalmente, comencé a recuperarme de la peor parte de la enfermedad y me enviaron a casa; inválida, pero viva. No podíamos pagar mi estancia en el hospital, así que nuestro pequeño hogar quedó en cuarentena. A lo largo de todo este tiempo, mi padre nunca dejó de estar a mi lado. Hora tras hora, día tras día, mi papá estaba a mi lado. Leyó todo lo que pudo encontrar sobre la polio y sobre tratamientos que podían fortalecer mis piernas destrozadas. En la pequeña biblioteca del pueblo, papá encontró un libro que cambiaría el curso de mi vida. Era la autobiografía de la hermana Elizabeth Kenny, titulada *And They Shall Walk*.

Papá se puso en contacto con el Sister Kenny Rehabilitation Institute para aprender a hacer la terapia y comenzó a trabajar tenazmente con sus métodos para devolver la vida a mis piernas. La terapia consistía en ejercicios de estiramiento y compresas de agua caliente que quemaban como el fuego. Aún recuerdo sus manos fuertes y grandes enrojecidas por el calor. Y cuando yo lloraba de dolor, papá lloraba conmigo y me prometía que todo mejoraría; todo mientras cantaba nuestra canción de batalla para darme fuerza.

Cuando ya no podía soportar el dolor de que incluso las sábanas más ligeras me rozaran el cuerpo, papá construyó una jaula especial de tela metálica que formaba un cuadro alrededor de mi cama para que me mantuviera abrigada sin que las sábanas me tocaran. Él dormía en el suelo a mi lado y nunca me dejaba ver su cansancio o su preocupación. Su risa siempre presente fue nuestra compañía constante durante ese terrible verano.

A la larga, su esfuerzo comenzó a dar fruto. Lento pero seguro, pude tenerme en pie de nuevo. Entonces comenzamos nuestro pequeño baile de salón de inmediato. Balanceándome sobre sus zapatos, me enseñó a caminar una vez más, tal como me enseñó a bailar. Y por supuesto, la canción siempre fue la misma: "Daddy's Little Girl". El día que pude levantarme y caminar hacia sus brazos sin ayuda, sé que esa canción estaba en nuestros corazones.

Cuando comenzó el siguiente ciclo escolar ya podía caminar y llevar una vida normal. Mis piernas bailarinas nunca serían las mismas, pero los músculos se habían recuperado y sólo me quedó una leve debilidad en una pierna.

La polio sigue siendo parte de mi vida, ya que luego sufrí las secuelas de la enfermedad, pero sigo bailando y recordando la fortaleza de mi padre y su fe inquebrantable. Mi padre siempre será mi compañero de baile favorito.

CHRISTINE TROLLINGER

30

El Cabo de Buena Esperanza

Salimos con dificultad de la camioneta dorada como una compañía de payasos. Trece miembros de la familia salimos juntos de vacaciones y llegamos al Cabo de Buena Esperanza en Sudáfrica, el punto más al suroeste del continente africano y el lugar donde el Océano Atlántico se une al Océano Índico. A nuestro alrededor las olas rugían, el viento estaba frío y las rocas frente a la costa resistían el embate de las olas.

Unos letreros a la entrada del camino advertían: "Cuidado con los babuinos", y también "¡Se prohíbe dar de comer a los babuinos!". El guía de nuestro viaje nos previno que no nos acercáramos a un babuino aunque pareciera amigable. Explicó que los babuinos se juntaban cerca del estacionamiento porque estaba cerca del restaurante y los botes de basura. Nos dijo que si se acercaba uno de estos monos a nosotros debíamos permanecer quietos donde estuviéramos.

> El valor es tener miedo pero seguir adelante de todas formas.
>
> DAN RATHER

El sol brillaba con intensidad y me llevé la mano a la frente para admirar la vista y protegerme de los potentes rayos solares. Además de la tierra, el cielo y el mar, vi numerosos babuinos a nuestro alrededor. Estaba sorprendida de que hubiera tantos. Estaban sentados, caminando, jugando y quitándose las pulgas unos a otros. Eran como las muchas ardillas grises que corren por mi patio trasero, pero de cien veces su tamaño.

Nuestro grupo comenzó a separarse, asombrados por la vista, con ganas de ir a explorar. Me volví a medias y vi a un babuino corriendo cuesta arriba con una mochila que colgaba de su boca. La mochila era de mi papá. Miré nuestra vieja camioneta y me di cuenta de que la puerta lateral se había quedado abierta. Nuestro último payaso olvidó cerrarla.

—Oigan —grité—. ¡Ese babuino tiene nuestra mochila! —señalé para que todos vieran y luego comencé a caminar hacia el babuino, decidida a recuperar la mochila. El babuino se dio la vuelta y me observó. Pude ver entonces que era un babuino macho de gran tamaño. Soltó la mochila y me atacó. Corrió hacia mí con las fauces abiertas y los dientes largos y puntiagudos expuestos. Hizo ruidos de babuino, fuertes e iracundos.

Me di la vuelta y eché a correr. No sabía a dónde dirigirme, pero sabía que el babuino quería atacarme y yo quería alejarme lo más posible de él. A pesar de la reciente advertencia de que nos quedáramos quietos, no la recordé ni por asomo. La adrenalina fluía por mi cuerpo. El pánico se apoderó de mí. Miré por encima del hombro y vi que el babuino se acercaba cada vez más. Traté de correr más rápido. Volví a mirar y me di cuenta de que ya estaba atrás de mí. Levantó la garra y me soltó un zarpazo en la pantorrilla. Grité.

Percibí un movimiento a mi derecha, y como si se tratara de una orden, el babuino se detuvo. Miré de reojo y vi a mi padre en cuclillas con los brazos extendidos. Papá comenzó a correr hacia el babuino. En un instante el babuino comprendió; sabía que el hombre era el padre y sabía que la mujer era su hija. El babuino corrió rápidamente de regreso a la colina y dejó la mochila donde la había soltado.

De inmediato me sentí aliviada. Las lágrimas escurrieron por mis mejillas cuando la adrenalina dejó de fluir. Papá me abrazó un largo rato mientras el resto de la familia estaba pasmada, intentando asimilar lo que acababa de atestiguar. Uno a uno fuimos volviendo la mirada hacia el babuino en la colina, que no había tardado en distraerse con algo más.

Durante los siguientes días compartimos muchas risas mientras nos golpeábamos el pecho imitando al babuino. Nadie se molestó en imitar a papá, pero sé que si no hubiera actuado como lo hizo, todos recordaríamos aquel día de forma muy diferente.

JENNIFER QUASHA

31

Historia de unos *shorts*

Como muchos alumnos de primaria, yo no tenía ética de trabajo. Nunca estudiaba para nada y no recuerdo haber abierto nunca un libro de texto. Pasé de un grado a otro en la escuela primaria Odem por la vía de los "dotados y talentosos" gracias a pura ósmosis y una dosis saludable de repeticiones de *Full House*.

En el tercer grado, la señora Stovall asignó a nuestra clase un gran proyecto: debíamos hacer con un calcetín un títere de nuestro autor favorito. Recuerdo que elegí entre Beverly Cleary y Judy Blume para luego introducir alegremente las instrucciones del proyecto en mi carpeta y relegarlas al fondo de mi memoria.

> Un hombre sabio es el que no llora por las cosas que no tiene, sino que se regocija por las que tiene.
>
> EPÍCTETO

Pasaron los días hasta que la señora Stovall nos recordó que debíamos presentar nuestros títeres al día siguiente. ¿A dónde se fue todo el tiempo? Sabía que mi títere no podría ser nunca tan hermoso como el de mi compañera Betsy. A los ocho años, la niña era tal vez más organizada de lo que soy ahora. Además, su mamá se quedaba en casa y tenían una pistola de pegamento caliente y pompones de colores.

Aunque mi títere de calcetín no podía competir con el de Betsy, no pensé que fuera muy difícil de hacer. Teníamos estambre y rotuladores de tinta permanente en casa. Todo saldría bien.

Mi mamá trabajaba, por lo que mi papá, que se quedaba en casa, siempre revisaba que termináramos las tareas. Hacer títeres de calcetín resultó ser más difícil de lo esperado. No recuerdo si hice un berrinche o si le pedí ayuda a mi papá, pero él se devanó los sesos para pensar en una forma de hacer un títere presentable. Por lo menos necesitábamos conseguir tela roja para hacer el interior de la boca de Beverly o Judy.

No tuvimos suerte. Mi mamá nunca cosía, sólo hacía algunos remiendos de vez en cuando. Mi papá era mejor para reparar el interior de un automóvil que para coser un botón.

La situación comenzó a volverse desesperada. Mi papá me regañó por usar uno de mis calcetines de vestir y me dio uno blanco largo suyo. Buscó entre sus cajones y encontró algo con tela roja: sus *shorts* favoritos.

Eran unos shorts largos Ocean Pacific que usaba en la casa. Eran de una moda retro, supongo. Si conocieran a mi papá, sabrían cuán poco tiempo o energía invertía en su ropa, y lo raro que es que sienta algún aprecio por una prenda. Una vez pensó que había perdido en el cine su amada chaqueta gris, toda andrajosa, y buscó el mismo diseño en eBay. Ya tenía mucho tiempo que había pasado de moda.

Los *shorts* rojos eran el mismo caso. Pero de alguna manera, mi papá no gimoteó cuando los cortó para hacer la boca del títere, o cuando cosió la tela al calcetín sólo para ver lo mal que lucía. Al final llamó a mi abuelastra, Betty, como último recurso. Ella accedió a ayudarnos, así que fuimos a Walmart por un nuevo calcetín y luego a su casa. Betty hizo los ojos y una boca roja perfecta para Beverly o Judy. Incluso le agregó pestañas.

Creía que Betty era una verdadera heroína cuando llegué a casa con el títere que no se asemejaba en nada a mi autora favorita, pero que sin problemas me daría un diez de calificación. Cuando mi mamá llegó a casa del trabajo, movió la cabeza con gesto de desaprobación cuando vio los shorts favoritos de mi papá hechos trizas en la basura. Preguntó por qué había sacrificado la única prenda que le importaba.

—Porque el títere necesitaba una boca —respondió mi papá.

De seguro la mamá de Betsy no hizo eso.

AMANDA GREEN

32

El héroe que rompió las reglas

Plic, plic, plic. Estaba sentada en mi salón observando las gotas de lluvia caer en el cristal de la ventana. Pequeños ríos de agua bajaban por el vidrio. El cielo oscuro, los truenos retumbando y los destellos brillantes de los relámpagos hacían que me resultara difícil prestar atención a mi maestra de segundo grado.

—Mira al frente, Brenda —ordenó la maestra Garrison.

—¿Cómo vamos a regresar a casa?

—No te preocupes por eso ahora. Mira al frente, por favor.

> Serás recordado por las reglas que rompas.
>
> DOUGLAS MCCARTHUR

Me volví hacia el frente del salón mientras la maestra Garrison impartía una lección de historia. Ella era mi maestra favorita, aunque algunas de mis amigas le tenían miedo a su cuerpo robusto e intimidante y su mirada penetrante. Quería complacer a la maestra Garrison y aparentar que estaba prestando atención, pero los pensamientos me daban vuelta en la cabeza: "No tengo paraguas. ¿Cómo regresaré a casa con este aguacero? ¿Se enojará mamá si se mojan mis papeles?

La campana sonó y saltamos de las sillas como palomitas de maíz. Los rechinidos de las patas de las sillas contra el suelo de mosaico indicaron el final del día de clases. Tomamos nuestras mochilas, libros y tareas que la maestra Garrison trataba con desesperación de distribuir mientras nos amontonábamos para salir del salón. Me confundí entre la multitud en el pasillo ruidoso y me dirigí a la salida del edificio.

Los compañeros de escuela salían a empellones por la puerta hacia el enorme porche con pilares alineados. El gigantesco porche terminaba en tres escalones que llevaban a nivel de suelo, donde estaba un asta. Desde el asta, había un largo camino de concreto que llevaba hasta la acera y el paso peatonal.

Nos apiñamos mientras veíamos caer la lluvia a cántaros sobre los autobuses que esperaban en la orilla de la acera. Cada autobús tenía las puertas abiertas para recibir a los estudiantes. Yo no tenía un autobús seco que me esperara. En cambio, podía ver mi casa al otro lado de la calle. Papá nos había dicho que quería una casa cerca de la escuela de sus hijos para que no necesitaran transporte escolar.

Sin embargo, ese día hubiera sido bueno abordar un autobús. No sabía qué hacer. "¿Debo esperar?", me pregunté. "Tal vez deje de llover y entonces pueda caminar a casa".

Aunque podía ver el refugio seguro de mi casa, sabía que estaba demasiado lejos y de seguro me iba a empapar. Nunca podría correr lo suficientemente rápido con mis libros y mis tareas importantes. Los relámpagos iluminaron de nuevo el cielo y las nubes se veían pesadas y oscuras. Se oyeron los truenos a la distancia. Algunos de mis amigos gritaban y otros corrían a los autobuses.

Miré de nuevo la casa donde mamá me esperaba, a salvo y seca. Deseaba llegar a la comodidad del hogar. Entonces vi una silueta familiar correr por el césped inundado de la escuela. Era mi papá. "¿Qué está haciendo?", me pregunté. "No está permitido cruzar por el pasto". Tampoco esperó en el paso peatonal. Lo miré fijamente mientras avanzaba, sin inmutarse por la lluvia, los truenos o los relámpagos.

Llego hasta mí, me tomó en sus fuertes brazos y me sacó del porche atestado de la escuela. Ahí, delante de mis amigos, me levantó y me estrechó contra su pecho mientras volvía sobre sus pasos. Miré a mis amigos que se quedaron esperando en el porche. Se veían cada vez más pequeños a medida que mi papá y yo nos acercábamos a la casa. No recuerdo nada más; ni a nuestro perro moviendo la cola cuando me vio, ni a mamá esperando, ni lo mojados que estábamos, ni el aroma familiar de la casa. El que me impresionó y dejó una huella indeleble en mis recuerdos fue papá... mi héroe que rompió las reglas para rescatarme.

BRENDA NIXON

33

Negarse a decir no

Por el tiempo que me quede de vida, nunca olvidaré esa llamada telefónica. Tenía doce años y era el día después de Navidad. Temprano por la mañana la abuela encontró al abuelo inconsciente en el baño. Había estado ahí desde la noche anterior y ella no se dio cuenta sino hasta que despertó. Mi padre fue para allá a seguir a la ambulancia y mi madre y yo nos quedamos en casa esperando noticias.

El teléfono sonó y mi madre contestó. Yo contesté también en otro cuarto, y creo que nadie se dio cuenta de que había descolgado el teléfono.

> Parece que, más que nada, el éxito es cuestión de aferrarse a algo cuando otros han renunciado.
>
> WILLIAM FEATHER

—Dicen que se va a morir —dijo mi padre—. ¡Pero no será así!

Nunca había oído a mi papá tan desesperado. Continuó hablando como enloquecido, decía frases medianamente coherentes y con la voz entrecortada por el llanto farfulló algo sobre lo equivocados que estaban los doctores y aseguró que el abuelo no se iba a morir. Era demasiado obstinado como para morir. Demasiado capaz; demasiado vivo.

Había sufrido una convulsión y cayó en coma. Debido a que llevaba ya muchas horas en coma cuando lo encontraron, las probabilidades de que despertara alguna vez estaban en su contra.

La sala de urgencias del hospital no tenía el personal suficiente por las vacaciones y sólo había un médico disponible que notó que la tensión arterial de mi abuelo estaba muy alta, le dio un medicamento y esperó. No hubo respuesta. El doctor aconsejó a mi padre que llamara al rabino. Había llegado el momento de aceptar que el abuelo no despertaría.

Sólo que había un pequeño problema: mi padre se rehusó rotundamente a aceptarlo. "¡No va a quedarse ahí cruzado de brazos a verlo morir!", gritó mi padre. "¡Quiero que lo transfieran a otro hospital inmediatamente!"

Implacable en su determinación, mi padre llamó entonces a su médico de cabecera de la infancia. El doctor recomendó un hospital en la ciudad de Nueva York a una hora de distancia.

La fe casi siempre se expresa con creencias. La fe de mi padre se manifestó como escepticismo total. Se rehusó a escuchar al doctor que le dijo que ya no había esperanza y actuó con una obstinación que sólo nace del fondo de su alma. Era su padre e iba a estar bien. Punto. Cualquier otra cosa era impensable.

Sacar del hospital a un hombre en coma, agonizante, y llevarlo a una ambulancia para realizar un viaje de una hora era una locura, pero mi padre insistió. Llamó a una ambulancia privada y en el hospital le aseguraron que un médico estaría esperándolo cuando llegaran. El médico fue en su propio avión al hospital para cumplir con el compromiso.

Durante el viaje en ambulancia, el milagro comenzó. Mi abuelo empezó a recuperar la conciencia, pero deliraba. En el momento en que llegaron al hospital, el doctor examinó los ojos del abuelo y afirmó: "Ya sé qué tiene y lo puedo operar".

Lo que ocurría, explicó él, era que el abuelo tenía un meningioma alojado entre el cráneo y el cerebro. Cuando terminó de examinarlo, anotó el historial y comentó que el abuelo debió de haber estado expuesto al gas mostaza durante la Segunda Guerra Mundial en Inglaterra. El doctor había visto muchos de estos tumores de lento crecimiento en veteranos de guerra. Estabilizaría al abuelo y lo operaría de inmediato.

Desafortunadamente, había otra sorpresa esperando.

Cuando el abuelo recobró sus facultades, comenzó a alucinar. Nadie sabe con certeza lo que creyó estar viendo, pero fuera lo que fuera, lo hizo colocarse en la orilla de la cama y lanzarse al suelo. Entonces se hizo una herida debajo del ojo que obligó al médico a posponer la cirugía. Tendría que lograr sobrevivir un día más para que pudieran arriesgarse a anestesiarlo.

No reconocía a mi padre y no tenía idea de la fecha o el año, pero sabía cuando ocurrió el día D y también quién era el presidente durante la guerra. El hijo que no reconocía iba a mantenerlo, literalmente, conectado a tierra.

Como no tenía una cuerda a la mano, mi padre rompió una sábana y la enrolló hasta convertirla en una especie de soga. Ató el brazo del abuelo al suyo para asegurarse de que no fuera a lanzarse al suelo de nuevo.

El abuelo logró llegar a la mesa de operaciones y sobrevivió. Sin embargo, era difícil saber si recuperaría su capacidad mental después de semejante situación. Mi padre se quedó con él en el hospital y estuvo atado a la sábana durante dos semanas. El panorama no era alentador, por lo que llegaron algunos familiares para relevar a mi padre de vez en cuando. El médico perforó tres veces el cráneo del abuelo para extirpar el tumor, que resultó ser más grande que un limón.

El abuelo tenía setenta y ocho años y había llevado una buena vida. Se casó con la mujer de sus sueños, aunque su relación estuviera prohibida. Ella era católica, él era judío, y en esos días era imposible que estuvieran juntos. Mi abuelo era muy trabajador y hacía muy poco que se había jubilado. Le encantaba nadar e ir a la playa, además de mantenerse al tanto de las noticias y seguir la política nacional. Y todo este tiempo había vivido con un tumor mortal que había pasado inadvertido por décadas.

Cinco años después de la cirugía, el abuelo levantó su copa de champaña.

—Brindo por mi esposa, mi novia desde hace cincuenta años —dijo en un restaurante en Florida donde nos reunimos para celebrar—. Debí de haber muerto hace cinco años, pero aquí estoy todavía.

Cinco años; cinco años y nadie volvió a sugerirle a mi padre que llamara al rabino. El tumor desapareció y el abuelo se recuperó lenta, pero totalmente del ataque.

Eso ocurrió hace nueve años. El abuelo tiene ahora noventa y un años y sigue siendo un hombre muy fuerte, gracias a su devoto hijo que no aceptó un "no" por respuesta.

JENNA GLATZER

34

Infortunio a la luz de la luna

Noviembre 28 de 1988. 1:12 de la madrugada.

Mi madre entró corriendo en mi habitación.

—¡Levántate! —gritó.

Antes de que tuviera oportunidad de contestar, me tomó del brazo y me llevó a rastras por el pasillo. Todo estaba oscuro como boca de lobo y había tanto ruido que apenas la oía gritar.

—¿Qué ocurre mamá? —grité asustada. No pude comprender su respuesta.

Pasamos al cuarto de mi hermana. Alcancé a ver el cielo nocturno donde estaba el techo, y la cama había desaparecido. Levanté la mirada en el pasillo y sólo vi el cielo nocturno. Mi madre me empujó para que bajara de prisa las escaleras y nos guarecimos debajo de ellas, donde mi hermana y mi padre nos esperaban. Nunca olvidaré la mirada de horror de mi hermana.

> Todo equipo de supervivencia debe incluir sentido del humor.
>
> AUTOR ANÓNIMO

Estuvimos apretujados durante un tiempo que pareció una eternidad, mientras los vidrios se hacían añicos y las puertas se salían de su marco. La vajilla de la familia se había convertido en proyectiles de alta velocidad. La casa temblaba al salirse de sus cimientos. Sentía la lluvia en la cara. Mi padre estaba sentado en actitud estoica, sosteniendo las escaleras encima de nuestras cabezas.

—¿Qué sucede? ¿Qué sucede? —pregunté, con el cabello en la cara por el viento que soplaba. Nunca había estado tan asustada en mi vida.

—Es un tornado —respondió mi madre. Otra puerta de estilo francés salió disparada en nuestra dirección, pero nos protegieron las escaleras que mi padre sostenía.

—Todo va a estar bien —afirmó mi padre.

Entonces rezamos.

La nube de embudo, un tornado de categoría F4, tardó cerca de cinco minutos en pasar. Tocó el suelo dos veces para destruir nuestro hogar y otras dos casas y dejó intacto el resto del vecindario. El tornado cobró la vida de cuatro personas en su trayectoria de devastación y destrucción y arrancó por completo el techo de la casa y el segundo piso, excepto por un pequeño fragmento sobre mi habitación, que estaba protegido por un roble grande que le cayó encima. El árbol me salvó de que la tormenta me arrastrara mientras mi madre aún corría por el pasillo para rescatarme.

Perdimos casi todo. La casa quedó en ruinas. El ático y todo su contenido desaparecieron. Nuestra casa, nuestra nueva casa, era ahora sólo un cascarón. Todas nuestras posesiones estaban rotas o dañadas por los vientos de más de 340 kilómetros por hora y la lluvia torrencial. Faltaban tres semanas y media para Navidad. Yo tenía siete años y mi hermana once.

Nos quedamos con los vecinos un par de noches, pero nuestra casa no podía cerrarse. Necesitábamos asegurar las pocas posesiones que nos quedaban, así que mi padre juntó todo lo que pudo para luchar contra el frío invierno de Carolina del Norte y durmió solo en el suelo helado de nuestro garaje con una escopeta y nuestro Husky siberiano.

Ahí durmió durante cuatro noches en el esqueleto solitario de la casa para protegernos; para proteger lo que quedaba de nuestra casa, para proteger a nuestra familia. No tenía calefacción, electricidad o agua. Tenía una pequeña hielera con agua y comida que llenaba todos los días antes de que oscureciera. Una noche oyó ruidos en la puerta del garaje. Cuando salió a ver, encontró al gato del vecino que había desaparecido desde la tormenta y no había comido en varios días. Después de que mi padre compartiera su cena de croquetas de pollo con el perro y el gato hambriento, sacó su ración de leche para la mañana y se la dio al gato.

A mi padre no le agradan mucho los gatos porque es alérgico, pero aun así ayudó a este. Y cuando se dio cuenta de que el gatito se helaba en el garaje que estaba a una temperatura de cuatro grados centígrados, lo metió en la bolsa para dormir con él, aunque sabía que le provocaría alergia y comezón toda la noche.

Mis padres fueron muy fuertes. Hicieron todo lo que pudieron para hacer de esa Navidad algo especial. Recuerdo que mi hermana lloró porque el regalo que me había comprado desapareció con la tormenta. Yo estaba contenta de que ella no hubiera desaparecido.

Un día muy frío, mis padres estaban en la cocina de nuestra casa destruida, que había sido saqueada (los ladrones se llevaron todos los utensilios de cocina). La nieve había caído sobre todo lo que quedaba. Mi madre comenzó a llorar, completamente sobrecogida por la pérdida de nuestra casa y de todos los recuerdos que había formado ahí.

—Lo siento mucho —musitó mi padre—. Siempre te prometí que te daría todo. Te daría el sol para hacerte feliz, las estrellas para que soñaras y LA LUNA para que la contemplaras por la noche.

Cuando lo oyó, mi madre, que pensaba que era lo más romántico que le había dicho mi padre, se dio cuenta de que papá llevaba los pantalones bajados hasta las rodillas y se había quedado con el trasero blanco al aire que brillaba como la luna llena en la nieve.

Dice mi madre que en ese momento supo que todo saldría bien y que superaríamos esa desgracia como familia.

Así que, gracias, papá. Gracias por siempre mostrarme la luz en la oscuridad. Tu sentido del humor me ha ayudado a salir adelante en muchas circunstancias de la vida. Gracias por enseñarme a reír incluso cuando las cosas se ponen difíciles y también por ser mi protector en cada tormenta.

ASHLAN GORSE

35

Velando por mí

¡No hay nada más maravilloso que el olor del aire de la región de Adirondack! Te llena los pulmones de pureza y frescura, te da vigor y despierta en ti el amor por la vida. Cada fin de semana de verano, mi padre planeaba un viaje de nuestra casa al norte del estado de Nueva York a uno de los magníficos lagos enclavados entre los altos pinos y los bosques tupidos de las Montañas Adirondack. No teníamos lagos favoritos; en cambio, cada lago era una aventura para explorar y disfrutar.

Una excursión que nunca olvidaré fue una visita al lago Oneida, al pie de las montañas. Después de llegar al área de playa del lago, bajamos el equipaje del automóvil con todo lo necesario para el picnic, toallas, sábanas y sillas de playa, y lo llevamos por un sendero entre los árboles que parecía extenderse hasta siempre. Una vez que localizamos el lugar ideal para el picnic, mi papá, mi hermana y yo corrimos a las olas con nuestra pelota de playa, dejando a mi madre en la playa para "instalarse". En cuanto llegamos al lago nos pusimos a jugar a la pelota por lo menos durante una hora, y luego, después de dejar la pelota, mi padre nos permitió lanzarnos desde su rodilla: nos impulsaba y nos daba vueltas en el aire como si fuéramos hot cakes en

> Solamente podemos decir que estamos vivos en aquellos momentos en los que nuestro corazón está consciente de todos sus tesoros.
>
> THORNTON WILDER

la plancha. Este juego atemporal siguió y siguió, ya que no dejábamos de pedir más.

Cuando finalmente nos cansamos de jugar, mi papá se detuvo a ver a mi hermana mayor, a quien le encantaba el nado sincronizado. Mi hermana comenzó a practicar los movimientos que su equipo realizaba en las competencias. Mi padre, que también era un atleta, estaba fascinado con su demostración. Yo estaba triste de que nadie jugara conmigo y nadie me veía. Me aburrí y estaba celosa de los alardes de mi hermana. Enojada, decidí nadar por mi cuenta e intentar los trucos que ella hacía en aguas más profundas, lejos de ellos. Las olas eran más grandes, pero a mí no me importó. Sólo quería hacer lo mismo que mi hermana para captar la atención de mi padre.

Cuando estaba a punto de intentar un clavado de frente lanzándome de puntillas, una ola enorme me cubrió en el preciso instante en que tomé aire y me impulsé para sumergirme. Inesperadamente, tragué agua y una corriente de resaca me arrastró debajo de la ola. Presa del pánico bajo el agua, perdí toda flotabilidad y la esperanza de poder respirar. Recuerdo que intenté ponerme de pie, pero el fondo arenoso había desaparecido. Al buscar la superficie, jadeando por la falta de oxígeno y escupiendo para despejar los pulmones, sentí que alguien me sujetaba con firmeza por el brazo y me daba un tirón hacia la seguridad. ¡Era mi papá! Me abrazó con fuerza y me llevó hacia una zona donde pudiera tenerme en pie. No me reprendió ni me interrogó, sólo me dio un gran abrazo y sonrió porque sabía que estaba bien.

¡Qué maravillosa sensación tuve en ese momento! Nunca la olvidaré. ¡Todo el tiempo me había estado vigilando! Nunca me quitó la vista de encima, incluso mientras admiraba a mi hermana. Veló por mí todo el tiempo. Que alguien te diga que te ama es grandioso, pero experimentar ese amor es increíble. Gracias, papá, no sólo por el amor a la naturaleza que me inculcaste durante esas aventuras de verano, sino también por el sentido de seguridad y bienestar que me diste. Tu amor inagotable me ha apoyado en todos los retos que la vida me ha presentado. Sin tu cuidado, sin tu protección, sin tu amor, no sería la mujer fuerte que ahora soy.

TERRILYNNE WALKER

36

Papá al rescate

Por lo general era la primera en saludar a mi padre cada tarde cuando llegaba a casa del trabajo. Me abalanzaba a sus brazos para darle el mejor abrazo de oso del mundo.

Pero no ese día. Ese día estaba escondida debajo de las mantas en la litera que compartía con mi hermana Kelly.

Oí a papá entrar en la habitación y sentí cuando se sentó en la cama junto a mí.

—Oye, ¿no hay un abrazo para mí hoy? ¿Qué sucede?

Empecé a llorar antes de que terminara la pregunta. Me senté en la cama e hice a un lado las sábanas.

> Para guiar a tu hijo por el camino que debe ir, tienes que recorrer ese mismo camino de vez en cuando.
>
> JOSH BILLINGS

—¡No puedo saltar! —gemí—. ¡Todos en el primer grado saben saltar la cuerda menos yo!

Papá comprendió la gravedad de la situación inmediatamente, como siempre sucedía.

—Ay, eso no está bien. ¿Qué vamos a hacer?

—¡No voy a regresar jamás! —grité—. ¡Todos se burlan de mí! —y era cierto. Incluso la maestra de gimnasia había comentado molesta: "¿Quién no puede saltar?"—. Soy la única en toda la escuela que no puede saltar —me quejé—. ¡No voy a regresar jamás!

—Lo siento mucho —murmuró papá y me abrazó. Comencé a llorar desconsolada y papi me abrazó con más fuerza. Me habló serenamente mientras lloraba—. Todo va a estar bien. Ya pensaremos en algo.

Cuando dejé de llorar, papá y yo conversamos. Me encantaba el primer grado. Quería mucho a mi maestra, la señora Howell, y a la directora, la hermana Mary Margaret. Me fascinaba leer, las clases de ortografía y el recreo, e incluso amaba a Chris Miller, el chico rubio que se sentaba junto a mí en el ciclo de lectura y que me tomaba de la mano durante el recreo.

Sin embargo, no me gustaba la gimnasia. El gimnasio era ruidoso, caótico e intimidante y yo lo detestaba. Prefería quedarme en el salón de clases. Ahora la clase de gimnasia de los jueves se había convertido en una pesadilla porque yo no sabía saltar la cuerda.

A papá se le ocurrió una solución.

—Supongo que tendré que enseñarte —anunció.

No noté el titubeo en la voz de papá cuando tomó la decisión. Ni siquiera noté que pospuso mis clases hasta el siguiente lunes, el día antes de mi clase de gimnasia. Para entonces, estaba hecha un manojo de nervios, preocupada por lo que haría cuando mi profesora de gimnasia y mis compañeros se burlaran de mí al día siguiente porque aún no sabía saltar la cuerda.

Después de la cena esa noche de lunes, papá me llevó al patio del frente de la casa para darme mi primera lección:

—Muy bien —empezó—, supongo que lo primero que tengo que hacer es verte saltar la cuerda.

—¡Pero no sé saltar!

—Sólo muéstrame lo que haces en la clase de gimnasia.

Y así lo hice.

Después de un minuto de ver cómo me esforzaba, papá dijo:

—Creo que ahora debo mostrarte cómo hacerlo.

Comenzó tentativamente y luego se concentró en la tarea. Saltó y saltó, por todos lados en nuestro patio frontal e incluso un poco en la calle, tratando de enseñarme a saltar. Gritaba cosas mientras saltaba como: "¿Viste que titubeé un poco antes de saltar?".

No lo noté para nada.

Los vecinos que pasaban por ahí en bicicleta nos saludaban agitando la mano. Los tres chicos que vivían más adelante en la calle pasaron de camino al campo de beisbol y decidieron sentarse en el porche a vernos a papá y a mí. Pronto atrajimos un público de doce o trece personas.

Papá estaba en estupenda forma. Los chicos del vecindario y sus papás hicieron comentarios al respecto, por eso lo sabía. Todos se reían cuando decían estas cosas, pero papá saltaba con mucha seriedad.

Por más bueno que fuera papá o por mucho que se estuvieran divirtiendo los vecinos con el espectáculo, yo no podía comprender cómo saltar.

—No es lo mismo que correr —explicó papá. Mi maestra de gimnasia me había dicho lo mismo. Pero papá agregó—: Hay un pequeño hipo a la mitad.

—¿Un hipo?

—Sí —aseguró papá, dándose cuenta de que estaba estableciendo un punto importante. Entonces comenzó a saltar de nuevo por el patio, pero esta vez gritó durante esos momentos curiosos: "¡Hipo!". Al principio todos soltaron una carcajada, pero en seguida empezaron a gritar con papá: "Hipo", mientras él saltaba en el patio.

Observé a papá con cuidado. Poco a poco empecé a notar el hipo. Traté con todas mis fuerzas de ver el hipo que todos los demás podían ver.

El sol comenzaba a ocultarse cuando papá dijo:

—Tengo una idea —estaba sudando mucho y respiraba por la boca—. Te voy a cargar.

Después de descansar un minuto y tomar un delicioso vaso de agua, papá me levantó y me colocó en su espalda.

—¿Lista? —preguntó.

—¡Lista! —gritó el público.

—¡Lista! —grité. Me sostuve con fuerza. Papá comenzó a saltar por el patio tal vez por centésima vez en ese día. Todos los que estaban parados o sentados alrededor comenzaron a gritar: "¡Hipo!" al unísono mientras el cuerpo de papá hacía un extraño movimiento.

—¡Lo sentí! —grité. Después de unos minutos añadí—: ¡Creo que ya entiendo cómo hacerlo!

Papá se detuvo en seco. Me miró por encima del hombro y preguntó:

—¿De verdad?

—¡De verdad! —respondí—. ¿Puedo intentarlo?

—Por supuesto que puedes —papá me colocó en el suelo con suavidad y no le importó que medio vecindario estuviera en nuestro patio viéndonos. De inmediato empecé a moverme. Al principio era sólo una forma rara de correr. Después de unos segundos recordé cómo se sentía el hipo y lo intenté. Entrecerré los ojos y continué saltando. Hipo, hipo.

—¡Lo estás logrando! —gritó papá con fuerza—. ¡Estás saltando!

Y así era.

—¡Estoy saltando, papá! —grité a mi vez—. ¡Mírame!

Todos se rieron y aplaudieron. De verdad estaba saltando. Salté hasta que oscureció demasiado para ver y todos se marcharon a casa. Salté hasta quedar exhausta y mi papá se fue a sentar al porche a tomar té.

—¿Ya ves? —dijo papá, mientras entrábamos tomados de la mano. Te dije que encontraríamos la manera.

Eso era precisamente lo que había dicho.

Lo que papá no dijo, y yo no me enteré sino hasta años después, fue que se arriesgó a sentirse humillado delante de todos los vecinos y amigos para enseñarme a saltar. Tanto así me amaba. Arriesgó mucho por mí durante el resto de mi vida.

Al día siguiente en la clase de gimnasia, mi maestra me aplaudió emocionada.

—¡Aprendiste a saltar! —gritó.

—Sí —repuse con orgullo—, mi papá me enseñó.

MARLA H. THURMAN

Caldo de Pollo para el Alma

4

CAPÍTULO

Peinar canas: padres de adolescentes

37

"Lado incorrecto Reuscher"

Uno de mis primeros recuerdos de lo orgulloso que me sentía de ser hijo de Conrad Reuscher es cuando me enteré que él fue responsable de crear el programa de basquetbol Cavalier en St Mary's, Pennsylvania. Nací en 1965 y un año más tarde mi padre formó un programa de basquetbol para chichos de secundaria integrado por las tres escuelas católicas locales. Este programa sirvió de ejemplo para la preparatoria católica. El programa que creó fue muy exitoso. Al pensar en lo que logró con un presupuesto muy restringido y talento limitado, me parece increíble.

> Hijo, creciste y ya no cabes en mi regazo, pero siempre tendrás cabida en mi corazón.
>
> AUTOR ANÓNIMO

Papá logró que sus equipos fueran exitosos gracias al trabajo duro y la disciplina. Recuerdo cuando llevaba a sus equipos a jugar a Erie, Pittsburg, Filadelfia, contra un montón de equipos a los que no tenía derecho de retar y aun así ganó o se quedó cerca de hacerlo. El momento culminante de la temporada era el Torneo del Día de Acción de Gracias en la preparatoria Elk County Christian. El lugar siempre se llenaba para ver un torneo de niños de segundo grado de secundaria; una prueba difícil para cualquier chico. Recuerdo que siempre me decía mentalmente: "Ese es mi papá".

Uno de los periodos más felices y más tristes de mi niñez tuvo lugar en un lapso de dos años. El más feliz fue cuando designaron a mi padre entrenador de los Elk County Christian Crusaders, que era el equipo de la preparatoria católica. Recuerdo que estaba sentado en el piso de la sala, mientras mi papá estaba acostado en el sofá una tarde de sábado cuando los presentadores describieron las acciones del día anterior. Pensé que sería divertido sentarme a oír la narración del partido y hacerle preguntas a papá sobre la estrategia y por qué había sustituido a tal persona, por qué aquel jugador hizo esto o por qué no pidió un tiempo fuera. He de admitir que siempre contestaba mis preguntas con paciencia y sinceridad.

El momento más triste fue cuando lo despidieron. Nunca olvidaré cuando llegó a casa y me contó que ya no sería el entrenador de los Crusaders. Yo estaba sentado en una mesa de juegos tratando de armar un rompecabezas y mi mamá ya me había informado de lo ocurrido. Papá llegó por atrás de mí, me dio la noticia y yo empecé a llorar de manera incontrolable. Me puso una mano en el hombro y comenzó a apretarlo con suavidad al tiempo que decía: "Todo va a estar bien, Eric. Esto no va a ser lo peor que me ocurra en la vida".

Sin embargo, un sueño mío murió aquel día. Se trataba de un sueño que todo niño tiene: jugar con su papá. Me uní a los Cavaliers cuando iba en tercer grado y no quería ni esperaba recibir trato preferencial debido a quién era mi papá. Me esforcé, pero no era muy alto ni talentoso para lograr estar en la alineación inicial o de sustituto. Era un jugador promedio. Al llegar a segundo año de secundaria, formé un vínculo estrecho con mis dos compañeros Dino y Rodney, porque éramos los últimos tres jugadores que entraban a los partidos. Nos hacíamos llamar el Escuadrón de bombarderos. La gente sabía que el juego estaba bajo control cuando entrábamos a la cancha después de calentar.

Tres años después de que despidieran a mi papá como entrenador de los ECCHS, cuando yo estaba en segundo año de secundaria, fue a verme jugar. Aunque papá daba clases de historia en la preparatoria, hasta donde yo sabía esta era la primera vez que regresaba a la cancha del gimnasio. Era el partido final del Torneo del Día de Acción de Gracias. Nuestro juego más difícil había sido el día anterior cuando ganamos por dos puntos. Nuestro oponente en el partido de campeonato no iba a resultar un gran reto. Papá era buen amigo del entrenador en jefe, Pete, y Pete había mencionado que teníamos una muy buena oportunidad de ganar y que a papá le gustaría estar presente para ver al primer equipo en la historia de los Cavaliers ganar el prestigioso Torneo del Día de Acción de Gracias.

Encendimos motores y para el medio tiempo teníamos una cómoda ventaja. Recuerdo que vi a papá entrar en el gimnasio unos momentos antes del medio tiempo y fue a sentarse hasta arriba de la gradas. El lugar estaba atestado y la gente parecía apartarse para que papá pasara, como Moisés cuando abrió el Mar Rojo. Con cuatro minutos restantes en el cuarto cuarto, teníamos una amplia ventaja. El entrenador Winklebauer gritó: "Escuadrón de bombarderos, prepárense". Me acuerdo que me alisté, pensando emocionado que mi padre estaba ahí.

Hubo un tiempo fuera y no recuerdo nada de lo que dijo Pete. Hicimos una jugada justo a la mitad de la cancha. Hice la finta de ir a la izquierda para escaparme por la derecha. Me lanzaron la bola y recuerdo que me hallaba completamente descubierto. Me sentí en las nubes cuando avancé hacia el aro y pensé: "No puede ser así de sencillo. Estoy solo". Estaba emocionado y por un segundo pensé en clavar la pelota, pero decidí no arriesgar y lancé un hermoso tiro con el brazo izquierdo. "Papá va a estar muy orgulloso. No puedo creer que haya podido zafarme tan fácilmente."

Cuando levanté la cabeza del suelo, todo el gimnasio reía a carcajadas. Pete se cubrió los ojos con las manos y cuando yo iba a la mitad de la cancha, la verdad me cayó como rayo: ¡había anotado en la canasta equivocada! De inmediato me volví a ver a mi papá y estaba sonriendo. Le rogué con los ojos al entrenador Winklebauer que me sacara del juego, pero no lo hizo. Los últimos tres minutos duraron una eternidad.

Después del partido, mis compañeros fueron condescendientes, tanto como pueden serlo unos chicos de secundaria.

—Oye, "Lado incorrecto Reuscher", ¡seguro que tu viejo va a estar muy orgulloso de ti!

Todo lo que pude hacer fue sentarme frente a mi casillero y aguantar las burlas, aunque estaba a punto de llorar o pelearme. Esperé hasta que todos se marcharan y entonces me fui a las regaderas pensando: "¿Cómo pude avergonzar a mi padre de tal manera? Somos el primer equipo de los Cavaliers en ganar el torneo y su hijo anota en la canasta incorrecta". Me sentía desconsolado.

Finalmente me vestí, bajé despacio las escaleras que llevaban al gimnasio. Cuando abrí la puerta, la única luz era la de los letreros rojo con blanco que indicaban la salida al final de la cancha. Papá estaba sentado en las gradas cerca de la mitad de la cancha. Me acerqué a él con lágrimas en los ojos. Cuando estaba a punto de hablar, me dijo: "Ese fue el mejor tiro de zurda que he visto".

En un instante borró toda la vergüenza que sentía. Me pasó el brazo por el hombro y salimos del gimnasio con la cabeza en alto.

Eric T. Reuscher

38

Johnny

Mis padres no eran liberales. No trataban de ser mis amigos. No prestaban atención a la última moda ni organizaban fiestas para adolescentes. Tenían mucha práctica en el arte de decir "no". La mayoría de las reglas y los "no" venían de mi madre. Mi padre era más fácil de tratar; era a él a quien pedía permiso primero y quien invariablemente contestaba: "Pregúntale a tu madre".

Sin embargo, había un aspecto en el que mi padre asumía el control total: los muchachos. Su única regla establecida era que mi pareja debía siempre ir a la puerta a recogerme. La regla parecía inofensiva, como una oportunidad para que un padre se asegurara de que el chico con el que iba a salir su hija esa noche era lo suficientemente caballeroso como para recorrer el trayecto de quince metros a la entrada de la casa, estrechar la mano de mi padre, mirarlo a los ojos y lisonjear a mi madre. Sin embargo, mi padre nunca evaluaba únicamente el saludo de mano o los planes de la noche. Y yo lo sabía.

> Una jovencita es una niña que acaba de hacer algo terrible.
>
> JUDITH MARTIN

El verano antes de mi último año de preparatoria, acababa de cumplir diecisiete años, estaba trabajando en un *delicatessen* y estaba locamente enamorada de un compañero de trabajo. Mi compañero de trabajo, Johnny, tenía veintidós años y estaba en la universidad. Al parecer, Johnny no ignoraba del todo mis risitas torpes y mis sonrisas, porque al final del verano me invitó a salir. Estaba muy emocionada y de inmediato pensé en una forma de evitar que Johnny tuviera que ir a la puerta principal por mí. Mis padres podrían reconocer a Johnny y yo sabía que no aprobarían que saliera con un chico universitario, que era cinco años mayor que yo. Quedarme de ver con él en algún lado no era opción; quería que fuera una cita "hecha y derecha" en la que él tuviera que ir por mí en su auto.

Por fortuna, Johnny escogió una película que empezaba temprano y tendría que recogerme mucho antes de que mi padre regresara del trabajo. Le dije a mi mamá que iba a salir con unos amigos de la escuela y que uno de ellos (le dije que se trataba de mi amigo Marc) iba a pasar por mí para que cuando Johnny llegara, ella me diera permiso de salir corriendo al automóvil. Llamé a Marc y le pedí que no llamara a mi casa durante el resto de la tarde. Entonces esperé en la puerta principal lista para correr al auto de Johnny antes de que se bajara.

Este era mi plan hasta que mi padre llegó a casa temprano del trabajo. Johnny se estacionó en la entrada en el preciso instante en que mi padre estaba entrando y pasaba por el protocolo cotidiano de "¿cómo te fue hoy?".

—¡Ya llegaron por mí! —lo interrumpí y salí corriendo. Mi padre alcanzó a preguntar quién conducía antes de que estuviera fuera de su alcance—. ¡Marc! —grité, sin mirar atrás. En este punto no creí que podría lograrlo, pero salté al auto de Johnny de todas formas. Mi padre ya venía bajando los escalones detrás de mí.

Soy de New Jersey, la tierra de las odiadas vueltas en U. La casa de mis padres estaba por casualidad dentro de una U, por lo que la parte trasera de la casa quedaba frente a la avenida principal de seis carriles, y el frente de la casa daba a una calle tranquila que sólo utilizaban los residentes locales y alguno que otro conductor extraviado, de fuera del estado. Sólo hay una forma lógica de salir de la casa al semáforo para poder dar vuelta a la izquierda sobre la avenida que nos pondría en la dirección del cine. Para evadir a mi padre, que claramente tenía intención de seguirnos, le pedí a Johnny que diera vuelta a la derecha en el semáforo y luego volviera a dar vuelta hacia el vecindario ya que estuviéramos más adelante. No veíamos a mi padre detrás de nosotros, por lo que empecé a relajarme mientras avanzábamos rumbo al semáforo.

Mi tranquilidad no tardó en convertirse en ansiedad cuando vi a mi padre acercarse con su automóvil, pero no por atrás como había previsto, sino por la única dirección en la que no lo esperaba: directamente frente a nosotros. Mi padre detuvo el automóvil a unos cuantos metros del auto de Johnny y de tal manera que no había forma de esquivarlo; no es que

Johnny fuera a intentarlo. Incluso antes de que lo viera bajar del auto, mi padre abrió de golpe la puerta del pasajero. A juzgar por su expresión, estaba furioso y, sin embargo, calmadamente me ordenó que bajara del auto. Traté de explicarle que sólo se trataba de un amigo, pero entonces mi padre me interrumpió:

—Ese es Johnny, del trabajo. Baja del auto.

—No —respondí llena de miedo.

Entonces fue Johnny el que habló:

—Robin, baja del auto.

Supongo que la cara roja de mi padre, sus ojos encendidos y su inquietante voz calmada no pasaron inadvertidos para él. No me quedó más remedio.

Bajé del auto y recorrí los aproximadamente 50 metros que nos separaban de la casa con mi padre. Estaba firmemente convencida de que nada podría ser más humillante. Qué equivocada estaba. Cuando llegamos a casa, mi padre llamó inmediatamente a mi jefe para explicarle que no regresaría al trabajo hasta que Johnny volviera a la universidad.

Hasta este día sigo mortificada por la escena que provocó mi padre. Sin embargo, también estoy profundamente agradecida. Aunque nadie más que Johnny conoce las verdaderas intenciones que tenía conmigo cuando me invitó a salir en la última semana que tenía antes de regresar a la universidad, creo que es razonable suponer que no eran más (ni menos) virtuosas que las de cualquier otro joven de mi edad. A pesar de esto, mi padre tuvo toda la razón en intervenir. Mi enamoramiento, como la mayoría de los enamoramientos, era intenso, y la experiencia de Johnny con las chicas y la vida social en general era mucho más amplia que la mía. Los posibles resultados de aquella noche, si hubiera podido salir con él, son incontables. Sin embargo, sólo hubo un resultado una vez que mi padre intervino: ningún chico mayor, con mucho más experiencia, se aprovecharía de mí.

A pesar de lo que pude haberle dicho aquella noche, siempre estaré agradecida con mi padre por haber estado dispuesto a arriesgarse a sufrir un poco de humillación (la mía frente a Johnny y la suya delante de todo el vecindario) con tal de garantizar mi seguridad y mi bienestar.

Robin Pepper Biasotti

39

Dud y el guante de receptor

> El beisbol es el único lugar en la vida donde verdaderamente se aprecia un sacrificio.
>
> AUTOR ANÓNIMO

Debí de haber sido un niño. Los niños se trepan a los árboles y se caen. Practican deportes y les ponen los ojos morados. Los niños se fracturan huesos. Yo hice todo eso y más. Era difícil para mi mamá, pero mi papá tuvo lo mejor de ambos mundos. Todo en un solo paquete: tenía un marimacho con quien jugar y una niñita a quien sentar en su regazo.

En algún momento comencé a llamarlo "Dud". No se trataba de un reflejo de sus habilidades, sino sólo un sobrenombre que se me ocurrió y se le quedó con el tiempo.

Un día, cuando tenía alrededor de trece años, llegó un paquete inesperado del tío Mike.

—¡Anda! ¿Un paquete para mí? ¡Mamá! ¡Dud! ¡Vengan a ver!

Cuando mis papás se acercaron a ver, tomé unas tijeras, corté la cinta de bramante y abrí la caja. Dentro estaba un guante de receptor nuevo de primerísima calidad.

—Es un guante caro —comentó Dud cuando vio el regalo—. El tío Mike debió de haber notado que necesitabas un guante nuevo cuando jugaste con él.

Lo saqué de la caja y me lo probé.

—Me queda perfecto —manifesté, aunque los dedos no me llegaban muy lejos dentro del guante, que le quedaba mejor a Dud que a mí. Le pasé el guante a Dud, ansiosa de compartir la alegría—. ¡Pruébatelo!

Se lo puso y dio varios puñetazos contra la otra mano.

—Ahora, lo primero que tienes que hacer es aflojarlo —Dud me lo devolvió y yo me quedé mirándolo, preguntándome qué quería decir.

—¿Aflojarlo? ¿No lo voy a estropear? —pregunté.

Dud sonrió y se le formaron arrugas en las comisuras de los ojos.

—Aflojarlo quiere decir suavizar la piel y abombarlo —explicó.

Fruncí el entrecejo. ¿Cómo puedes hacer que la piel se suavice? ¿Le pones crema?

Dud pensó un momento, como asegurándose de tener los datos correctos. —Le puedes untar un aceite especial que hace que la piel se suavice. Compraré un poco cuando regrese del trabajo.

Dud llevó a casa una lata al día siguiente. Con delicadeza untamos aceite al guante con un trapo viejo y colocamos una pelota de softbol en la parte cóncava. Atamos el guante con cinta de bramante y lo pusimos en el horno tibio para curarlo.

Esperé, mientras me imaginaba ponchando a un jugador antes de llegar al plato de home utilizando el mejor guante del equipo. Casi podía oír el golpe al tocarlo y oler el polvo en el aire que levantaba el corredor al deslizarse en el plato. Mi mente se alegró al imaginar que con ese *out* salvaba el juego más importante de la temporada.

Entonces un pequeño diablo se sentó en mi hombro y me devolvió a la realidad cuando me susurró al oído: "¿Y si tu guante se incendia en el horno? Abrirás la puerta del horno y saldrá una nube negra de humo. ¡Y todo lo que quedará será un pedazo carbonizado de lo que alguna vez fuera un guante de receptor!".

Miré a Dud y me apreté las manos.

—¿Estás seguro de que no se arruinará en el horno? —pregunté preocupada.

—Todo va a salir bien.

El olor a tierra del aceite y el cuero salió de la cocina. El guante me llamaba, pero yo esperé. Cuando pensé que ya no podía esperar más, Dud dijo finalmente:

—Creo que ya debe de estar listo.

Abrí el horno y saqué el guante. No estaba quemado, pero la garganta se me cerró cuando me di cuenta de que algo había salido mal. Una pieza de concreto reforzado con varillas hubiera quedado más suave que ese guante. Esa cosa podía utilizarse como cuña para detener la puerta.

—¿Qué sucedió? —grité afligida. Incluso después de desatar la cinta, el guante siguió tieso en la misma posición, cubriendo la bola que tuvimos que sacar por la fuerza.

Dud levantó la lata de aceite y leyó la etiqueta.

—Me equivoqué al comprar el aceite —musitó con amargura—. Se supone que debíamos usar aceite Neatsfoot. Este es aceite de lino y por eso se endureció el guante.

El alma se me fue al suelo cuando parpadeé para contener las lágrimas. Apenas teníamos dinero para comida. Sabía que no podíamos comprar otro guante. Ahora tendría que volver a utilizar mi guante de cuatro dedos de segunda mano. Mi mente adolescente estaba convencida de que el viejo guante existía desde hace siglos.

Dud movió la mandíbula de un lado a otro con determinación.

—Es mi culpa —dijo—. Te voy a comprar un guante nuevo.

Nunca supe de dónde sacó el dinero (sospecho que trabajó horas extra para ganarlo), pero cumplió su palabra. Cuando empezó la temporada, jugué en la posición de receptor con un guante nuevo.

Ese día Dud me enseñó mucho sobre la honradez y la responsabilidad. Me enseñó que cuando uno hace algo mal debe corregir su error. Me enseñó a ser justa y amable con los demás, sin importar su edad o posición en la vida.

Los principios que aprendí de esa experiencia permanecieron conmigo mucho más allá de mis días de softbol. Me han guiado cuando hubiera resultado más sencillo dejar que culparan a alguien más y me han dado la determinación de enmendar las cosas, aun cuando fuera difícil hacerlo.

Dud es bisabuelo ahora. Nunca le dije lo que aprendí ese día, pero planeo hacerlo antes de que sea demasiado tarde. Voy a darle las gracias por ser el tipo de hombre que es y por las lecciones que me enseñó con la lata de aceite incorrecta y un nuevo guante de receptor.

CINDY BECK

40

Estar presente

Como padre que se quedaba en casa, mi papá no era exactamente un padre tradicional. Nos preparaba el desayuno por la mañana, empacaba nuestro almuerzo y tenía la cena en la mesa cuando mamá llegaba del trabajo. Nos llevaba a las prácticas deportivas, conciertos del coro y recitales de baile. Nos construyó el columpio más alto que habíamos visto, nos enseñó a usar la resortera y jugaba videojuegos con nosotros cuando estábamos enfermos y nos quedábamos en casa. En nuestras fiestas de Halloween, papá se disfrazaba de Igor, cojeaba y se ponía una joroba. Papá siempre estaba ahí para la diversión y también para los momentos difíciles.

> El amor es lealtad absoluta... Puedes depender tanto de una persona que organizas tu tiempo en torno a ella. Eso es el amor.
>
> SYLVESTER STALLONE

Él fue quien me dio la noticia de que no había logrado entrar al equipo de basquetbol de la preparatoria. Como ávida fanática de la WNBA y los Huskies de Connecticut, mi mayor ilusión era formar parte de este deporte. Pero como medía sólo 1.50 metros de estatura y me faltaba mucha coordinación, además de estar dedicada a mis estudios académicos (tendría el honor de dar el discurso de fin de clases a nombre de mi generación de la preparatoria), debía de haber comprendido que no podría ser parte del equipo. Mi padre me puso la mano en la espalda y me dio la noticia en mi habitación una mañana de sábado. Sin embargo, tenía buenas noticias también. Mi padre le había pedido al entrenador que me permitiera practicar de todas formas con el equipo. Aunque una parte de mí siempre querría usar el uniforme y estar en la cancha cuando hubiera público en las gradas y el marcador estuviera encendido, las prácticas eran un privilegio que podía aceptar y mi padre fue quien lo hizo posible.

Me llevó a cada práctica, incluso a las que eran a las seis de la mañana y nos obligaban a salir de casa cuando aún no salía el sol. Mientras me restregaba los ojos y empacaba mi mochila, él quitaba el hielo del parabrisas y calentaba el motor para que cuando yo me subiera estuviera lo suficientemente caliente para que yo pudiera dormir unos minutos más antes de llegar a la escuela. Podía haber dicho que no a las prácticas, en particular a las de las seis de la mañana. Ambos sabíamos que nunca pisaría la cancha durante un juego. Nunca usaría el uniforme. Sin embargo, mi padre comprendía cuánto me importaban esas prácticas y eso bastaba para él. No importaba que mis tiros se estrellaran en el tablero o que no lograra que la bola girara cuando tiraba desde el aire. Sólo importaba que yo quería estar ahí.

Al final de la temporada, me dieron la oportunidad de calentar con el equipo y usar los pantalones negros rompevientos y la camiseta marrón. Mi padre fue y se sentó en las gradas para verme salir corriendo de los vestidores a la cancha. La música se oía por los altavoces y la adrenalina corría por todo mi cuerpo. Él no tenía que estar ahí. Yo no jugaría durante el partido. Estaría sentada en la banca llevando las estadísticas. Pero sí fue, me apoyó y aplaudió cuando encesté en un tiro de calentamiento. Aunque mi padre no hablaba mucho, en algún momento me enseñó lo importante que es estar presente. Siempre me presenté a las prácticas y él siempre estuvo presente para apoyarme.

Ahora estoy en el posgrado y mi padre aún va a los juegos y aún llama para preguntarme por mis juegos intramuros de basquetbol. Cuando le cuento que perdimos frente a un equipo más grande y atlético de chicas de licenciatura, me dice que no pasa nada. Sabe que nos presentamos. Sabe que nos esforzamos. Y eso es lo que más importa. Papá me enseñó eso.

Rachel Furey

41

Un papá genial

Se me hizo un nudo en el estómago. No había nada que quisiera oír menos que las palabras que salieron de la boca de la señora Nelson: "¡Este es sólo un recordatorio de que el día de seguir a un estudiante es mañana!"

"Dios mío, por favor, ay, te lo ruego, ayuda a mamá para que esté libre mañana y papá no tenga que venir", recé. ¿Qué pensaría la gente de él? Hice a un lado todos los pensamientos negativos con la determinación de que mamá podría venir, ¡y punto!

> Sostengo que un agradecimiento es la forma más alta del pensamiento; y la gratitud es la felicidad aumentada al doble por la admiración.
>
> G. K. CHESTERTON

La campana finalmente sonó y me sentí aliviada. Este era uno de mis días favoritos, cuando cancelaban la práctica de futbol y podía irme a casa para tener unas horas más de relajación.

Entré por la puerta de la cocina y de inmediato percibí el olor del pan recién hecho. ¡Era uno de los días en que mama horneaba! Me saludó con cariño como siempre:

—¡Hola! ¿Cómo te fue? —eso junto con dos rebanadas calientes de pan con mantequilla. La secundaria estaba resultando ser más difícil de lo que esperaba.

—Ah, todo va bien —contesté.

—¿Sucedió algo interesante?

—No mucho. Sólo fue un día más…

Su expresión mostró su decepción, pero al mismo tiempo sus ojos me observaban tratando de leer en mi rostro si decía la verdad. Funcionó. Se dio cuenta de que algo me traía entre manos.

—Heidi, ¿estás segura que no me tienes ninguna noticia?

Expliqué que el día de seguir a un estudiante era mañana. Y quién lo iba a imaginar, justo en ese instante mi papá entró por la puerta trasera a tiempo para oír la noticia.

—¿Estás libre, verdad? —me apresuré a preguntarle a mamá.

—Bueno, Heidi, tengo muchas cosas que hacer y compromisos para mañana. Tal vez papá quiera ir.

—¡Por supuesto que iré! —respondió papá con una sonrisa. Me encantaba el espíritu entusiasta y optimista de papá. Él hacía la vida emocionante y llena de aventuras para la familia y yo lo adoraba. Pero ¿podría la gente verlo como yo?

Su cuerpo delgado y cabeza casi calva, con un pésimo intento por peinar el cabello que le quedaba, no eran exactamente lo que mis amigos definirían como un "papá genial".

Además, mi padre era mucho más viejo que la mayoría de los papás de mis amigos, que estaban más cercanos a la edad de mis hermanos mayores.

Sus papás eran profesionales de negocios, médicos, dentistas o ingenieros. Papá era dibujante y trabajaba en casa.

Su modo de vestir no era ni remotamente cercano a nada que pudiera considerarse elegante. Usaba pantalones vaqueros con una camiseta vieja a diario para poder realizar las labores de la granja y demás trabajos de reparación que se necesitaban en la casa, así como dibujar planos en la oficina sin necesidad de cambiarse de ropa. Papá era muy eficiente y hacía las cosas más prácticas para ahorrarse aunque fuera un poco de tiempo durante el día.

—¿Quieres que vaya contigo, Heidi? ¡De verdad me encantaría!

—Claro, papá. Me parece estupendo —o él fingía muy bien o de veras no notó mi falta de entusiasmo, ya que su cara se iluminó de felicidad y comenzó a hablar sobre lo divertido que sería. Hice mi mejor esfuerzo por enmendar mi reacción descortés y sonreí. No me interpreten mal, en realidad me encantaba la idea de pasar el día con papá, siempre que mis amigos y sus padres no estuvieran con nosotros.

Bueno, pues lo quisiera o no, llegó el día siguiente. Papá estuvo listo mucho antes que yo. Estaba sentado en su posición habitual en la cocina, como lo hacía cuando esperaba con impaciencia a alguien para ir a algún lado (por lo general a mi mamá). Se alegró cuando bajé de mi cuarto.

—¿Ya estás lista para irnos? —sonrió de oreja a oreja. Mi media sonrisa no se comparaba con la suya. El camino a la escuela fue prácticamente un interrogatorio.

—¿Quiénes son tus amigos? ¿Qué te gusta hacer durante el almuerzo? ¿Te agradan todos tus profesores?

Papá estaba haciendo su mejor esfuerzo para formarse una idea general de la parte de la vida de su hija que estaba a punto de presenciar.

Al llegar a la escuela, papá se adelantó con su forma de andar enérgica y confiada. Entonces me di cuenta de dónde aprendí a caminar a paso veloz. Sin embargo, ese día me quedé detrás de él.

Entramos a mi primera clase, que era la hora de ciencia con la señora Hall. Mis predicciones fueron bastante acertadas, ya que no había duda alguna de que papá sobresalía tanto en lo visual como lo verbal. En cuanto entró, ya estaba haciendo amigos. El silencio incómodo desapareció pronto para dar paso a una ruidosa conversación. Papá tenía una forma peculiar de relacionarse con los otros padres. Ya fuera que los conociera a ellos, a sus primos o al perro del hermano de la esposa, siempre encontraba una conexión.

Miré alrededor del salón para observar las expresiones y las reacciones de mis amigos. Todos mis compañeros veían a papá con asombro. Sin embargo, no era el asombro producto de la confusión o el extrañamiento que yo esperaba. ¡Les agradaba!

—¡Tu papá es genial!

—¡Me fascina tu papá!

—¡Tu papá es increíble!

¡En verdad les agradaba a mis compañeros! ¡Estaba sorprendida!

Papá y yo caminamos en sincronía, lado a lado, a mi siguiente clase. Al caminar a su lado me invadió un sentimiento de orgullo. Mis amigos estaban muy interesados en oír sus locas historias de cuando atrapaba a los zorrillos que con frecuencia se robaban los huevos de la granja y de cuando colocó una casa para búhos en el viejo álamo que teníamos en el patio trasero. ¿Cómo pude olvidar todo eso?

Las cosas que más me avergonzaba que mis amigos vieran en mi papá eran precisamente las mismas que hacían que lo amara tanto. Me volví a verlo y le dije: "Te amo, papá".

Heidi L. R. Zúñiga

42

En circulación

Cuando iba en primer año de preparatoria, estaba convencida de que sería la última de mi generación en obtener mi licencia para conducir. Aunque había cumplido dieciséis años el verano antes de mi primer año, iba a tomar un curso para aprender a conducir en mi preparatoria suburbana en Chicago durante el semestre de otoño, lo cual significaba que no podría hacer mi examen de manejo sino hasta unos meses antes de cumplir diecisiete años. Aunque soñaba con tomar lecciones particulares de manejo y tener un auto propio como muchos de mis compañeros, mi padre tenía otros planes en mente.

La adolescencia es un periodo de rápidos cambios. Entre los 12 y los 17 años, por ejemplo, un padre envejece hasta 20 años.

AUTOR ANÓNIMO

Papá era orientador escolar y consultor vocacional de otra preparatoria de la zona y no estaba dispuesto a gastar el dinero de la colegiatura en lecciones privadas de manejo, gastos de seguro para conductores adolescentes o en comprarme un automóvil. En cuanto a él concernía, él y mi mamá trabajan mucho para poder ahorrar dinero para la educación universitaria de mi hermana y mía.

El auto en el que practicaría era el vehículo familiar: un Oldsmobile Delta 88 Royale, modelo 1978, que tenía por lo menos siete años de uso cuando tuve la edad suficiente para conducir. Cuando el auto era nuevo, era un flamante y potente "rey del camino", que tenía rines con rayos, motor V8 e interiores de terciopelo rojo. Cuando comencé a conducirlo, el auto era una máquina oxidada, devoradora de gasolina, tan fácil de dirigir como un crucero. El motor se apagaba de vez en cuando en los altos o seguía andando otros quince segundos después de apagarlo. Mis padres habían pintado el automóvil por completo dos veces, lo que impedía que la parte inferior de las puertas se pudriera; una pequeña capa de herrumbre mezclada con pintura nueva se caía cada vez que se cerraba la puerta.

No había forma de que pudiera verme remotamente bien con el Oldsmobile de mi padre, ni siquiera cuando ponía canciones de Tears for Fears en el radio AM del auto.

Por supuesto, mi padre complementó con enorme gusto mi educación automovilística por su cuenta. Estaba a mi lado cuando empecé a avanzar a trompicones por el estacionamiento vacío con el gigantesco Oldsmobile al que con cariño le puse el sobrenombre de "Coche". Ya que Coche tenía un solo asiento continuo en el frente, papá debía doblar su cuerpo de casi dos metros de altura para adaptarse a mí cada vez que yo movía el asiento del conductor hasta el frente para alcanzar los pedales del acelerador y los frenos cómodamente. Por horas a la vez, me aconsejaba con toda calma sobre los puntos finos de dar vuelta a la izquierda y los cambios de carril, mientras las rodillas casi le tocaban las orejas.

Aún recuerdo el día que obtuve mi licencia: fue el 3 de marzo de 1986. También recuerdo que me sentí agradecida con Casimir Pulaski, el héroe polaco de la independencia estadounidense responsable de que todas las escuelas de Illinois estuvieran cerradas, lo que nos permitió a papá y a mí pasar toda la mañana de un día entre semana en el Departamento de Control Vehicular. Yo parecía ser la única persona contenta de estar ahí, mientras esperaba con ansia mi turno.

Mis habilidades de estudio me sirvieron bien en el examen escrito y la instrucción cuidadosa de mi papá dio frutos en mi prueba al volante. Conduje con cuidado el enorme Oldsmobile de mi papá mientras el instructor de Control Vehicular tomaba notas cuando me estacioné en paralelo, giré en tres maniobras y di una vuelta a la cuadra.

A la hora del almuerzo ya era la orgullosa poseedora de mi primera licencia para conducir. Sonreí de oreja a oreja mientras un empleado con mala cara me tomó la foto con un fondo rojo. Cuando le mostré la licencia a mi padre, que tenía una clara indicación que decía "Menor de 21 años", noté la expresión de orgullo en su rostro. Me dio las llaves del auto, que colgaban de un llavero conmemorativo del bicentenario de la independencia de Estados Unidos, que era más viejo que el auto.

Cuando me senté frente al volante de Coche, miré a papá que ya estaba tensando los músculos de las piernas mientras yo me preparaba para deslizar el asiento hacia adelante. Por primera vez en la vida comprendí la paciencia que todo esto había exigido de mi padre mientras esperaba a que llegara este día. Pensé en todas esas horas que se sentó conmigo sin quejarse, doblado como pretzel mientras yo conducía el auto familiar dando sacudidas por estacionamientos vacíos y transitaba por avenidas llenas de autos en el peligroso clima invernal, luchando por obtener mi independencia.

De pronto se me ocurrió que después de toda esa paciente espera, tenía por delante toda una vida de oportunidades para conducir; una vida de lugares a dónde ir, pasajeros que transportar y automóviles que manejar (que, con un poco de suerte, tendrían dirección hidráulica, asientos independientes y radio FM).

Retiré la mano del encendido del motor y propuse:

—Papá, te la has pasado encerrado aquí los últimos meses. ¿Por qué no conduces de regreso a casa?

Papá se sorprendió, pero en seguida me di cuenta de que sus músculos se relajaron.

—¿Estás segura? —preguntó.

—Totalmente —respondí y le entregué las llaves—. Yo invito.

Robyn Kurth

43

Melodía del corazón

Un pedazo del hogar llegó con el pequeño paquete que recibí antes de mi vigésimo segundo cumpleaños. Venía de Wyoming. Me había mudado del pequeño pueblo donde vivíamos para asistir a la Universidad Estatal de Arizona hacía unos años. Sentí la vista familiar como una suave brisa que venía de las montañas hasta llegar a mi pequeño pedazo de desierto, aliviando el estrés y las fechas de entrega que se habían vuelto parte de mi vida.

> Cuando las palabras fallan, la música habla.
>
> HANS CHRISTIAN ANDERSEN

Las clases de tiempo completo junto con un trabajo de tiempo completo en un hotel me dejaban muy poca libertad para estar en contacto con alguien de casa. Sonreí al ver mi nombre escrito con la característica letra de mi papá en el paquete. Aunque mi padre aún vivía en el mismo pueblo después de que se divorció de mi madre cuando yo era pequeña, de niña no me sentí muy cercana a él la mayor parte del tiempo. Al abrir el paquete y ver un casete recordé el viaje que hicimos que cambió esa situación.

Tanto mi padre como mi madre se daban perfecta cuenta de que yo me percibía como un espíritu independiente. A regañadientes me permitían quedarme cuando mis cuatro hermanos iban a visitar a papá.

—He estado haciéndola de niñera todo este tiempo —les explicaba—. Necesito un descanso —decepcionado, papá me pedía que reconsiderara. Entonces me ponía más terca aún.

Estos descansos desgastaron el lazo que tenía con mi papá. Con estos pretextos dejé de ir a viajes divertidos de campamento, perdí la oportunidad de estar en la reunión familiar en Michigan y aprender un poco sobre el lugar donde nací. Tenía edad suficiente para recordar que me gustaba oír a papá tocar la guitarra y cantar cuando aún vivía en casa. Al mantenerme alejada me perdí los conciertos caseros que tenían lugar en su nueva sala. Cuando llegué a la adolescencia asumí un nuevo papel: el de adolescente furiosa.

Como el hombre tranquilo que era, debió de ser difícil para papá decidirse a surcar esas aguas turbulentas. Pero un día lo intentó. Estaba preocupado porque no teníamos una relación estrecha.

—Aquí estoy siempre que me necesites, ¿sabes? —dijo él. Puse los ojos en blanco y le di una fumada al cigarrillo que había prendido para demostrar mi gran madurez. Entonces interpreté el ataque de gritos propios de mi papel de adolescente furiosa.

La discusión encendida empezó a amainar cuando me di cuenta de que al menos papá se había quedado a aguantar mi numerito en la sala. Estaba ahí, a pesar de que yo quería alejarlo. Apagué el cigarrillo sin saber qué iba a decir a continuación.

El siguiente acto no fue mío ni de mi padre, el músico. Papá planeó llevarme a Salt Lake City para ver a un oftalmólogo. Me emocioné mucho; iba a ir a la gran ciudad, después de todo. Mis otros cuatro hermanos se quedaron en casa; así que por el momento, sólo seríamos mi papá y yo.

Durante el viaje, papá y yo escuchamos música. Él respetaba mucho la música que me gustaba oír. Quizá no entendía por qué todos los muchachos de los grupos que me gustaban usaban más maquillaje que yo, pero parecía identificarse con el entusiasmo que despertaban en mí las canciones que componían la banda sonora de mi vida. Papá ponía canciones de sus tiempos. Me di cuenta de que grupos como los Beatles o los Stones también eran buenos, o incluso mejores que mis grupos. Le conté sobre mi investigación que estaba preparando como proyecto de segundo año. Era sobre la censura en la música y las nuevas etiquetas de advertencia de contenido explícito. Intuí que papá estuvo de acuerdo con el título tentativo: "Dejen *rockear* a la libertad".

Este aprecio compartido por la música me mostró que yo era más un reflejo de él de lo que me había permitido notar. De alguna forma, él ya lo sabía. Casi a la mitad del camino a Salt Lake, me dijo que abriera la guantera. ¡Abrí y encontré dos boletos para un concierto en el Salt Palace esa noche!

Horas después, corrí al escenario para acercarme a los miembros de los grupos Winger y Cinderella. Me volví a buscar a mi papá. Ahí estaba; era suficientemente alto para ver por encima de las niñas adolescentes y estaba disfrutando del espectáculo.

—¿Con quién vienes? —oí una voz familiar a través de los alaridos de las guitarras. Era una chica de la preparatoria que había hecho el viaje para ir a verlos.

—Mi papá me sorprendió. ¿No es eso fabuloso?

En los años siguientes vi a mi papá mucho más seguido. A menudo lo veía desde el público mientras él tocaba con uno de sus grupos en ferias locales o en días de campo. Era algo que le fascinaba hacer cuando no trabajaba en la mina. Pero casi siempre me presentaba cuando necesitaba algo. Aún no tenía las herramientas emocionales para asistir "porque sí". Me compró mi vestido de graduación. Hizo la prueba de manejo del Mustang blanco con alerones para el que ahorré y que debía tener, a pesar de que no sabía conducir un auto con transmisión manual. Tiempo después, ese mismo Mustang y yo nos volvimos visitantes frecuentes del taller de reparaciones de papá, es decir, su garaje. Tal vez lo necesitaba, pero al menos no lo rechazaba. Todavía hablábamos de música. Sin embargo, a la larga comencé a hablar de otras cosas importantes: mis planes para el futuro, la escuela, los novios, etcétera. Tal vez me había quedado tras bambalinas pero, sin darme cuenta, había encontrado un lugar especial para mi papá y para mí.

Así que ahí estaba, a los veintidós años, teniendo entre las manos una representación de nuestra conexión recién descubierta: un casete de música. Le di vuelta y leí el título. La cinta sólo tenía una canción: "Tina Marie '73", escrita e interpretada por mi papá. Cuando la escuché por primera vez no pude evitar contener el llanto.

Entre la melodía de la guitarra distinguí la voz de mi papá que se preguntaba si "el tapiz de colores vivos la alegra como ella me dio alegría". Cantaba sobre mí, de cuando era bebé. Me llamaba a través de la magia de la música y me recordó otros tiempos más recientes en que "trató de atisbar para ver qué había en mi mente". Mis lágrimas de arrepentimiento por el tiempo perdido se volvieron lágrimas de esperanza cuando escuché a papá explicar "cuánto tiempo había por delante" y que ya "era tiempo de secar las lágrimas que derramamos".

Esta canción me recuerda que el amor que mi papá sentía por mí fue esencial para crear la melodía que tenía en el corazón para todos sus hijos. Incluso cuando traté de separarme de él, papá estuvo dispuesto a esperar. Ahora, pese que está físicamente lejos, aún puedo escuchar la canción que lleva mi nombre y sentir el amor de mi padre a mi alrededor, alegrándome de la misma forma en que lo hice por él desde el principio.

TINA HAAPALA

44

Mi padre injusto

—No me importa a qué hora termine el baile —advirtió mi papá—. Regresas a las nueve de la noche y punto —así sucedía en cada baile al que asistí en la secundaria y la preparatoria. La música empezaba a todo volumen a las siete de la noche y yo bailaba "Electric Slide" y otros éxitos de la época hasta que llegaba la hora terrible.

En una fiesta en particular, un baile del Día de San Patricio, me di cuenta de que la hora terrible se aproximaba y busqué refugio. Caminé a la esquina más lejana y oscura del lugar, detrás de las serpentinas verde y blanco y me quedé ahí hasta el último momento.

> Tomar la decisión de tener un hijo es algo trascendental. Es decidir para siempre que tu corazón deambule por ahí fuera de tu cuerpo.
>
> ELIZABETH STONE

—Melissa, creo que ya llegó tu papá —anunció mi amigo David riendo.

—¿En serio? —pregunté—. No lo he visto —entonces me fui a otra esquina del salón y continué bailando "Out of the Blue", de Debbie Gibson. A la mitad de la canción sentí una palmadita en el hombro. Me di vuelta y ahí estaba.

—Es hora de irnos —dijo mi papá. Y eso fue todo. Sin discusiones; sin alegatos. Partimos.

Esos fueron años muy difíciles para mí. Es difícil de por sí encajar con tus amigos cuando puedes hacer lo que los demás hacen. Pero es aún más difícil cuando eres la chica que siempre es la primera en irse de las reuniones. Y a veces era la chica a la que no le permitían ir en primer lugar.

Así fue en primero de secundaria, cuando todos mis amigos salían a dar la vuelta por el pueblo en las tardes. Iban a Pino's a comer pizza, o a jugar billar y luego comer hot dogs en la gasolinera local. Le pedía permiso a mi papá para ir, pero no sé por qué me tomaba la molestia. Siempre era la misma respuesta. Me decía: "No vas a cruzar esa avenida transitada a la mitad de la tarde. No es seguro".

Así que cada tarde, mis amigos se despedían y se iban a divertir al pueblo. Yo agitaba la mano y me subía al asiento del pasajero del Chevrolet de mis papás y me iba a casa.

La mayoría de los chicos reciben un incremento de sus privilegios cuando se van haciendo mayores. Para mí, parecía que cada año era menos lo que me permitían hacer. Esto era especialmente cierto cuando se trataba de mi aspecto físico. Todas las chicas de mi clase se habían perforado las orejas y yo también quería con desesperación imitar su ejemplo.

—Dios no pretendía que nos hiciéramos agujeros adicionales en nuestros cuerpos —explicaba papá—. Además, ¿por qué quieres ponerte metal en las orejas? ¿Quieres atraer los rayos?

No sé por qué tenía tantas ganas de perforarme las orejas. Tal vez en realidad no quería. Sólo que no quería ser la única sin perforaciones. Y tampoco quería ser la última chica de la clase en maquillarse los ojos. Pero así fue.

—Si todas tus amigas se lanzan de un puente, ¿también tú te lanzarías? —preguntó mi papá. No sé cuántas veces me dijo lo mismo. Pero si se tratara de una canción sería la banda sonora de mi adolescencia.

Por supuesto que quería hacer lo mismo que las otras chicas. Quería encajar. Quería saber de qué se reían en la clase. Quería comprender los chistes que contaban durante el almuerzo. Quería que me escribieran historias graciosas que empezaran con "Recuerdas cuando…" en mi anuario. Quería que me aceptaran. Sin embargo, es difícil lograrlo cuando no tienes permitido hacer lo mismo que los demás.

Tampoco me dejaban ver muchos de los programas de televisión que veían mis amigas.

—¿Viste *The Real World* anoche? —preguntó Megan.

—No tengo MTV —respondí.

—¿Cómo que no tienes MTV? Tienes televisión por cable, ¿no?

Sí teníamos televisión por cable y también MTV. Solamente que yo no me enteré sino hasta varios años después cuando mi amigo Kevin apretó el número diecinueve en el control remoto. Mi papá lo había quitado del menú principal, porque sabía que yo usaba las flechas para cambiar de canal. Y cuando lo hacía, los canales cambiaban del dieciocho al veinte sin pasar por el diecinueve, nada de MTV.

Agreguen a la lista que no podía ver películas para adolescentes y adultos con clasificación PG-13. Mi papá decía que PG quería decir: "porquería garantizada". Y tampoco podía comprar casetes que tuvieran etiquetas de advertencia de "Lenguaje explícito". Además, no podía tener teléfono o televisión en mi habitación. ¿Qué da por resultado todo esto? Una existencia completamente injusta.

Cuando mis amigos salían a caminar a las vías del tren, comían pizza al otro lado de la carretera 460, o veían *Beavis & Butthead* en MTV, yo me quedaba en mi habitación. Estaba muy ocupada escribiendo poesía y ensayos sobre lo malvados que eran mis padres (en especial mi papá), lo injusta que era la vida y por qué era imposible que me amaran, porque de otra manera me dejarían hacer lo que quisiera.

Una chica adolescente es incapaz de comprender que el deseo más ferviente de un padre es mantener a salvo a su hija y que no es que sea "malo" o "injusto". No podía comprenderlo entonces y no sabía que mi papá sólo quería que fuera su niñita adorada todo el tiempo que fuera posible. No quería que creciera demasiado pronto y yo pensaba que no quería que me divirtiera.

Algunas de las lecciones más importantes que aprendemos en la vida no ocurren en los salones de clase. En ocasiones pasan décadas antes de que nuestras vidas comiencen a tener sentido. Para mí, fue como perforarme las orejas y usar maquillaje; tenía que "esperar hasta que fuera mayor" para comprender cuánto me amaba mi papá.

Hoy es sencillo recordar las cosas que no tenía permitido hacer. No me cuesta trabajo recordar los momentos en los que me sentía infeliz. Sobresalen en mi mente porque no hubo tantos momentos así. Hubo muchas ocasiones en las que mi papá no cedía ante lo que yo quería. Sin embargo, siempre me dio lo que necesitaba.

MELISSA FACE

45

Colonia Ambush para el día de San Valentín

Las cenas de San Valentín con mis padres se volvieron cosa del pasado una vez que tuve edad suficiente para salir con muchachos. Aun así, antes de salir por la noche, siempre recibía una tarjeta cariñosa y posiblemente un regalito. Cuando regresaba a casa más tarde, disfrutaba de mi porción del postre casero delicioso que había preparado mi mamá para la ocasión. Por lo general se trataba de un pastel en forma de corazón; un exquisito postre que preparaba cada año.

> Lo mejor de una fragancia es que le habla a tu corazón… y con suerte, al de otra persona.
>
> ELIZABETH TAYLOR

Durante mi último año de preparatoria, Kansas estaba bajo sitio el día de San Valentín a causa de una tormenta invernal que se abría paso por las planicies. Suspendieron las clases temprano y se cancelaron las actividades de San Valentín. Por increíble que parezca, esto me causó una verdadera conmoción.

Mamá había preparado la comida favorita de papá para cenar, pero cuando la tormenta arreció, comenzó a ver el reloj y a dar vueltas ansiosamente de un lado a otro.

—Estoy muy preocupada de verdad. Con este tiempo sabía que tu papá tardaría un poco en llegar a casa, ¡pero no tanto! —se ocupó en calentar la cena, resuelta a no dejar quemar nada, pero continuó dando vueltas de un lado a otro, asomándose por la ventana para ver si distinguía los faros delanteros del auto de papá.

Como adolescente egoísta que era, yo continué con mi conversación telefónica hasta que oí que la puerta se abría y los gritos de mamá.

—Ay, ¿dónde andabas? ¡Me tenías muy preocupada!

Miré a la esquina y vi a papá entrar con los brazos llenos de flores y una caja de chocolates. Sonrió y dijo: "¡Feliz día de San Valentín, cariño!". Mamá lo abrazó mientras él hacía malabares para no tirar los regalos y trataba cortésmente de aceptar el abrazo de mamá.

El ramo de flores ocupó el sitio principal en la mesa cuando nos sentamos a cenar.

Me estiré para tomar una servilleta y alcancé a ver un pequeño paquete junto a mi plato que parecía haber salido de la nada.

—¿Qué es esto? —pregunté, muy emocionada y sorprendida.

—¡Ábrelo! —los ojos de papá resplandecieron como si hubiera hecho una travesura.

Abrí el paquete y me quedé muda de asombro; era un frasco nuevo de colonia Ambush, un perfume muy popular y económico para adolescentes en aquel entonces.

—¡Papá! ¿Lo compraste tú sólo? —grité de emoción.

—Bueno, pues algo así. Me ayudó un poco la empleada. En realidad, ¡necesité mucha ayuda!

Yo estaba muy impresionada. Un regalo de San Valentín que me había comprado papá. Le di un fuerte abrazo y un beso.

—Sabes, he visto ese perfume por todos lados y como Ambush quiere decir emboscada, pensé que recordaría el nombre si pensaba en las películas del lejano oeste. Ya sabes, porque se emboscaban todo el tiempo. Bueno, todo estuvo muy bien hasta que la empleada me preguntó la marca y le dije Apache.

—¡Apache! —me reí hasta que las lágrimas me escurrieron por las mejillas.

Papá me contó que en realidad no había sido muy gracioso. La empleada insistió en que no existía esa colonia, mientras él juraba que sí. Fueron de un lado a otro hasta que se le ocurrió que tal vez había olvidado el nombre, aunque eso sí, dejó muy en claro que reconocería el aroma en el que evidentemente se bañaba su hija. Ahí fue cuando comenzó el "maratón de olfateo".

—No pasó mucho tiempo antes de que comenzara a estornudar sin poder contenerme. La nariz me empezó a escurrir y tantos olores me provocaron náusea. Justo cuando pensé que tendría que salir a tomar aire fresco para poder continuar, ¡la empleada captó mi idea!

Papá contó que le sonrió mientras estornudaba.

—¡Ese es! ¡Ese es! ¡Gracias por su tiempo, señorita!

Entonces salió corriendo hacia el auto en medio de la tormenta.

Nunca le he preguntado a papá qué lo llevo a comprarme un regalo ese año. Sospecho que tuvo que ver con que comprendió que los días que aún pasaría bajo su techo estaban contados.

Rosas, osos de peluche y cupidos llegan en abundancia cada febrero y crean recuerdos entrañables. En mi caso, tengo recuerdos cómicos, pero preciosos, de mi Ambush del día de San Valentín. Estos recuerdos están guardados en un lugar especial de mi corazón.

KATHLEENE S. BAKER

46

Carta a una fugitiva

Nací el día del padre, el domingo 18 de junio de 1950. Hasta que llegué a mis terribles años de adolescencia, siempre había sido la "nena de papá". Pero entonces todo cambió. Pesaba 114 kilogramos y la vida era una lucha constante. Me veía como la oveja negra de la familia. Mi hermana era la mejor alumna de su clase, líder de las porristas, reina del baile y talla ocho. Mi hermano era atlético, bien parecido y la estrella de los deportes en el pueblo. Desearía poder regresar en el tiempo y volver a vivir esos años para no abandonar la preparatoria y huir de casa, en especial a finales de los años sesenta en el pequeño pueblo de Clarksville, Missouri, donde nadie hacia algo así.

> La madre naturaleza es providencial. Nos da doce años para cultivar el amor por nuestros niños antes de que se vuelvan adolescentes.
>
> WILLIAM GAVIN

Ahora que soy maestra de preparatoria jubilada y he tratado con muchos estudiantes que tenían problemas similares, me doy cuenta de que no había mucha ayuda disponible cuando yo era adolescente. No sólo no tenía habilidades para hacer frente a la adversidad en aquel entonces, sino que tampoco mis padres sabían resolver los problemas. Intentaron todo lo que estaba a su alcance, incluso me llevaron a ver terapeutas y psiquiatras infantiles, pero nada parecía funcionar.

La carta que a continuación reproduzco la escribió mi precioso y amado padre en 1968, cuando yo iba en el último año de la preparatoria. No la tuve en mis manos sino hasta veinte años después, cuando mi madre me dijo que la había guardado para dármela en "el momento adecuado".

Enero de 1968
Mi querida y adorada niña:

Te escribo esto porque amenazaste con escapar de nuevo. Te dejo esta carta en tu almohada con la esperanza de que la veas antes de marcharte. Sé que a los diecisiete años ya eres una joven mujer y no podemos impedir que te vayas. Tu mamá y yo nos hemos preguntado miles de veces en qué nos equivocamos, en qué te fallamos. Daría cualquier cosa por regresar a los días en que eras la nena de papá, te acurrucabas en mi regazo y me traías todas tus heridas y penas para que yo las "arreglara". Me culpo por todo lo que ha salido mal y daría la vida por tener otra oportunidad para hacer bien las cosas.

No entendí a tiempo cuánto sufrías. Mami y yo hemos rezado y llorado por ti más de lo que jamás sabrás y nos hemos preguntado si fuimos demasiado estrictos o demasiado indulgentes, si dimos demasiado o no dimos lo suficiente. Por favor, reconsidera antes de irte de nuevo y veamos si podemos resolver las cosas. Mi querida Debbie, te amamos incondicionalmente. Dios te trajo a nosotros y, pase lo que pase, siempre serás mi preciosa niña. Cuando leas esto, sin importar cuán tarde sea, por favor, ven a hablar conmigo.

Siempre,
Tu amante padre

No recibí la carta esa noche, porque ya había huido de nuevo y no volvería sino hasta después de seis semanas. Sin embargo, mis padres la guardaron más de veinte años, esperando "el momento adecuado" para dármela. Fue la noche del banquete del profesor del año 1990 del estado de Missouri, en el capitolio del estado. Me nombraron una de las cinco mejores maestras del estado que serían homenajeadas con sus familiares y los administradores escolares. Después de sobrevivir esos años terribles de la adolescencia con muchas plegarias y fe, finalmente logré graduarme de la preparatoria y la universidad, me convertí en maestra, bajé más de 45 kilogramos, me casé y tuve mi propia y maravillosa familia. Desafortunadamente, también me había llenado de soberbia por todo lo que creía haber logrado sola.

Antes de mi gran discurso de aceptación esa noche, mis padres me dieron un hermoso regalo envuelto para celebrar la ocasión. Pensando que abría un pequeño regalo, tal vez un colgante o medalla con la inscripción "Maestra del año" o "Hija maravillosa", abrí la caja y encontré solamente una carta amarillenta y arrugada, manchada de lágrimas y descolorida, de hace veinte años. Al leerla me transporté a mis años de adolescente y lloré inconteniblemente. No sólo me di cuenta por primera vez de todo lo que tuvieron que pasar mis padres, sino también de que el orgullo me había impedido compartir con otros mi pasado turbulento y el camino que todos debemos recorrer para alcanzar el éxito.

Con el rímel corrido, di un discurso completamente distinto al que tenía planeado. Le agradecí a Dios que mis padres hubieran podido ver los frutos de su trabajo. Todos sus afanes pasados, las noches sin dormir y las veces que insistieron en que no abandonara la escuela y la iglesia por fin habían valido la pena. ¡El verdadero regalo que me habían dado todo el tiempo (y seguían dándome) era el tesoro invaluable del amor incondicional! Esas palabras escritas por mi padre hace tanto tiempo ahora estarán conmigo por siempre. Gracias, papá, por mostrarme este amor incondicional.

Ahora que soy anfitriona de un programa radiofónico de entrevistas y oradora, siempre comparto esta carta con mi público, como lo hice con mis alumnos y compañeros profesores esa noche memorable. A menudo mis padres me acompañan, y mi papá siempre tiene que parpadear para contener las lágrimas, al igual que yo, cuando leo la carta.

Recientemente regresamos de llevar a mis padres de viaje a Europa para celebrar su sexagésimo aniversario de bodas y ¡vaya que nos costó trabajo seguirles el paso a un par de octogenarios tan activos! Cuando le preguntan a papá cuál es el secreto de su juventud y vitalidad, él dice en tono de broma: "¡Si pude sobrevivir a los años de adolescencia de mi hija, puedo hacer lo que sea!". Hace poco papá sufrió un derrame cerebral y aunque no puede caminar muy bien, aún se levanta a abrazarme cuando entro en la habitación. Dice que siempre supo lo especial que sería cuando Dios le dio el mejor regalo del día del padre que había recibido hace casi sesenta años: ¡su nena adorada!

Dra. Debra D. Peppers

Caldo de Pollo para el Alma

5

CAPÍTULO

En las buenas y en las malas

47

Cortinas locas

Es un momento que se me quedó grabado en la mente: el recuerdo de mi padre planchando las cortinas locas.

Mi padre y yo somos como niños, amables y de buen corazón, con grandes y radiantes sonrisas que tienen el propósito de hacer que los demás se sientan a gusto; somos perfeccionistas con una sólida ética de trabajo; ponemos el corazón y el alma en cada empresa que iniciamos. Y como nuestros estados de ánimo son similares, ambos hemos luchado toda la vida contra la depresión. Sí, soy la hija de mi padre y no querría que fuera de otra manera.

> Una hija es un regalo de amor.
>
> AUTOR ANÓNIMO

Hace aproximadamente un año, la vida era una locura. Sentía que el horizonte se estaba cubriendo de esos nubarrones de depresión, demasiado conocidos. Necesitaba un estímulo y decidí que hacer cortinas nuevas sería algo ideal para distraerme y levantarme el ánimo. Como quería llevar esperanza y felicidad a mi sala, compré una tela loca, extravagante y de colores brillantes. Durante un fin de semana en que mi esposo e hijos estaban fuera de la ciudad, mis padres vinieron a ayudarme a hacer las cortinas. Cuando llegaron, mi madre, que es el optimismo personificado, entró en la habitación como una mujer con una misión. Con la máquina de coser en las manos, estaba lista para acometer el proyecto. Detrás de ella estaba mi padre. Ahora déjenme que les cuente, mi padre se identifica conmigo como ninguna otra persona en el planeta. Lo vi a los ojos y él asintió con la cabeza en un gesto cómplice.

Durante horas trabajamos en las cortinas. Medimos y cortamos; cosimos y colgamos. Y luego había que planchar. Recuerdo el momento con claridad. Noté que mi padre no había hablado en un rato, entonces me volví y lo vi planchar con una precisión impresionante. Lo observé un rato. Este agente especial jubilado, con sus grandes historias de persecuciones a alta velocidad y casos de espionaje, de desmantelamientos de bandas de crimen organizado, y de haber trabajado en el Servicio Secreto protegiendo a candidatos presidenciales, planchaba mis locas cortinas.

Como espíritus afines, propensos a la misma aflicción, hemos hablado antes de las formas en que podemos sacudirnos la depresión: ejercicio, lectura, siestas y escribir diarios. Sabemos que todo esto alivia los síntomas. También ayudar a los demás, centrarnos en la gratitud y contar historias graciosas son algunas de nuestras actividades favoritas. Sin embargo, ese día me inspiró sin decir una sola palabra. Con las dos manos alisó con esmero la delicada tela. Lenta y metódicamente, hizo que la tela arrugada quedara como sábanas suaves. Para él, era un trabajo por amor y yo lo recibí como tal.

En el último año, cada vez que veo las cortinas, sonrío. No sólo por sus intrincados estampados, sino también por los recuerdos que evocan en mí. Recuerdo que me sentí apoyada, comprendida y amada cuando mi papá planchó mis cortinas locas.

MICHELLE SEDAS

48

La carrera de atletismo

Uno de los días más memorables de mi vida fue cuando tuve mi carrera de atletismo en cuarto grado. Decir esto podría sorprender a la mayoría de la gente que me conoce. Han de saber que siempre he sido regordeta y siempre he fallado miserablemente en todo lo que tiene que ver con el atletismo. Sin embargo, ese día no destaca en mi vida por las medallas o listones. Lo recuerdo porque ese día comprendí cuánto me amaba mi padre.

> Cada vez que le sonríes a alguien, es un acto de amor, un regalo a esa persona; algo hermoso.
>
> MADRE TERESA

Antes de la escuela esa mañana, mi papá y yo pasamos por los rituales cotidianos de alistarnos para comenzar el día. Mi mamá ya estaba trabajando y mi padre acababa de regresar de su trabajo en el tercer turno de una fábrica aeronáutica. Cuando me estaba arreglando el cabello, me dijo que tenía algo importante que contarme. Mientras hablaba, detecté miedo en su voz. Esto era algo que jamás había percibido. Siempre era tan fuerte que yo pensaba que nada podía asustarlo.

Me dijo que su jefe lo llamó por la mañana a la oficina y organizó una junta para más tarde. Había muchos rumores sobre despidos, y mi papá estaba casi seguro de que sería uno de los desafortunados en esa ocasión. Me quedé atónita. Mi papá llevaba doce años trabajando para la compañía; ¡era más tiempo del que yo llevaba viva! Mi familia estaba enterada de que se avecinaban despidos, pero supusimos que el trabajo de papá estaba asegurado, ya que tenía mucho tiempo en la empresa.

Después de contarme lo de su trabajo, me pidió que no me preocupara por nada. Me aseguró que todo se resolvería y que saldríamos adelante. Le creí, pero también me di cuenta de que él estaba verdaderamente preocupado y asustado.

Antes de dejarme en la escuela, le dije que no tenía que acompañarme a mi carrera de atletismo. Sabía que tenía muchas cosas en la cabeza y que probablemente no querría estar parado en el sol para verme llegar en último lugar en todas las competencias. Él simplemente negó con la cabeza y prometió que ahí estaría. Me pidió que hiciera mi mejor esfuerzo y que no me preocupara por ganar o perder. Me deseó suerte antes de darme un beso de despedida.

Hubo algunas horas de clases normales antes de que nos dejaran salir para las competencias. Ninguno de los estudiantes podía concentrarse en nada más. Yo tampoco podía concentrarme. No podía dejar de pensar en mi papá y en lo asustado que se veía. La maestra me sacó de mi ensimismamiento cuando anunció: "¡Es la hora de las competencias!". Recuerdo que pensé: "Todo para nada".

Vi a mi papá cuando me preparaba para el primer evento. Me saludó de lejos con una gran sonrisa en la cara. Cuando vi lo feliz que estaba, pensé que no había perdido su trabajo al final de cuentas. En cambio, ¡de seguro el jefe le había dado un aumento! Lo oí que gritaba para apoyarme mientras corría. No gané la carrera, pero hice mi mejor esfuerzo. Cuando terminé esa competencia, corrí hacia él y le pregunté qué había sucedido en la junta. Me dijo que lo habían despedido. Me sorprendió mucho. Se veía muy feliz y de muy buen ánimo. No podía entender por qué sonreía. Me dijo que no me preocupara y que disfrutara de la competencia.

En el transcurso del día, continué corriendo, saltando y perdiendo. Cada vez que me volvía a ver a mi papá, él sonreía y me apoyaba. No noté que tuviera una expresión triste en todo el día. Lo miré de nuevo cuando perdí la última competencia y vi que me saludaba y sonreía. Verlo sonreír hacía que yo sonriera. Todo el día estuvo ahí animándome en el calor sin haber dormido después de que lo despidieron.

Por eso, el día de mi competencia de atletismo de cuarto grado es uno de los días más memorables de mi vida. No recuerdo todas las competencias en las que participé. No recuerdo quién me ganó. Recuerdo a mi papá. Recuerdo su sonrisa y su voz animándome a seguir. En ese momento me di cuenta de cuánto me amaba mi padre.

FRANCIA HETER

49

Papá

Recuerdo vívidamente que me hallaba frente a la tumba de mi madre mientras su ataúd brillante, color lila, bajaba a la tierra. Tenía cinco años. Mientras amigos y familiares arrojaban flores dentro de la tumba, yo me acuerdo que lancé una carta que escribí. Entonces la vi descender a las profundidades.

> La adversidad presenta a un hombre a sí mismo.
>
> AUTOR ANÓNIMO

Durante la ceremonia, mi padre ocultó su dolor y reprimió las ganas de llorar mientras recibía el pésame de quienes lo rodeaban. Nos abrazó con fuerza a los tres y, con un nudo en la garganta, susurró: "Les prometo, niñas, que todo va a estar bien". Aunque éramos muy jóvenes para comprender, mi padre hizo un gran esfuerzo por mantenerse fuerte para sacarnos adelante a mis dos hermanas y a mí. Mi padre sólo tenía veinticinco años cuando tuvo que asumir el papel de madre y padre. A partir de ese momento se dedicó a darnos una vida de felicidad y satisfacción para compensarnos por crecer sin el amor de una madre.

Durante muchos años, mi padre trabajó largas horas con maquinaria industrial peligrosa y compleja. Aunque este trabajo físicamente exigente consumía su energía, siempre encontraba la forma de sonreír cuando lo saludábamos en la puerta con los brazos abiertos. También asistió a muchas obras teatrales en la escuela; eran actos que resultaban dolorosos sin mi madre. Mis hermanas y yo odiábamos el festival anual del día de las madres en la escuela. Cuando veíamos a tantas madres admirando a sus hijos, sentíamos que nuestra participación se nos hacía más difícil. Pero la tristeza desaparecía cuando veíamos a nuestro padre sonreír con orgullo cerca de la puerta. Ahora que soy una mujer adulta comprendo lo difícil que debió de haber sido para él.

Su sacrificio incansable tuvo consecuencias. Cuando yo era adolescente, mi padre sufrió una lesión en la espalda que dio por resultado la pérdida de su trabajo. Pasamos por un periodo económico muy difícil, mientras estuvo desempleado por varios años. Sin embargo, mis hermanas y yo nunca nos sentimos privadas de nada gracias al amor y la atención que él nos prodigaba. A pesar de su dolor de espalda y el estrés emocional, utilizó el tiempo que estuvo desempleado para asistir a nuestras competencias deportivas y a las excursiones escolares. Siempre presente para sus hijas, pasó horas y horas con nosotras inventando juegos tontos que siempre terminaban con lágrimas causadas por la risa. Incluso compartió historias sobre mi madre mientras escuchábamos música.

Con el tiempo, mi padre volvió a tener la fortaleza para encontrar un empleo, aunque ya no podía hacer trabajo físico. Debido a que nunca se graduó de la preparatoria, fue muy complicado para él encontrar un empleo. La mayoría de las ofertas de trabajo que recibía pagaban menos de lo que necesitaba para mantener a nuestra familia. Como resultado, mi padre decidió terminar la preparatoria en el sistema abierto. Recuerdo claramente que cuando me levantaba por la noche lo veía acostado en el piso de la sala con sus libros dispersos a su alrededor mientras estudiaba y se preparaba para los exámenes. Su diligencia y compromiso con los estudios tuvo su recompensa cuando pasó el examen y pudo buscar un puesto mejor como asistente escolar y entrenador deportivo en una escuela primaria.

Estaré siempre agradecida con mi padre por su amor incondicional y por ser el mejor padre posible, incluso durante los tiempos más difíciles de nuestras vidas. Su sacrificio constante y compromiso con anteponernos a todo no pasó inadvertido. Hace veinticinco años nos dijo a mis hermanas y a mí que todo iba a estar bien y cumplió su palabra.

Lizzy Herrera

50

Flores que nunca mueren

Las camas de hospital son lugares deprimentes. La mía parecía tragarme. Tenía seis años y quería irme a casa. Me dolía la garganta y nadie me ofrecía helado. El libro para niños que mis papás me leyeron para explicar por qué tenían que extirparme las anginas decía que en el hospital me darían helado. ¿Dónde estaba mi helado? Estaba enojada. No había helado.

> La campana del templo
> dejó de repicar, pero
> aún puedo escuchar el
> sonido de las flores.
>
> BASHO

Nada de lo que pasó ese día sucedió como me habían dicho. Incluso en la sala de operaciones. El libro decía que iba a tener que contar hacia atrás desde 100 y luego me dormiría. En cambio, el personal del hospital me puso una extraña venda sobre los ojos. Por un momento, vi luces de colores y luego me quedé dormida. Había practicado contar al revés.

Había sido un día difícil y ahora enfrentaba una larga noche; una larga noche, sí, pero no una noche solitaria. Aunque mamá había regresado a casa para cuidar a mi hermana menor, mi maravilloso y amado padre estuvo ahí toda la noche. Con su presencia me pude relajar y dormir. Cuando desperté no mucho después, papá estaba dormido en el suelo junto a mi cama. Como no podía emitir más allá de un susurro rasposo, traté de pensar en alguna forma de despertarlo. Necesitaba que papá me diera un poco de agua, me abrazara y confortara. En busca de alguna idea, recorrí el cuarto con la mirada y entonces vi una caja de pañuelos desechables en el buró. La alcancé, saqué un pañuelo y lo solté al lado de mi cama, esperando que cayera sobre mi papá.

Mi idea funcionó. Al instante, papá estaba ya parado atendiendo todas mis necesidades. Me dijo que tirara un pañuelo cada vez que lo necesitara. Tiré muchos pañuelos esa noche. Cada vez, ahí estaba papá junto a mí de inmediato. Nunca se quejó, ni una sola vez. Su constante presencia esa larga noche fue un regalo de amor.

Papá me dio otro regalo de amor el siguiente año cuando sentí que me tragaba otra cama de hospital. En esta ocasión estaba a miles de kilómetros de casa, tumbada por una grave cistitis, que es una infección de la vejiga.

La infección comenzó durante la visita anual de la familia a la casa de la abuela. Odiaba ir a casa de la abuela. No había nada divertido que hacer ahí. Ahora, además de estar aburrida, tenía dolor y estaba confinada a la cama.

Antes de que me deprimiera demasiado por mi espantoso verano, una serie de regalos especiales me levantaron el ánimo. Mi madre me dio el regalo de su amorosa presencia y rara vez se apartaba de mi lado. Mi abuela me mandó una gran parte de su ramo de flores de agradecimiento que le mandaron sus alumnos de la escuela dominical. Mis tíos me llevaron unas peonías y unas bocas de dragón. Las peonías me recordaban el Peony Park, el parque de diversiones de la ciudad. Las bocas de dragón me divertían porque me gustaba abrirlas y cerrarlas.

Sin embargo, las mejores flores estaban por llegar. Papá me las llevó. Se trataba de un jarrón diminuto con flores de plástico.

—Estas flores —dijo él al dármelas— representan mi amor por ti. No por ser artificiales, sino porque nunca morirán.

Estreché el jarrón contra mi pecho.

En los años subsiguientes, papá continuó envolviéndome con su infinito amor. Luego, un día, se fue.

Tenía dieciséis años.

Perdí la presencia física de papá aquel día, pero sus regalos de amor nunca me dejaron.

Cuando a mi sobrino de ocho años, Andrew, lo operaron de las anginas, le envié una caja de pañuelos desechables de los Acereros de Pittsburgh junto con la historia de cuando me operaron, la caja de pañuelos del hospital y el abuelo que nunca conoció.

Andrew aún tiene la caja de pañuelos.

El pequeño jarrón de flores sigue adornando mi habitación. Y en la tumba de papá siempre habrán flores artificiales; siempre. Estas flores representan mi amor por él, no porque sea artificial, sino porque nunca morirá.

KATHY IREY

51

El ritual secreto de papá

Cuando era niña, mi familia tenía una rutina de pesadilla. Después de cenar, mis cinco hermanos y yo jugábamos afuera y luego nos juntábamos alrededor del televisor con mis padres para ver nuestros programas favoritos. Pero más tarde, cuando nos lavábamos los dientes y nos preparábamos para dormir, mi papá desaparecía misteriosamente. Después de quince minutos, salía en un estado de paz y tranquilidad e iba de cuarto en cuarto a darnos las buenas noches y a arroparnos. Por muchos años me pregunté a dónde iba en esos momentos que parecía que lo ayudaban a sobrellevar incluso los momentos más difíciles.

> Tras las plegarias desaparece la adversidad.
>
> PEPPER GIARDINO

Mi padre vivía con mucho estrés, y veinte años después de haber dejado la casa, aún lo admiro. No sólo tenía una esposa y seis hijos que mantener con su trabajo de cartero, sino que también construyó la casa familiar con sus propias manos y un tractor de los años cincuenta. Éramos demasiados para la casa rodante, por lo que mi papá se propuso construirnos una nueva casa. Esta empresa casi lo mata, pero también me llevó a descubrir su secreto.

Recuerdo bien esa tarde de sábado. Mi padre había pasado todo el día paleando cemento para los cimientos de la casa, mientras que mis hermanos y yo jugábamos bote pateado en el patio trasero. De pronto, mi mamá salió corriendo.

—¡Niños! —gritó mientras nos buscaba entre los árboles. No sabíamos si debíamos permanecer escondidos o salir para ver por qué gritaba.

Sin embargo, sus siguientes palabras hicieron que me acercara corriendo:

—Niños, ¡su padre se lastimó! ¡Necesito llevarlo al hospital!

Todos nos quedamos sorprendidos a su alrededor, con los ojos muy abiertos, mientras ella sostenía por la cintura a mi padre que medía casi dos metros.

—Quédense aquí —nos ordenó mientras miraba por encima del hombro a mi hermano y hermana adolescentes—. Dave y Debbie, los dejo a cargo de todo.

Todos nos quedamos mirando fijamente mientras mamá ayudaba a papá a subir al asiento del pasajero de la camioneta familiar. Estaba doblado por la cintura y se esforzaba por quitarse el cinturón de herramientas. Trató de esconder los ojos, pero me di cuenta de que quería reprimir las lágrimas; estaba doblado, con el rostro crispado por el dolor y se agarraba el pecho.

—Todo va a estar bien, niños —susurró—. Resistan... —su voz se fue apagando. Mi madre reclinó su asiento y se despidió con un ademán rápido. Todos nos quedamos consternados. Yo empecé a llorar y mi hermana mayor trató de consolarme y me decía que todo iba a estar bien. Sin embargo, no le creí.

Nuestra vecina Sophie llegó una hora después para ver cómo estábamos y llevarnos algo de cenar. Pero estábamos muy preocupados como para comer. El tiempo parecía estar detenido mientras caminábamos de un lado a otro de la pequeña sala, esperando a que sonara el teléfono.

Finalmente llegó la llamada. Mi hermana contestó. "¡Ah, gracias a Dios!", exclamó después de escuchar la voz al otro lado de la línea. Le aseguró a mi madre que estaríamos bien hasta la mañana y luego nos dio la noticia: "Se le colapsó un pulmón a papá, probablemente por todo el esfuerzo que ha estado haciendo".

Me acuerdo que me sentí muy agradecida de que mi padre no hubiera tenido el "ataque al corazón" sobre el que oí cuchichear a mis hermanos. Cuando mi padre volvió a casa al día siguiente nos contó valientemente que estaba "como nuevo". Aunque debía descansar, nos leyó historias por la noche, nos preparó sus famosas malteadas de chocolate antes de dormir, y cuando ya estábamos listos para acostarnos, reanudó su misterioso ritual nocturno que le daba tanta serenidad.

Su experiencia cercana a la muerte me hizo cobrar plena conciencia de lo difícil que era su vida, y despertó una mayor curiosidad en mí respecto a su ritual secreto. Finalmente, cuando tenía doce años, hice acopio de valor para descubrir su secreto por mi cuenta. Pasé de puntillas por el pasillo, entreabrí su puerta y me asomé.

Lo que vi fue a mi papá de rodillas junto a su cama, con la cabeza inclinada, susurrando. Estaba rezando. Me senté en el suelo y me esforcé por escucharlo. Con las manos juntas, mencionó los nombres de todos sus hijos y pidió algo específico para cada uno de los seis que somos. En mi caso, pidió a Dios que me diera la fortaleza para soportar las presiones de mis compañeros en la secundaria y que siempre hiciera lo correcto.

Terminó con una plegaria agradeciendo a Dios todas sus bendiciones, en especial mi mamá y su increíble fortaleza. Hasta este día no le he contado a mi papá que lo escuché rezar aquella noche y que descubrí el ritual secreto que le daba paz mientras luchaba por mantener a su familia.

Hasta ahora.

VICTORIA LAFAVE

52

Papá, el entrenador

Gracias a mi papá aprendí a interceptar los balones sueltos de la vida y convertirlos en jugadas ganadoras. Décadas después, aún sigo su guía cuando tengo que superar obstáculos con mi perspectiva optimista.

—Lo que importa es cómo respondes —me decía cuando me entrenaba—. Debes tener una actitud positiva y hacer lo mejor que puedas. Disfruta de la vida. Haz la parte que te corresponde. Sé creativa. Cree en ti. Cree en los demás.

> Ya sea que creas que puedes o que no puedes, tienes razón.
>
> HENRY FORD

Papá nunca hizo realidad su sueño de juventud de ser entrenador de futbol porque no pudo pagar la universidad. No obstante, no dejó que la decepción le impidiera llevar una vida productiva. Tuvo varios trabajos hasta finales de la década de los treinta. Luego fundó y administró la compañía Parks Sand and Gravel hasta que se jubiló.

Cuando nací, en 1951, mis padres tenían veinte años de casados y mi hermana había celebrado su decimotercer cumpleaños. Vivíamos en Emporia, Kansas, donde mi padre se ganó el respeto de la gente por ser un hombre de negocios trabajador que enseñaba a los demás.

Papá animaba a las almas dubitativas y liberaba el espíritu de aventura de las personas que lo rodeaban. Establecía expectativas razonables. Ofrecía apoyo y consejo. Creó oportunidades para desarrollar cualidades y demostrar competencias. Oí muchas historias sobre su bondad de quienes lo pararon en la calle para expresarle: "Wes, gracias por creer en mí y por darme una oportunidad".

Papá fue entrenador a final de cuentas, entrenador de la vida, un modelo de fortaleza, valor e integridad.

Como hija que tenía impedimentos para hablar y oír, me beneficié de su estrategia de "cree en ti". Papá, el entrenador, me enseñó que debemos ser más fuertes cuando enfrentamos dificultades. Así templamos nuestro carácter y fortalecemos nuestra compasión. Desde su punto de vista, las discapacidades y problemas que yo tenía eran formas de entrenar los músculos para enfrentar los altibajos de la vida.

Tuve que dominar las tareas infantiles típicas y, al mismo tiempo, enfrentar diversos problemas médicos. Tenía malformaciones de las orejas e hipoacusia en ambos oídos que requirieron varias cirugías. Una operación de la garganta que me salvó la vida, me dañó las cuerdas vocales y los nervios y músculos de la cara y la lengua. Tuve incontables sesiones de terapia del habla debido a discapacidad auditiva, y luego para atender los problemas que tenía para usar la lengua y la voz.

Mis padres me alentaban. Formaban un magnífico equipo con la creatividad de mi padre y la fe de mi madre, que hacía que todo funcionara de un modo u otro. En vista de que crecí con su filosofía de "sí puedo" aprendí las estrategias necesarias para enfrentar mis retos.

Papá se centraba en encontrar soluciones, no en lloriquear. Él no dejaba que el miedo, las derrotas o las preocupaciones lo detuvieran y le arrebataran sus ideas innovadoras para solucionar problemas. Él no esperaba menos de mí cuando tenía que enfrentarme a la frustración durante mis primeros años.

Algunas veces no oía información importante en la escuela. Cuando me cansaba, se me caía la cara, mi débil voz se agotaba e interrumpía la clase con incesantes ataques de tos. Comía despacio para evitar ahogarme. A veces me cansaba de estudiar tanto para compensar la información perdida. Aunque practicaba incesantemente para mejorar mi habla y la voz, a menudo sentía que mi progreso era demasiado lento.

Papá inclinaba la cabeza y me escuchaba.

—¿Hiciste lo mejor que pudiste? —preguntaba.

—Sí —respondía yo—. Lo intenté.

—Bueno, entonces eso es todo lo que puedes exigirte —hacía una pausa y después agregaba—: ¿Qué aprendiste?

Para él, todo, ya fuera bueno o malo, era una oportunidad para aprender; una oportunidad para mejorar; una pista para solucionar un problema; una forma de ayudar a los demás.

Papá, el entrenador, no me dejaba descansar. Me hacía responsable de hacer contribuciones positivas. Cuando el grupo de jóvenes de preparatoria de la iglesia me eligió como presidenta, yo no quería la función de líder. Creí que me acarrearía más problemas por la hipoacusia y las limitaciones que tenía para hablar.

—¡No puedo hacerlo!

Papá, el entrenador, me escuchó.

—Me parece que otros tienen fe en ti.

—¡Eso no importa!

—Me preguntó qué haría falta para que esto funcionara —me invitó entonces a ofrecer ideas. Luego se hizo a un lado para que yo siguiera adelante.

Aprendí a ser creativa y a usar mis puntos fuertes para encontrar soluciones. Observé, escuché con atención, escogí con cuidado mis palabras y facilité la manera de ayudar a que todos se sintieran incluidos. Enseñé a los demás a no hacer ruido, a hablar uno a la vez y a verme de frente cuando me hablaban.

Papá, el entrenador, se mantuvo al tanto.

—¿Cómo te fue esta vez?

—¡Muy bien, papá!

—¿Qué aprendiste?

—¡Que puedo lograrlo!

Sonrió. Tenía razón.

Durante un año lleno de acontecimientos importantes, papá, el entrenador, estuvo a mi lado cuando me gradué y obtuve mi maestría en trabajo social, me mudé a Iowa para iniciar mi carrera y posteriormente sobreviví a una urgencia médica y dos dolorosas cirugías. Cuando me recuperé y regresé a mi trabajo, él sabía que su entrenamiento había funcionado. Me sobrepuse a pesar de los difíciles obstáculos que bloqueaban mi camino. Lo más importante fue que transmití confianza en mi capacidad para superar tiempos difíciles.

Antes de que terminara ese año llegaron más problemas cuando a papá, el entrenador, le diagnosticaron cáncer de páncreas. Él sabía que no podía controlar la existencia del cáncer, pero sí su forma de reaccionar. Al enfrentar el último juego de la vida con dignidad y elegancia, la verdad última de su entrenamiento se hizo evidente: me enseñó a mí y a muchos otros las habilidades que necesitábamos para tomar las riendas de nuestra propia vida.

Yo tenía veinticuatro años cuando papá, el entrenador, murió. Esto sucedió hace casi treinta años. Desde ese día agradezco su legado de valores y lecciones de fortaleza.

Me enseñó a creer en la incontenible calidad del espíritu humano. Me dio el poder para aprender tanto de las alegrías como de los retos de la vida. Me entrenó para usar mis fortalezas y responder de forma positiva a los balones sueltos de la vida. Me inculcó la bondad de compartir mi sabiduría duramente ganada.

Hoy, papá, el entrenador, me anima desde su lugar en mi corazón. Para enfrentar todo lo que la vida me presenta continúo recurriendo a su sabiduría como un tributo a su influencia duradera y la importancia de sus lecciones.

RONDA ARMSTRONG

53

La constante

Mis padres se divorciaron cuando yo tenía siete años. Mi papá se mudó de la casa familiar a su propia casa y así comenzamos nuestra memorable rutina de visitas semanales los miércoles por la noche y a quedarnos a dormir los fines de semana. Era la orden típica y predecible de los tribunales para las parejas divorciadas. Sin embargo, la idea de mi papá sobre las visitas y la crianza de sus hijos era muy diferente de la del tribunal. El día que se formalizó el divorcio hizo una promesa que cambiaría el curso de mi vida por siempre.

> El amor es la condición en la que la felicidad de otra persona es esencial para tu propia felicidad.
>
> ROBERT HEINLEIN

Mi papá prometió que sería más que un "padre de fines de semana" que cumplía con sus obligaciones de padre con visitas limitadas. Más que nada, quería ser una presencia significativa en mi vida aunque no viviéramos bajo el mismo techo. Hasta el día de hoy, estoy muy agradecida con él por haber superado los numerosos obstáculos que los padres divorciados deben enfrentar y por haber formado un vínculo inquebrantable conmigo, su hija menor.

A lo largo de mi vida, fui la prioridad de mi padre y todos lo sabían. Iba a la casa todos los días, casi siempre después de la escuela, para charlar unos minutos y decirme cuánto me amaba y me extrañaba. La mayoría de los días esperaba con ansia a ver que su Corvette Stingray 1976, color amarillo, doblara la esquina de la cuadra y se detuviera lentamente frente a la casa. Cuando veía llegar a mi papá con la capota plegable y las ventanas abajo sabía que mi día mejoraría. Algunas veces me llevaba a dar la vuelta y a veces nos sentábamos en su auto y conversábamos unos minutos en la entrada mientras le contaba cómo me había ido en el día.

Me sentía la niña más afortunada del mundo por tener a alguien tan interesado en lo que sucedía en mi vida. Si no me podía ver en persona, me llamaba por teléfono. Durante los siguientes once años, hasta que fui a la universidad, hablé con papá todos los días.

Los fines de semana que pasaba en su casa recuerdo que preparaba las mejores chuletas asadas de cerdo que he probado. Hacía huevos revueltos para el desayuno cada mañana y cocinaba un asado los domingos. Siempre me dejaba ayudarlo, porque todo lo hacíamos juntos. Rara vez aceptaba él ir a una fiesta o a una cena los fines de semana, porque disfrutaba del tiempo que pasábamos a solas tanto como yo. Jugábamos en el patio a lanzar la pelota o el *frisbee* y salíamos en bicicleta o a caminar para encontrar tesoros escondidos. Sin embargo, mi recuerdo más entrañable de esos fines de semana es cuando mi papá prendía la estufa después de cenar y yo empezaba a oír el crujido de las palomitas y en seguida percibía su inconfundible aroma. Recuerdo como si hubiera sido ayer la emoción que sentía cuando la bolsa de papel de aluminio se empezaba a inflar y el vapor salía por los lados de la sartén. Mi papá agitaba, zarandeaba y preparaba las palomitas a la perfección en cada ocasión.

Mi adolescencia fue el típico periodo confuso, pero el vínculo que tenía con mi papá fue la constante en lo que de otra manera habría sido una vida caótica. Después del divorcio y durante todos los momentos tumultuosos que el divorcio produjo en nuestra familia (como las segundas nupcias, la familia agregada, los excónyuges amargados, etcétera), él siempre escuchó con paciencia. Nunca ignoró los sentimientos complejos que a veces tienen las jovencitas. Él simplemente escuchaba y siguió siendo la única presencia estable y confiable en mi vida. Podía contar con mi papá para que me llevara a cada cita con el médico o con el dentista, para ver cada partido de softball, asistir a cada conferencia y estar presente en cada acontecimiento significativo de mi vida. Siempre cumplía su palabra. No puedo decir eso de nadie más.

Todas mis lecciones de vida las aprendí de mi papá. Él me enseñó que hay que cumplir con la palabra empeñada y punto. Me enseñó a ser bondadosa y justa. Me enseñó a ser lo mejor posible, a dar el 110% de mí misma y nunca dejar que los demás se dieran cuenta de que algo me molestaba. Me enseñó que el éxito es un camino, no un destino. Pero de forma más importante, todo me lo enseñó con el ejemplo.

La sabiduría popular dice que para alcanzar el éxito debes desarrollar las habilidades que admiras en otras personas exitosas. Cuando pensaba en qué hacer con mi vida y cómo quería vivirla, no tenía que ir muy lejos para encontrar inspiración. Mi papá es, por mucho, la persona más exitosa que conozco. Desde que era pequeña he admirado su sentido del humor, su determinación y su integridad. Él me enseñó que mis únicas limitaciones son las que yo misma me impongo. Siempre estaré agradecida por tener un maestro tan alentador y amoroso como mi padre; algo que muchas chicas de familias divorciadas nunca pueden encontrar en sus propios padres.

Aunque reconocía y apreciaba el amor de mi papá, no fue sino hasta que tuve a mis hijos que me di cuenta de la profundidad de nuestro vínculo. La cercanía que tenemos siempre ha trascendido el espacio y el tiempo, pero ahora admiro aún más nuestra relación porque puedo apreciar plenamente su sentido de propósito. Para comprender el amor incondicional de mi padre por mí no necesito más que ver a mis propios hijos. Cuando miro al fondo de sus ojos de adoración y prometo amarlos por siempre jamás, veo la imagen de felicidad y alegría pura reflejada en ellos. Sé que mi papá debió de haber visto la misma felicidad reflejada en mis ojos.

La confianza y la seguridad que poseo el día de hoy como persona y como madre tienen relación directa con el hombre que prometió hace muchos años ser más que un "padre de fin de semana". Cumplió su promesa en muchas más formas de las que puedo contar en una historia. Sin embargo, lo que más agradezco es haber tenido un padre que tomó en sus brazos a una niña de siete años, asustada, confundida y enojada, y le susurró al oído: "Te amo y nunca te dejaré".

KIMBERLEE MURRAY

54

La hija de un huérfano

—Papá —llamé—, ¿puedes ayudarme con mi tarea? Tengo que hacer mi árbol genealógico.

Después de cenar, nos sentamos a la mesa de la cocina y tomé el lápiz, lista para tomar notas.

—Yo fui adoptado —empezó mi padre.

Tragué saliva con dificultad y miré a mi padre

> La adversidad mejora esta historia que llamamos vida.
>
> EVER GARRISON

—¿De veras? —estaba asombrada, pero las preguntas se agolparon en mi mente.

—En 1923, el tío Harry y yo tomamos un tren desde Nueva York y tus abuelos Gray me adoptaron.

—¿Y qué pasó con el tío Harry? —pregunté con la curiosidad de una niña de cuarto grado. El tío Harry y su familia vivían en un pueblo cercano.

—Lo adoptó una familia con otro nombre, de apellido Pistole —explicó papá—. Mi hermano Marshall murió en la Segunda Guerra Mundial y no sé lo que pasó con los demás.

Lo miré con los ojos muy abiertos.

—¿Cuántos más? —pregunté.

Meditó un momento.

—Bueno, pues tenía otras dos hermanas mayores llamadas Greta y Hattie. Y recuerdo haber visto un bebé que murió —movió la cabeza—. Una vez que Marshall vino a visitarme comentó que había otros, pero no sé cuántos más ni nada sobre ellos.

Escuché en silencio, tratando de asimilar la increíble historia.

—Nací en Constantia, Nueva York, en 1915. Mi padre tenía cincuenta y cuatro años y mi madre veintiséis. Me pusieron por nombre Ethel Franklin Wright.

Me moví inquieta en la silla y conté mentalmente los cuarenta y cuatro años que habían pasado desde el nacimiento de mi padre.

—Odiaba mi nombre —comentó—. Se pronunciaba I-tal, pero los niños me hacían burla y me llamaban Etel.

—Suena como nombre de niña —admití. Me mostró su acta de nacimiento y señaló la parte del papel donde tachó su primer nombre con un cuchillo.

—Vivíamos en una vieja casa con dos habitaciones y una alacena. El yeso se caía de las paredes y había agujeros en el techo. Mi papá guardaba su bicicleta y su cámara en la alacena.

—¿Y tu mamá? —le pregunté, casi temerosa de decir algo que pusiera fin a la conversación.

—Mi madre nos llevaba a los niños a recolectar verduras y puerros en los humedales pantanosos cerca de la casa. También cazábamos sapos, desenterrábamos almejas y comíamos todo lo que encontrábamos.

Traté de imaginar cinco niños corriendo por las márgenes del río buscando comida, pero lo único que podía visualizar eran las galletas que mi madre había horneado esa tarde, con su dulce aroma a chocolate que aún flotaba en el aire.

—Nos mudamos, probablemente porque nos desalojaron, y vivimos en una tienda de campaña grande. Teníamos una estufa, pero dormíamos en el suelo.

Hizo una pausa de nuevo y me di cuenta de que pensaba en aquellos tiempos lejanos. Me quedé sentada sin moverme, esperando a que continuara.

—Antes del invierno, nos mudamos de nuevo a la casa con el agujero en el techo, pero la vida no mejoró. Toda la primavera y el verano, el panadero lanzó una hogaza de pan a nuestra puerta todos los días cuando pasaba en su ruta de reparto.

—¿Eso es todo lo que comían? —pregunté, pensando en el plato familiar favorito de pollo frito con puré de papas y salsa gravy.

Mi padre asintió con la cabeza.

—A veces nos íbamos a dormir con hambre.

Me recliné en la silla y me mordí el labio.

—¿Tu papá no trabajaba? —inquirí—. ¿Por qué eran tan pobres?

—Trabajaba en un aserradero —respondió papá—, pero no tenía un trabajo constante. Eran épocas difíciles. Nueva York estaba lleno de inmigrantes y muchos murieron por la epidemia de gripe. Siempre había carrozas fúnebres por las calles.

Noté que frunció el entrecejo al recordar. Bajé la mirada y tomé notas en mi bloc amarillo. Cuando lo miré, continuó hablando.

—A mi padre le gustaba sentarse a fumar de una pequeña pipa de barro —indicó el tamaño de la pipa con los dedos pulgar y anular—. También me dejaba fumar a mí. Eso es casi todo lo que recuerdo de él. Además, era pelirrojo y le faltaban dos dedos por un accidente en el aserradero —sonrió—. Y era muy severo.

Traté de imaginarme a los padres que describía, pero era difícil, excepto por el cabello rojo. Mi papá, mi hermano mayor y yo somos pelirrojos.

—Cuando tenía cinco años me internaron en un orfanato que dirigía la Sociedad de Ayuda Infantil —papá hizo una pausa y bebió un trago de cerveza de raíz—. Mis hermanos también fueron ahí, pero mis hermanas fueron a casas particulares.

Sentí un nudo en la garganta. Yo nunca he estado lejos de mi familia. Quería llorar.

—Me bañé por primera vez en una tina de verdad con agua caliente y mucho jabón y me dieron ropa limpia, zapatos y calcetines. Era ropa de segunda mano en muy buen estado y cada artículo estaba marcado con un número a manera de identificación.

Miré mi pijama nuevo y recordé los vestidos que mamá me compró para la escuela. Nunca había usado ropa de segunda mano.

—Comíamos tostadas quemadas, chocolate caliente, gelatina, avena cocida y un potaje de harina de maíz y leche de desayuno —agregó—. Definitivamente era un menú muy diferente al que estaba acostumbrado —se dio unas palmadas en el estómago.

—Sólo vimos a nuestros padres una vez en el orfanato —se detuvo un momento—. Luego nos mudamos a la escuela Brace Farm. Marshall huyó y regresó con nuestros padres. Con el tiempo cambió su nombre legal por el de John Ryan y se alistó en el ejército.

Cambié la página y escribí los nombres.

—Cerca de dos años después de haber salido de Constantia, Harry y yo fuimos incluidos en un grupo de niños que participó en un proceso de "colocación" de huérfanos del estado de Nueva York en el Medio Oeste. J. W. Swann y su esposa, de Sedalia, Missouri, fueron nuestros patrocinadores y viajaron con nosotros. Nos acurrucamos en los duros asientos del enorme tren y dormimos durante el largo viaje.

"Llevábamos un pequeño almuerzo y nuestra ropa en una bolsa que nos echamos a la espalda —continuó papá—. Cuando llegamos a San Luis, nos asearon y nos dieron una muda de ropa nueva —sonrió—. ¡La primera ropa nueva que tenía en mi vida! Nos contaron que el periódico de Maryville, Missouri había anunciado nuestro arribo. Llegamos a la Primera Iglesia Metodista un día gélido de noviembre de 1923 y nos quedamos parados en silencio mientras la gente del pueblo escuchaba nuestras historias y nos observaba.

"Me preocupé cuando no me escogieron el primer día —continuó papá—, y me quedé unos días en la casa de Jake Wiley. El señor Wiley trató de tranquilizarme, pero tenía mucho miedo. Los niños que no escogían seguían en el tren hasta la siguiente parada.

"Tuve suerte —aseguró papá—. Me tocaron los mejores padres del mundo. Me llamaron Oliver y desde entonces todo marchó sobre ruedas."

Asentí con la cabeza al pensar en mis amorosos abuelos, Orville y Erma Gray; sin embargo, me costaba trabajo imaginar a mi padre como ese niño pequeño que había nacido en la pobreza con un estilo de vida indisciplinado. Papá aprendió a ser tenaz y compasivo, no a ser flojo y amargado. Él siempre creyó que el futuro era esperanzador.

—Siempre me creí obligado a hacer que los Gray se sintieran orgullosos de mí, no por la persona en la que me convertí, sino a pesar de mi pasado. Acogieron a un extraño en su hogar y su familia y nunca me trataron como tal.

Esa tarea que por casualidad me dejaron cuando iba en cuarto grado fue más que un estudio genealógico. Me llenó de aprecio por el hombre que trabajó muy duro para ser un ciudadano modelo, esposo devoto, hijo y un padre amoroso.

Para mí, ese tren que salió rumbo al oeste para "colocar" huérfanos fue más que una parte de la historia o la adición de una rama a mi árbol genealógico.

Heredé un increíble legado.

KAREN GRAY CHILDRESS

55

Siempre un ganador

El diagnóstico pesimista del doctor provocó un estremecimiento en toda la familia. Parecía que papá tenía cáncer. Los rayos X mostraron una masa grande en el cerebro.

Pronóstico: malo, muy malo. El tratamiento necesario tenía que comenzar de inmediato. De acuerdo con el doctor, mi padre tendría que librar, en el más estricto sentido de la expresión, la batalla de su vida.

> No me dijo cómo vivir; vivió y me dejó observar cómo lo hacía.
>
> CLARENCE BUDINGTON KELLAND

Pero si alguien esperaba que papá protagonizara escenas dramáticas o hiciera despliegues de negación, muy pronto se dio cuenta de que estaba muy equivocado. Después de respirar profundamente, mi padre levantó la cabeza, miró al doctor a los ojos y dijo: "Puede ser cáncer, ¿verdad? Bueno, de todas formas, soy un ganador".

El consultorio del médico se quedó en silencio.

Sin duda, papá debió de sentir una docena de ojos tristes fijos sobre él, porque su familia estaba allí sentada, sin poder dar crédito a su reacción ante las terribles noticias.

¿De todas formas soy un ganador?

¿Qué tipo de respuesta era esa? El médico había dicho que probablemente era cáncer, ¡cáncer en el cerebro!

Aunque estábamos consternados, debimos de haber previsto la reacción estoica de papá. Después de todo, ¿acaso no había enfrentado siempre lo desconocido con la misma resolución serena, pero inquebrantable? Ni una sola vez en cuarenta y tantos años lo había oído preguntar: "¿Por qué yo?" o blasfemar contra Dios culpándolo por los problemas o las tragedias. En cambio, enfrentaba las crueles decepciones de la vida de una forma calmada y digna. La gravedad de la situación no importaba. Ya sea que se tratara de problemas financieros, conflictos laborales o una crisis de salud, papá atacaba el problema con serenidad, siempre protegiendo a sus hijos de la horrible verdad.

Sólo entonces, ahora que lo recuerdo, me di cuenta de lo fuerte que era mi padre y por qué otros se acercaban a él en busca de apoyo.

Sin duda encontró su fortaleza cuando era muy joven. Mi padre nació en el seno de una familia de inmigrantes. Su papá partió de Portugal y luego de Brasil, mientras que su madre venía de México. Desde muy tierna edad tuvo que ayudar a sus padres, casi siempre como traductor.

El camino no fue sencillo para papá. Empezó a trabajar después de la escuela para contribuir a la economía familiar. Como resultado, no tenía muchos amigos cercanos. Cuando murió su padre, papá quedó como el único sostén de la familia. De adolescente, además de ir a la escuela, trabajó a la vez en infinitas labores ingratas por las tardes y los fines de semana. Una práctica que continuó hasta que se graduó.

Después de un breve periodo en el ejército, papá consiguió un buen empleo en la cadena de supermercados más grande de California, donde con el tiempo conoció a mi madre. Su incansable fortaleza fue evidente a lo largo de su vida de casado, ya que tuvo que criar a sus hijos y seguir ayudando a su madre y a varios miembros de la familia que atravesaban por momentos difíciles. Durante estos años, también apoyó a mi madre al cuidar de sus padres.

Como de costumbre, no hubo quejas ni berrinches de autocompasión. Papá simplemente aceptaba los muchos retos que le presentaba la vida y los enfrentaba. De hecho, nunca lo oí quejarse de su infancia, que siempre describió como feliz y normal.

Su mayor prueba de fortaleza llegó de adulto, cuando mi madre luchó contra el cáncer y finalmente perdió la batalla. Después de su muerte, papá se encontró solo por primera vez en treinta y tantos años. Formaban un equipo tan fuerte que mis hermanos y yo estábamos preocupados por la capacidad de mi padre para seguir adelante sin su esposa. De seguro no podría hacerlo por su cuenta. El duelo, supusimos, causaría estragos en él.

Los primeros meses fueron el peor periodo, ya que bajó de peso y parecía retraído. Durante mis visitas noté que el refrigerador y la alacena no estaban tan llenos como en otros tiempos. Tampoco la casa estaba tan limpia como la recordaba. Veía mucha televisión y rara vez iba más allá de la sala.

Era evidente: papá estaba deprimido; la vida lo había vencido finalmente.

O eso pensamos.

La recuperación de papá empezó unos meses después cuando regresó a trabajar y a socializar de nuevo. Fue a todas las reuniones familiares e incluso hizo nuevos amigos que lo ayudaron a sobrellevar la tristeza de haber perdido a su esposa. Antes de que nos diéramos cuenta, ya había limpiado la casa de arriba abajo e incluso cambió algunos muebles y aparatos.

El mensaje era claro: papá se había recuperado y estaba listo para seguir adelante. De alguna forma, encontró esa resolución callada e inquebrantable y se levantó de su duelo más fuerte que antes.

Irónicamente, no comprendí la magnitud del espíritu de lucha de papá, o cuánto me había inspirado, sino hasta ese momento decisivo en el consultorio del doctor. Sólo entonces comprendí lo profundo de su filosofía según la cual nada en la vida era una apuesta segura; siempre habría luchas y obstáculos en nuestro camino. Al final, simplemente debemos aprender a enfrentarlos y a luchar con todas nuestras fuerzas. Su vida fue un ejemplo de que aunque hay momentos atroces de cuestionamiento silencioso, debemos aceptar lo que Dios nos manda y aprender a apreciarlo.

Era verdad. De todas formas, somos ganadores.

Jamás podré pagar la enorme deuda de gratitud por todas las lecciones que me enseñó mi padre. Sin embargo, he logrado comprender el regalo invaluable que me dio: la fortaleza y la voluntad para sobrevivir y, tal vez, ser la roca en la que otros se apoyen.

Gracias, papá, por enseñarme a ser un ganador.

Al Serradell

56

El último regalo

El día de hoy comenzó como cualquier otro de la semana. Me levanté a las cinco y media de la mañana, me bañé, me vestí y me fui a trabajar. Tomé una taza de café y me acomodé en mi sillón para comenzar el día. No esperaba que un correo electrónico me lanzara al pasado.

Mi primo me mandó una fotografía de mi padre de 1944. En la foto tiene veintidós años de edad, se ve arrogante y apuesto con su uniforme del ejército camino de pelear por su país en Francia y Alemania. Como muchos hombres que fueron a la guerra, se casó antes de abordar el barco que lo llevaría a Europa y ya venía un bebé en camino. Observé la fotografía. Nunca la había visto y sentí que las lágrimas comenzaban a brotar. Me pregunté por qué me afectaba tanto. Entonces me di cuenta de que su cumpleaños era la siguiente semana. Siempre pienso que el duelo quedó en el pasado, pero ahí está y aparece subrepticiamente y en silencio antes de que me dé cuenta.

> Cuando estés triste, busca de nuevo en tu corazón, y verás que en realidad lloras por aquello que ha sido tu deleite.
>
> KAHLIL GIBRAN

Mi padre volvió de la guerra a casa para reunirse con una esposa que en realidad no conocía. Dos semanas de noviazgo y luego una boda en el juzgado antes de abordar el barco no le dejaron mucho tiempo para descubrir quién era realmente mi madre. Él no sabía que ella tenía una enfermedad mental hasta que tuvo que luchar mucho para sostener a su joven familia y crear un hogar para su pequeña hija. Mi madre sufría "episodios" y en 1946 la gente no reconocía los problemas de salud mental, y mucho menos hablaba de ellos. Por lo tanto, mis padres enfrentaron solos el problema, mientras presentaban una cara sonriente ante el mundo. Pero en casa la naturaleza grave de la enfermedad de mi madre era imposible de esconder.

Mi madre parió a mi hermana gemela y a mí en 1952. Aunque yo nací sana y apta para que me llevaran a casa, a mi hermana, Diane, tuvieron que ponerla en una incubadora donde pasó el primer mes de su vida. Mi padre trabajaba el turno de la noche en un periódico local, pero siempre terminaba el día sentado con mi hermana gemela en el hospital. Mi madre nunca fue a verla. Se creó un lazo especial entre mi padre y Diane. A menudo contaba que sostenía la pequeña mano de la bebé y veía cómo se esforzaba por respirar. Sabía que tendría que cuidar de ella mejor que cualquier persona, por eso la visitaba a diario.

Cuando finalmente estuvimos todos en casa bajo el cuidado de mi madre, las cosas empezaron a complicarse. Mi padre se iba a trabajar y regresaba a casa para encontrar un caos: niños sin comer, sucios y llorando y a mi madre perdida sin ningún contacto con la realidad. Mi hermana mayor, Connie, trató de ser la madre mientras él no estaba. Finalmente, mi padre tuvo que internar a mi madre en un sanatorio. Durante este tiempo nos mudamos constantemente de la casa a la casa de la abuela. Mi padre era como un fantasma que entraba y salía de nuestras vidas mientras intentaba cuidar de nuestra madre e impedir que nos alejaran de él. Siempre que podía, nos bañaba, nos ponía la pijama y nos arropaba. Él era la única constante en nuestras vidas y lo amábamos.

Cuando Diane y yo teníamos diez años, mi padre nos mudó a California. Mi madre obtuvo tratamiento y así pudo funcionar mejor, pero nunca fue realmente una madre para nosotros. Todos los días tenía que esforzarse simplemente para mantenerse conectada a la realidad. Aunque desde niños sabíamos que estaba enferma, nos revelaron la verdadera naturaleza de su enfermedad mental hasta que teníamos dieciséis años, después de una perturbadora vista al hospital. Ese día ocurrió una desconexión. Nos dimos cuenta de que nunca tendríamos una vida familiar normal. Mi madre siempre sería así. No podíamos hablar de eso con nadie y no podíamos invitar amigos a la casa por si acaso algo pasaba.

Nos costaba mucho trabajo comprender por qué mi padre seguía casado con nuestra madre si ella no era capaz de corresponder a su amor. Presentamos un frente unido a nuestro padre cuando exigimos saber por qué nos sometía a ese horror. Se sentó y nos contó cómo conoció a nuestra madre: "Amé a su madre desde el momento en que la vi. Ella no estaba en estas condiciones en aquel entonces. Pensé que estaríamos juntos siempre y cuando nacieron ustedes creí que si me esforzaba lo suficiente podría solucionar las cosas para ella y para ustedes. Para bien o para mal, hice un juramento que no puedo romper. Algún día lo comprenderán".

Así continuó hasta que llegamos a la edad adulta. Partimos de casa, nos casamos y tuvimos nuestros hijos. Nos manteníamos en contacto con nuestra madre por mi padre. Tratábamos de que se sintiera orgulloso de las mujeres en que nos habíamos convertido. Mi padre nunca fue muy afectuoso. El vínculo especial que unía a Diane con él siempre fue evidente, porque le susurraba al oído que la amaba. A mí, la gemela más fuerte, nunca me murmuró esas palabras. De cierta forma lo comprendía. Él esperaba que cuidara a Diane y que fuera la piedra de toque a la que ella pudiera aferrarse cuando él no estaba ahí, pero siempre anhelé esas palabras que nunca me dijo.

La semana antes del cumpleaños setenta y cuatro de mi padre, llamé a casa y mi papá contestó el teléfono. Le pregunté si mi madre estaba ahí y papá me dijo que había salido de compras. Cuando le dije que llamaría después, hubo un silencio al otro lado de la línea. Entonces dijo: "Marsha, te amo". Sorprendida, contesté: "Bueno, papá, yo también te amo". Colgué el teléfono y me quedé mirándolo, incrédula.

A la mañana siguiente estaba en el trabajo cuando recibí la llamada de que mi padre había dejado de respirar. Corrí a la casa de mis padres. Diane salió deshecha en lágrimas y de inmediato comprendí que había muerto. En los días que siguieron, me pregunté por qué, de todas las ocasiones que había hablado con mi padre, había elegido ese día para decirme que me amaba.

Incluso en las familias más disfuncionales hay un vínculo que une a los hijos con sus padres. De niños buscamos amor y aceptación, e incluso de adultos seguimos teniendo esa necesidad. Al revisar las cosas de mi padre encontramos pequeños fragmentos del hombre que alguna vez fue. Sus diarios de la guerra estaban al fondo de su cajón del armario y Diane y yo los leímos en voz alta, riendo y llorando por el hombre que fue nuestro padre. Cuando esparcimos sus cenizas recordamos sus palabras de hace muchos años respecto a que tal vez un día entenderíamos. Mi padre hizo lo mejor que pudo para amar a sus hijas y cuidar de la mujer que juró amar para bien o para mal. A mí, la gemela más fuerte, me dejó su último regalo con tres palabras: "Marsha, te amo". Como hija, eso es lo que necesitaba oír, y con ello encontré la paz.

MARSHA D. TEELING

57

Parado de manos

El día del padre se acerca y estoy un poco triste porque mi papá vive a casi cinco mil kilómetros de distancia y me encantaría preparar hamburguesas con él y aderezar nuestras conversaciones con recordatorios del maravilloso trabajo que hizo para criar a tres hijas como padre viudo.

> Amor es extrañar a alguien cuando está lejos, pero de alguna forma sentir calidez dentro de uno porque ambos corazones están cerca.
>
> KAY KNUDSEN

Yo tenía ocho años cuando murió mi mamá. Mis hermanas, Mary y Kim, tenían nueve y once años, respectivamente. Mi madre luchó dos años contra el cáncer y durante la batalla mi padre hizo mi vida increíblemente alegre. Nos arropaba usando una lámpara de mano y hacía figuras con las sombras que proyectaba en la pared. Nos llevaba al boliche y fácilmente me convenció de que alquilar zapatos usados era un lujo. Su estímulo sin fin como el único espectador de mi acto de pararme de manos bajo el agua en la playa me enorgullecía. Su idea de entretenimiento después de la cena era sostener la tapa transparente de la caja de galletas contra su cara y actuar para nosotros como si fuera el conductor de un programa de televisión.

Mi padre y mi tía empezaron a alternarse para cuidar a mi madre cuando el cáncer debilitó su capacidad de caminar, pensar y recordar. Cuando mi padre, que era trabajador social en ese tiempo, no estaba trabajando, pasaba cada momento disponible en casa de mi tía con mi madre. No puedo imaginar cómo logró darnos una infancia tan feliz. Pero ahí estaba, haciendo diagramas gramaticales, trabajando en informes de libros, leyendo y llevándonos al cine. Tengo recuerdos de mi padre exhausto, sonriendo a medias durante un viaje a Disneylandia, un maratón de *Monopoly* y varios rompecabezas. Recuerdo que lo acompañé a un viaje de trabajo para ir a dejar a dos niños adoptivos en su hogar temporal después de comprarles helado. Siempre había espagueti, sopa o algo sencillo al final del día.

Entonces llegaron nuestros años de adolescencia cuando mi madre ya había muerto y teníamos abundantes preguntas sobre la pubertad femenina. Mi padre intentaba actuar de forma desenfadada durante la temida sección de preguntas de salud y belleza. Me pregunto cómo se daba tiempo para su propio baño.

El pasado día del padre tomé un avión y fui a casa de Kim en Pittsburgh; desde ahí fuimos en automóvil a Boston para encontrarnos con Mary y mi papá. Fue el primer día del padre en años que mi papá tenía a todos sus "bebés" a su lado: una enfermera, una reportera y una escritora independiente. El hijo adolescente de Kim, que es la persona favorita de mi padre últimamente, estaba con nosotros. Mi padre tenía lágrimas en los ojos cuando Kim y yo aparecimos en su puerta después de su día de trabajo en la oficina postal. Tendrá otro momento de lágrimas cuando conozca al nuevo bebé de Kim más adelante este mes.

Este día del padre no puedo viajar a Boston. Celebraré llamándole por teléfono para hablar de libros y decirle por milésima ocasión lo que haría en caso de un terremoto. Y terminaré celebrando en la playa donde rendiré homenaje al apoyo de mi padre, su amor incondicional y supervivencia, haciendo el mejor parado de manos que pueda.

Amy Lyons

58

Introducción a la virilidad: cómo conservar tu masculinidad y también tu matrimonio

> Mantener una casa no es ninguna broma.
>
> LOUISA MAY ALCOTT

Cuando se trata de ser macho, no se puede ser más masculino que mi padre: piloto de la fuerza aérea, miembro del salón de la fama de la Air National Guard y boxeador de guantes dorados. Felizmente casado con la misma mujer desde hace sesenta y seis años y aún deseoso de beber igual que los demás, trago por trago, e insistir en pagar la cuenta de todo el bar. Tiene voz gruesa, se rehúsa a suavizar las palabras e irradia una energía atlética que le ha servido bien en la vida.

Hasta ahí, todo bien. Sigan conmigo.

A continuación viene la parte en la que la historia se aparta de lo trillado. Cuando las cosas se ponían difíciles se iba de compras, literalmente.

Mi padre estaba en servicio en Alaska cuando dominó el arte de hacerles trenzas a mis hermanas, cambiar los pañales de mi hermano y lavar la ropa. No, no se trata de una versión anterior de *Wife Swap*, sino de una versión más valiente del *reality show*, una que no se ve en televisión.

El primer indicio de que se avecinaban problemas fue una llamada que recibió mientras programaba sus vuelos. Era el médico de mi madre: "Su esposa tiene una mancha en el pulmón que indica tuberculosis". En aquellos días la tuberculosis no sólo era sumamente contagiosa, sino mortal. Tal vez fue el hecho de que el doctor no le había dicho el diagnóstico a mi madre lo que hizo que mi padre colgara el teléfono y exclamara con brusquedad: "¡Tengo que hablar con mi esposa!".

Cuando los resultados de las pruebas para ver si mi madre tenía tuberculosis salieron negativos, la dejaron salir del hospital hasta poco antes de Navidad, que empezó a toser con sangre. En ese entonces, había hospitales enteros repletos de pacientes que morían de tuberculosis y, debido a que era una enfermedad tan contagiosa, de inmediato pusieron a mi madre en cuarentena en el hospital, que estaba a casi veinticinco kilómetros.

En 1950 las habitaciones de los hospitales no tenían teléfono. Conseguir una llamada no sólo era algo raro, sino casi imposible. Por consiguiente, el único contacto de mis padres era durante las visitas diarias, a primera hora de la mañana, cuando papá y mis hermanos, apiñados para protegerse del mal tiempo, se paraban frente al hospital en la nieve para saludar con la mano a mamá que sonreía desde la ventana del tercer piso. Era un alivio, me imagino, para todos ellos.

Mientras tanto, el comandante de mi padre logró incluir a mamá en un programa de tratamiento prometedor en Denver. Dos semanas después de Navidad partió en una camilla en un avión que transportaba soldados heridos de la guerra de Corea.

Mi padre empacó la casa y preparó a sus hijos para su "traslado por compasión". Se necesitaron casi seis semanas para que llegaran a su nuevo hogar, tiempo en el que se vieron privados del escaso consuelo de verla, y ni qué decir de hablar con ella.

Sin mi madre cerca, mi padre aprendió por las malas lo que significaba estar en el lugar de ella, que llegaba a casa del trabajo a preparar la cena, lavar los platos, bañar a los niños y acostarlos antes de recoger la casa y lavar la ropa. Cuando él cuenta la historia ahora lo hace con cierto menosprecio: "No tenía ni idea. Recuerdo que antes de que se enfermara quería una secadora de ropa. '¿Estás loca?', le pregunté. '¿Sabes cuánto cuestan esas cosas?'".

Unas semanas después del traslado a Denver, mi padre empezó a ver la luz (¿o acaso fue una Whirlpool?) en los ríos de ropa que creaban cuatro niños, incluidos los pañales de tela que en esos días no eran una *alternativa*, sino la única barrera que lo separaba de desbordamientos menos agradables.

El servicio de entrega de pañales no era una opción, ni siquiera un atisbo de idea en la mente de un mercadólogo. La liberación llegó en la forma de una caja de acero pesada que hizo que los tendederos se volvieran obsoletos y convirtió a mi padre en un verdadero vocero de los sufrimientos no reconocidos del ama de casa.

Cuando no estaba buscando calcetines que perennemente se perdían, rezaba para que mi madre volviera a casa sana y salva. Comenzó, como decimos los que nos recuperamos del catolicismo, por ofrecer cosas. Primero las golosinas que le encantaban; luego, los cigarrillos. Como lo cuenta ahora, era algo temporal, ya que lo siguiente en su lista que tenía planeado dejar, justo cuando dieron de alta a mi madre del hospital, era el vino. "Justo a tiempo", comenta riendo.

Todos sus conocidos pensaron que la recuperación de mi madre fue algo milagroso. Me pregunto si ella no creía que tal vez esa era la forma en que Dios quería persuadirlo de dejar los dulces, los cigarrillos y el fantasma del chovinismo masculino de una vez. Papá dice que estaba demasiado ocupado dando gracias para pensar en ello. Sí, estaba ocupado dando gracias y enseñando a sus hijos que cada vez que hacían los quehaceres de la casa, su esfuerzo no era nada insignificante. "Considérenlo una labor de amor", decía. "Si ustedes lo hacen, su madre no tendrá que hacerlo."

Una labor de amor. Cuando ahora pienso en todo lo que lograron, los honores militares y el doctorado que obtuvo después de "jubilarse" a los cuarenta y cinco años, no puedo más que sentir admiración. Que pudieran lograr esto con diez hijos es casi tan asombroso como el hecho de que él compartiera cada logro con su esposa. Eran un equipo. Había aprendido a la mala que el trabajo de ella en casa le permitía sobresalir en el mundo exterior.

Lo que aprendí de este ejemplo es que los verdaderos empeños del amor, la verdadera "masculinidad", requieren que uno, quienquiera que sea, se ponga en el lugar de su pareja. Los matrimonios prosperan cuando ambos superan su falta de experiencia y demuestran empatía por los retos del otro, sean los que fueren. Esa es la verdadera lección en el fondo del heroísmo de mi padre. Mi papá es capaz de mover la cabeza con gesto de desaprobación cuando piensa en cómo era antes, de desnudar su alma bajo una luz nada favorecedora, de ser lo suficientemente humilde para admitir que estaba equivocado y lo suficientemente imaginativo para recordar, mucho tiempo después de que mi madre regresara a la cocina, que los empeños del amor, a diferencia de los calcetines, nunca se pierden en realidad, sino que sólo están ocultos en un lugar donde se requiere un corazón valiente y tener mirada de águila para descubrirlos.

SHEILA CURRAN

6

CAPÍTULO

Padres sustitutos

59

Encontrar un amigo

Mi padrastro, Ted, y yo íbamos sentados hasta atrás del autobús escolar. Ted me estaba explicando los puntos finos de la fabricación de un visor a prueba de agua para una excursión escolar a Hanauma Bay. Ted era el único hombre en el autobús, aparte del conductor. Llevaba seis años viviendo en Hawái cuando conoció y se enamoró de mi madre. Cuando ella viajó a Luisiana a recogernos a mi hermana y a mí de la casa de nuestro padre biológico para mudarnos a Oahu, nos preguntamos cómo sería nuestro "nuevo papá" y nuestra nueva vida.

> Reconocer a otros, ser reconocido; ayudar a otros, recibir ayuda; así es una relación familiar.
>
> PROVERBIO HAWAIANO

Yo tenía muchos amigos en Baton Rouge, pero el segundo grado en Hawái fue el año en el que me volví solitaria. Era la única niña de piel blanca en la clase, tenía el cabello rubio, casi blanco, y dientes de conejo. Era el blanco perfecto de las bromas de los demás. Mis compañeros me llamaban "Haole" y "ojos redondos y estúpidos". Tener a Ted a mi lado en lugar de a mi madre no hacía que la estancia en la escuela fuera más sencilla. Ted era cantinero, así que mientras mamá trabajaba por las mañanas él era mi padre representativo en todas las funciones escolares y su presencia sería otra fuente de burlas al día siguiente.

Traté de no pensar en ello y de concentrarme en las instrucciones. Ted cortó la tapa y el fondo de la lata; tenía piezas de plástico grueso que había medido y cinta adhesiva. Esto era parte de la tarea: fabricar un visor para identificar a los peces que veríamos en la bahía. Los otros niños tenían su material dentro de bolsas de papel muy lindas con asas: papel de aluminio tubular, cartón precortado y envoltura de plástico transparente. Nadie más que yo llevaba una lata de café.

Esa mañana todos desayunaron juntos en la escuela antes de partir. Las madres se sentaron en grupo, pero Ted tendió un mantel de tatami y se sentó conmigo. Me habló de todas las cosas maravillosas que veríamos en Hanauma Bay; la conocía porque había buceado con esnórquel muchas veces ahí. Mientras hablaba, yo me atragantaba de huevo.

—Lo que es maravilloso —comentó— es que los peces vienen hacia uno; no tienen miedo. Una vez vi una honu… ¡una tortuga marina!

Ted no se parecía en nada a las madres que estaban a nuestro alrededor. Ellas llevaban muumuus de colores brillantes y calzaban zapatillas pequeñas de suela dura. Ted llevaba puestas bermudas y una camiseta que decía Aloha.

—Tal vez —continuó—, tú y un par de tus amigos puedan trabajar en conjunto para identificar a todos los peces más rápido —en seguida sonrió y sus ojos azules destellaron.

Lo primero que recuerdo de cuando conocí a Ted es su sonrisa y esos ojos brillantes. Mi hermana y yo bajamos corriendo del avión sin saber a quién buscábamos y ahí estaba Ted con sus sandalias y su camiseta Aloha. Levantó a mi hermana con un brazo y a mí con el otro, se inclinó entre nosotras para besar a mi madre y salimos del aeropuerto de Hawái. Percibí el olor de las flores plumeria y el océano Pacífico en seguida. Fue sencillo para mí querer a mi padrastro, como lo fue para mi madre. Ted pasó mucho tiempo conmigo ese verano, dedicado a enseñarme dos cosas muy importantes: surfear y hablar pidgin.

Cuando empezaron las clases, las lecciones quedaron relegadas a los fines de semana. Cuando mi hermana y yo llegábamos a casa, Ted ya se había ido a trabajar. Ahora, dos meses después del inicio de clases, aún no tenía amigos, a pesar de los cinco meses que pasé aprendiendo pidgin para probar que era kama'aina, o sea, local.

Cuando el autobús se estacionó en Hanauma Bay, sostuve la lata de café con las dos manos. Ted midió el plástico necesario para el fondo cortado de la lata y yo lo pegué con la cinta adhesiva. Todos bajamos del autobús y caminamos hasta la playa con nuestras aletas, toallas y tapetes.

Mi maestra, la señora Takabayashi, nos pasó láminas de fotografías de animales marinos. Nos repartió lápices de cera y nos dio instrucciones de meternos al agua a identificar a los peces. Mientras las mamás se acomodaban en la arena, Ted se quitó las sandalias y la camiseta.

—Bueno —dijo—, ¿con quién de tus amigos quieres trabajar? —los otros niños habían formado parejas y caminaban en el agua con los visores sobre la superficie.

—Yo sola puedo hacerlo —respondí.

El sol brillaba justo encima de la cabeza de Ted.

—Sería más divertido con tus amigos, ¿no lo crees?

Tuve que entrecerrar los ojos para mirarlo.

—Niña —prosiguió él—, ¿no tienes amigos?

Miré la arena y sentí los lagrimones calientes que escurrieron por las mejillas. Ted se puso en cuclillas frente a mí.

—No le caigo bien a nadie —susurré—. Todos me llaman ojos redondos.

Ted me puso una mano en el hombro.

—Bueno, escucha —trató de explicar—, lo que sucede es que todavía no te conocen. Vamos, lo haremos juntos.

Se levantó, me tomó de la mano para caminar hacia el mar. Ted me dio la lata de café y la sostuve por encima del agua. El reflejo del sol desapareció cuando Ted se movió para tapar la luz. A través del fondo sellado de plástico, pude observar dos hileras de erizos marinos de color verde limón sobre el coral anaranjado; también vi un pez azul, una estrella de mar y una anémona rosa. Palomeamos cinco elementos de la lista de inmediato.

Alcé la vista hacia los otros niños. Muchos de ellos salieron del agua y corrieron hacia sus madres con sus visores de cartulina empapados, rotos e inutilizables. Volví a mirar a través de mi lata de café y vi las agujas negras de otro erizo. También pude ver pepinos de mar verdes.

—Ted —grité— ¡mira eso!

Ted metió la mano al agua y levantó el pepino de mar con cuidado para mantenerlo dentro del agua. Acerqué la mano y él me ayudó a tocarlo suavemente hasta que el pepino escupió arena. Luego lo depositó en el fondo y recogió una estrella de mar. Cuando la sostuve se adhirió a mi palma.

—Genial, ¿no, niña?

Una niña llamada Lani nos estaba observando y se acercó cuando mi Ted levantó un erizo por encima de la superficie.

—¡Vaya! —exclamó—. ¡Es increíble! —me dio unas palmaditas en la espalda—. ¡Tu papá es lo máximo!

Otros niños se acercaron también y muy pronto Ted y yo quedamos rodeados; todos llenaron su lista de peces y los niños se alternaron para mirar por mi visor.

Posteriormente, esa tarde nos sentamos en la arena y desempacamos el almuerzo. Lani se sentó junto a mí y nos reímos y jugamos toda la tarde y durante el regreso a casa. Tenía una nueva amiga.

El fin de semana después de la excursión, Ted y yo fuimos a la playa para otra lección de surf.

—¿Y cómo te fue el resto de la semana en la escuela? —preguntó mientras tendía el mantel y aseguraba las esquinas en la arena. Yo sostenía mi tabla de surf.

Pensé en mi amiga Lani y en mi nueva amiga Laura.

—Papá —respondí—, fue la mejor semana escolar de mi vida.

—Qué bien, niña —repuso complacido; caminamos hacia el mar y nos metimos.

KIRSTEN OGDEN

60

Un papá de verdad

Desde que tenía ocho años anhelaba tener un padre. Cuando tenía diecisiete años, mi madre se casó por quinta ocasión y esperaba que este hombre, Steve, fuera tan mal padre como sus antecesores. Pero estaba equivocada.

> Debemos estar dispuestos a dejar ir la vida que planeamos para poder vivir la vida que nos espera.
>
> JOSEPH CAMPBELL

Los muros que construí para proteger mi corazón no cayeron con facilidad, y esta vez, mi nuevo "padre" no intentó derribarlos. En cambio, poco a poco, los fue debilitando con paciencia y bondad amorosa.

Esto me quedó claro cuando me ayudó a atrapar a unos gatitos de la calle que se escondieron en nuestro garaje. Se ocultaron entre las cajas y maullaban, siseaban y rasguñaban. Determinados a escapar, las pequeñas bolas de pelo pelearon como leones. Los brazos de Steve se llenaron de rasguños ensangrentados que quedaron como prueba de los intentos por escapar de los gatos. Nunca se quejó.

Durante las lecciones de golf a las que me llevó, hice lo mejor que pude para colocarme correctamente y evitar abanicar la pelota. Pero el golf no era "lo mío". A Steve no le importó. Con paciencia guió cada golpe. Su sonrisa grande y cejas espesas enmarcaban una expresión de alegría, nunca de frustración. "Buen intento", me decía, alentando mis deplorables intentos por seguir sus instrucciones.

—Steve, tu fettuccini es mejor que el de mamá —comenté una noche.

—¿De veras? Lo haré más seguido —estaba radiante de alegría.

—Gracias —dije saboreando el bocado.

Steve negó con la cabeza.

—Es sólo un paquete de pasta —mis elogios lo hicieron ruborizarse.

Me encantaba el fettuccini, pero más que eso, me sentía feliz de sentarme a la barra a conversar con él mientras preparaba esa pasta dos veces por semana. Incluso cuando me cansé de comerla, disfrutaba del tiempo que pasábamos juntos preparando la comida para la familia.

Me abrazó cuando lloré porque nunca conocí a mi padre. Lo abracé cuando él lloró porque no había podido pasar suficiente tiempo con su hija después de su divorcio.

El hecho de que abandonara la preparatoria nunca disminuyó su confianza en mí. Con mucho tacto me impulsó a buscar metas más ambiciosas. Durante los cursos de preparación para la universidad, él fue mi tutor de álgebra, economía, estadística y filosofía. Con una sonrisa de oreja a oreja, aplaudió y me aclamó cuando crucé el estrado para recibir mi título de licenciada en historia. Las palabras "estoy orgulloso de ti" significaron más para mí que el título que obtuve después de cinco años de estudio.

Finalmente, cuando tenía veintiún años, le dije a Steve que tenía una pregunta importante que hacerle. Bajé la mirada, insegura de si debía preguntar. ¿Y si decía que no? Me sentía muy vulnerable. Con una sola palabra podía romperme el corazón. ¿Me atrevería a pedírselo? Me levantó la barbilla y entrecruzamos miradas.

—Puedes preguntarme lo que quieras. Lo sabes, ¿verdad?

En ese momento supe, como siempre lo había sabido, que podía confiar plenamente en este hombre. Entonces me atreví a preguntar.

—¿Me adoptarías?

Ambos lloramos cuando me abrazó.

—Me encantaría —respondió.

Cinco años después de que me adoptara, tuve un accidente cerebral vascular que me dejó tetrapléjica y dependiente de un respirador artificial. Cuatro meses más tarde, le diagnosticaron cáncer a Steve y tuvieron que extirparle el pulmón derecho. Trató de seguir trabajando, pero le fue físicamente imposible. Después de que Steve quedó permanentemente discapacitado asumió la responsabilidad de mi cuidado.

Tenía una enfermera de ocho de la mañana a cinco de la tarde entre semana y durante esas horas él aprovechaba para dormir, hacer mandados, programar mis citas con los médicos, presentar reclamaciones al seguro, limpiar la casa y preparar la cena. Por las tardes y los fines de semana me daba de comer, me administraba líquidos cada dos horas y me limpiaba los pulmones cuando menos cada tres horas para ayudarme a respirar.

Dormía en la cama que colocaron en mi habitación por si necesitaba ayuda durante la noche. Muchas veces, cuando estaba enferma, lo despertaba cada cuarenta y cinco minutos para que me asistiera. Cuando estaba bien, de todos modos se levantaba para estar conmigo una o dos veces por noche, sonriéndome y haciéndome sentir amada.

Yo no podía hablar, por lo que hacía un chasquido con la lengua cuando necesitaba ayuda muchas veces cada tarde y durante el día los fines de semana. Sin importar la razón por la que lo llamara, él iba, ya fuera para tender la cama, ajustar las férulas de las piernas, ponerme humectante labial, limpiarme los pulmones o ayudarme de millones de formas.

De las incontables noches que Steve cuidó de mí, rara vez lo oí quejarse, incluso cuando estaba exhausto y frustrado. Nunca ha mostrado resentimiento o ira.

Aun así, yo sentía una inmensa culpa cuando pensaba en lo mucho que Steve había envejecido por satisfacer todas mis necesidades y deseos que consumían cada minuto de su tiempo. Esos eran los años en que debía descansar y disfrutar de su jubilación. Le expresé estos sentimientos y me contestó:

—¿Acaso no sabes que yo no resiento ni un solo minuto que he pasado cuidándote?

Lo que quisiera o necesitara era su mayor prioridad. Cuando los días se hacían largos y mi espíritu se sentía derrotado por los caprichos de mis discapacidades, Steve generosamente borraba mi autocompasión y me hacía sentir querida y merecedora de su amor. Steve hizo que lo insoportable fuera soportable simplemente con ser quien es. Le digo Steve hasta este día. Podrían preguntarse por qué no lo llamo papá, papi o padre. Él fue y es mucho más que eso. Él es Steve. Hoy, mañana y siempre atesoraré el regalo de su amor. Sólo puedo decir gracias, pero las palabras jamás podrán expresar lo que realmente siento.

J. Aday Kennedy

61

El regalo de Navidad

Esa hermosa mañana de octubre la espaciosa alquería de mi tía bullía de emoción. Yo tenía once años y había ido a vivir con mi tía y su extensa familia desde que perdí a mi madre el año anterior. Mi papá, que trabajaba fuera del estado y sólo podía visitarnos de vez en cuando, estaba en camino. Yo había estado contando los días desde su último viaje seis semanas antes. Ahora que el gran día había llegado estaba tan emocionada que no podía esperar un minuto más para verlo.

> Cuando le preguntaron a una niña dónde estaba su hogar, ella contestó: "donde está mi madre".
>
> KEITH L. BROOKS

Como ya era tarde por la mañana y mi padre aún no llegaba, mis primas Bonnie y Ruby y yo deambulamos por la cocina, donde mi tía tenía horas de estar preparando el almuerzo (como lo hacía cada vez que la visitaba su hermano menor). La enorme y soleada cocina estaba llena de los maravillosos aromas del pollo asado y la tarta de manzana horneada recién salida del horno. Mientras mis primas veían la tarta y se les hacía agua la boca, le pregunté a mi tía por sexta vez esa mañana: "¿No debía de haber llegado ya?"

Aunque normalmente era afable y paciente, mi tía estaba al borde de la exasperación.

—Llegará cuando tenga que llegar. Váyanse para que pueda tener listo el almuerzo. De seguro, no ha tenido un almuerzo casero desde la última vez que estuvo aquí.

Mi tía y mi tío eran amables conmigo y yo los amaba a ellos y a mis primas, pero había veces en las que me sentía increíblemente sola en medio de esta gran familia. Me entristecía la pérdida de mi madre y añoraba la familia y el hogar que teníamos. En mi fantasía, me comparé con la ensalada de frutas que mi tía preparaba. Mis primas eran las manzanas, peras, uvas, cerezas y duraznos que crecían en la granja y eran inseparables. Yo era la piña que mi tía había agregado a la mezcla. Aunque combinaba bien, cualquiera que la probara sabía que era un ingrediente externo.

Caminé muy despacio detrás de mis primas hacia la puerta trasera.

—Si suben la colina, descubrirán su automóvil cuando pase por la curva. De ese modo podrán verlo antes de que llegue —la voz de mi tía se suavizó cuando me vio con los hombros caídos.

Apenas habíamos llegado a la cima de la colina cuando oímos el ruido de un motor y alcanzamos a ver el toldo del Chevrolet de mi padre saliendo de la curva. Al detenerse frente a la reja de entrada, eché a correr colina abajo. Terminé mi carrera alocada con los brazos abiertos para abrazar a mi padre, cuando de repente vi a una mujer pelirroja que se interpuso entre nosotros. Me envolvieron unos brazos suaves que me recordaron a mi madre.

Di un paso atrás y la examiné. No era muy alta, le llegaba a los hombros a mi padre, y estaba bien proporcionada. Cuando los rayos del sol lo iluminaban, su cabello resplandecía como un centavo nuevo. Y cuando hablaba, tenía el acento suave del sur.

—Tenía tantas, pero tantas ganas de conocerte que no pude resistir abrazarte —dijo. Me agradó al instante. Entonces, mientras abrazaba a mi padre, me enteré de que la joven mujer se llamaba Polly y que iba a quedarse una semana para que nos conociéramos.

Esa semana fue una de las más felices de mi corta vida. No quería que terminara. Tampoco lo quería mi primo de seis años, Virgil, que le preguntó a Polly:

—¿Te vas a casar con mi tío?

Una sonrisa iluminó su cara.

—Han sucedido cosas más extrañas.

Cuando terminó la semana, ya lo había decidido. Esa era la mujer que quería que fuera mi madre.

—Por favor, regresa —le susurré con timidez, cuando se preparaba para subir al automóvil.

—Claro que sí —respondió ella con una sonrisa.

Cuando el otoño cedió paso al invierno, mi papá, Polly y yo pasamos juntos muchos fines de semana maravillosos. Cada uno que transcurría me daba una mayor certeza de que ella era la respuesta a mis plegarias. La nieve cubrió el paisaje de la granja cerca de la Navidad. Mis primas salieron a jugar mientras nevaba, hicieron hombres de nieve y se lanzaron bolas de nieve, en tanto que mi primo más pequeño trataba de atrapar los copos con la lengua. La nieve significaba diversión para ellos, pero para mí era la primera vez en mi vida que mi papá no estaría conmigo en Navidad. Sabía que los caminos que cruzaban la montaña eran demasiado peligrosos para que pudiera visitarnos.

Cuando deambulaba por la casa sintiendo lástima de mí misma, la puerta se abrió y, ¡milagro de milagros!, mi papá y Polly llegaron por sorpresa. Mientras yo conversaba alegremente, ellos colocaron sus regalos con el resto bajo el árbol.

—La carretera estaba en terribles condiciones, pero con cadenas en los neumáticos no tuvimos mayores problemas —comentó mi padre mientras se sacudía la nieve del cabello rubio—. Se necesitaría mucho más que una nevada para impedirnos llegar esta Navidad. Tenemos un maravilloso regalo para ti que no podíamos esperar a dártelo.

Me pregunté cuál de los regalos envueltos con papel brillante era el mío. Sin embargo, mi papá me miró y dijo:

—No está debajo del árbol —entonces tomó un poco de oropel de las ramas verdes del árbol y colocó las hebras de plata en el cabello rojo de Polly. Mientras veía asombrada las peculiares travesuras de mi padre, él hizo el anuncio que soñaba oír—: ¡Es Polly! Aceptó casarse conmigo y será tu nueva mamá.

Polly levantó la mano y mostró su anillo.

—¡Eso no es todo! —añadió—. Alquilamos una casa suficientemente grande para mí, tu papá, tú y tu hermano. Ustedes dos vendrán con nosotros a nuestro nuevo hogar después de Navidad —sentí que las lágrimas me escurrían por las mejillas cuando ella pronunció las palabras que tanto anhelaba oír algún día—: ¡Seremos una familia!

Cuando recuerdo los muchos regalos de Navidad que mi padre me dio a lo largo de los años, quiero agradecerle las muñecas, la bicicleta, los patines, el medallón de oro, las perlas, los suéteres de angora y mi primer reloj de pulsera. Sin embargo, más que cualquier otra cosa, quiero decir gracias, papá, por el mejor regalo de todos: el que me diste en la sala de la alquería de mi tía cuando tenía once años. Fue la respuesta a las plegarias de una niña solitaria. El precioso regalo que ha durado más de cincuenta años: una madre maravillosa.

June Harman Betts

62

Mi primera bicicleta

El timbre sonó y mi corazón comenzó a latir con ansia mientras me acercaba a la puerta. Mi padrastro Roger apareció vestido de manera informal con una camisa azul claro de botones y pantalones vaqueros. Le estreché la mano y miré el rostro curtido por la edad y el alcohol.

> La Navidad no se trata tanto de abrir obsequios como de abrir nuestros corazones.
>
> JANICE MAEDITERE

Mi madre se había ido a Las Vegas con sus amigas y mi esposa, Quyen, propuso que invitáramos a cenar a mi padrastro para que no estuviera solo en Navidad. Yo no estaba seguro, porque sabía cómo se ponía cuando bebía. En realidad no creí que fuera.

Entró y echó un vistazo al árbol de Navidad antes de seguirme a la sala. Quyen salió de la cocina a saludar a Roger y le preguntó si quería algo de beber. Él me miró nervioso y respondió: "Tal vez una coca".

Respiré con alivio mientras Quyen fue a servirle el vaso de refresco. Roger se sentó en el sofá y suspiró como un hombre que lleva a cuestas demasiado peso. Miró a su alrededor y preguntó:

—¿Y dónde está el bebé?

Kevin tenía nueve meses de nacido y esta era la primera vez que lo veía. Roger no fue al hospital con mi madre cuando nació mi hijo y nunca la había acompañado cuando nos visitaba. Había una parte de mí que aún resentía eso. Me senté en un sillón frente a Roger y le dije que Kevin estaba dormido.

Después de un poco de charla informal llegamos a un momento de silencio incómodo.

—¿Y cómo va el trabajo? —preguntó finalmente Roger.

Pensé por un momento cuánto debía contarle.

—A veces se complica mucho. Hay muchas riñas mezquinas en la escuela.

Roger se inclinó hacia delante.

—Raymond, veinte años —hizo una pausa como si eso fuera todo lo que iba a decir—. Por veinte años tuve que soportar todas esas tonterías en la Marina. Te aseguro que eso nunca termina. La peor parte fue en el Lago China…

Mientras hablaba, afloró un recuerdo. Yo tenía ocho años y nos acabábamos de mudar al Lago China, un centro de armas navales en el desierto de Mojave donde Roger estaba asignado. Era diciembre. No había nieve y no tuvimos árbol de Navidad ese año. Las cajas de la mudanza seguían arrumbadas en nuestra pequeña casa de la Marina.

Roger se acababa de casar con mi madre, pero aún no sabía qué pensar de él. Él y yo no hablábamos mucho; un patrón que continuaría a lo largo de los años. Mamá me contó que él venía de un pequeño pueblo en Minnesota llamado Pengilly. No tenía una relación cercana con su familia y se alistó en la Marina para huir de los crudos inviernos de aquella región. Eso era todo lo que sabía de él.

La mañana de Navidad, me desperté y encontré una flamante bicicleta nueva en la sala. Era una Huffy Singray, del color del césped húmedo en el verano. El marco metálico brillaba como una joya y el largo asiento acojinado en forma de plátano brillaba con un tono verde reluciente. Incluso los pedales brillaban. Me quede maravillado con el neumático trasero ancho Cheetah Slick con dibujos en zigzag.

A instancias de mi padrastro, tomé las empuñaduras del manubrio por primera vez y estas se adaptaron a mis manos como si estuvieran moldeados para ellas. La bicicleta me dejó sin palabras.

Roger rompió el silencio:

—No te quedes ahí parado, Raymond. ¡Sal a dar una vuelta!

Me encogí de hombros porque no sabía andar en bicicleta.

—Yo te ayudo —ofreció Roger.

Salimos con la bicicleta. Mi padrastro la sujetó y yo me subí al asiento. Me volví a mirarlo y cuando asintió con la cabeza, comencé a pedalear. En cuanto empezamos a avanzar, dejé caer los pies al suelo.

—Aquí te tengo sujeto, Raymond; no te vas a caer. Sólo sigue pedaleando —indicó.

Dudé por un momento, pero hice lo que me decía. Comenzamos a movernos y esta vez continué pedaleando. Mi padrastro sostuvo el asiento con su mano fuerte y firme y corrió detrás de mí al bajar por la calle. Andar en bicicleta por primera vez me hacía sentir como piloto de un planeador volando por un cielo sin nubes.

Bajamos hasta el final de la calle y luego dimos vuelta. Entonces pedaleé de regreso. Debimos de haber hecho eso veinte veces aquella mañana de Navidad, y Roger estuvo conmigo todo el tiempo.

En los días que siguieron, cuando pedaleaba más rápido, él corría también más rápido. Entonces, durante una de las vueltas por la calle, Roger gritó:

—Raymond, no mires atrás, pero has estado andando tú solo.

Sin dejar de pedalear, lo único que atiné a decir fue:

—¿Qué?

—Raymond, no te he estado sosteniendo —me informó Roger.

Corrió conmigo el resto del día, asegurándose de que estuviera bien antes de dejarme ir por mi cuenta.

Ahora, Roger estaba sentado conmigo en la sala familiar en Navidad y me contaba historias sobre la gente con la que trabajó en la Marina. Luego me habló de su experiencia escolar en Minnesota. Me contó que tuvo un pastor alemán al que llamó *Michael* que no tocaba la comida hasta que Roger se lo indicaba. A lo largo de la infancia de Roger, Michael fue su mejor amigo; era en quien más confiaba. Yo lo escuchaba y asentía con la cabeza, y después de un rato, Quyen llevó a Kevin a la sala. Colocó a nuestro hijo en la andadera y él rió y comenzó a caminar alrededor de la habitación, chocando con el sillón y con el televisor antes de llegar donde estaba sentado Roger.

Roger miró de reojo a mi hijo un momento, extendió la mano y lo saludó: "¿Cómo estás, amiguito?". Kevin tomó con fuerza el dedo índice de Roger y dejó escapar un grito de alegría.

Tuvimos una velada agradable y tranquila, cenamos jamón, puré de papas, elotes enteros y el platillo favorito de mi padrastro: tarta de calabaza. Vimos juntos *El Grinch que robó la Navidad* y le di a Roger uno de los regalos que estaban bajo el árbol. La sorpresa en su rostro era palpable, aunque guardó silencio, como aquel niño anonadado de ocho años al ver su primera bicicleta.

Más tarde, cuando mi padrastro se levantó para marcharse a casa, miró a Quyen y a Kevin antes de dirigirse a mí.

—Tienes una familia muy linda —musitó con voz entrecortada. Los ojos se le llenaron de lágrimas.

Dudé un momento y le dije:

—Feliz Navidad, papá. Gracias por venir —y dije de corazón cada una de estas palabras.

RAY M. WONG

63

Encontrar el hogar

Existe un viejo dicho que reza: "Nunca más podrás volver a casa". Desconozco sus orígenes, pero creo que guarda un poco de verdad. Dejar el hogar te cambia. Modifica tu perspectiva. A veces altera incluso aspectos fundamentales de quién eres.

Cuando estaba en la universidad me encantaba ir a casa a pasar los fines de semana. Visitaba a mis viejos amigos de la preparatoria. Sin embargo, salir con ellos era ahora diferente, como si de alguna forma hubiéramos cambiado en un periodo tan corto.

> El hogar es un refugio para guarecerse de las tormentas, de todo tipo de tormentas.
>
> WILLIAM J. BENNETT

A la mitad de mi primer año, mis padres vendieron la casa en la que crecí y se mudaron a otro pueblo. Estaba a escasos treinta minutos de la vieja casa y, a decir verdad, la nueva casa estaba más bonita. Sin embargo, sentía como si hubiera perdido una parte importante de mi infancia. Ya no podría acostarme en la cama de la habitación en la que dormí de niño o estudiar en el escritorio donde aprendí a leer. Ya no podría mirar por la ventana el columpio en el patio trasero donde mi hermana y yo jugábamos a ser Mary Lou Retton. Ya no podría ir más a "casa". Iba a visitar a mis padres y disfrutaba del tiempo que pasaba con ellos, pero ya no era lo mismo.

Cuatro años después, mis padres se separaron después de un matrimonio de treinta años. Fue desolador para todos. Mi primer hijo tenía sólo seis días de nacido cuando me dijeron que se iban a divorciar. Fue entonces cuando la verdadera pérdida me golpeó. Mi hijo recién nacido nunca conocería a mis padres como yo. Nunca iría a la casa de los abuelos a pasar la Navidad. En cambio, visitaría a uno de ellos y luego al otro. Lloré por lo que nunca tendría y por lo que el resto perdimos.

Perdimos el sentido de familia y yo sentí que había perdido mi centro de fortaleza, los vestigios de mi hogar.

Algunos años después, mi mamá se volvió a casar con un tipo sensacional llamado Doug. Él era bueno con mi mamá y fabuloso con mis hijos. Me agradaba mucho, pero él no era mi papá. "Ir a casa" significaba ahora visitar a mi mamá y a su esposo. Así es como lo veía. Como el esposo de mi madre.

Todo eso cambió el día en que mi matrimonio se vino abajo. Mi esposo me llamó por teléfono y pronunció esas tres palabras que ninguna esposa quiere escuchar jamás: "Hay alguien más".

Le llamé a mi madre con las manos temblorosas. ¿Cómo podía haber sucedido esto? Lo pensé una y otra vez mientras oía el timbre del teléfono. Finalmente alguien contestó, pero no era mamá; era su esposo. Por impulso le conté toda la historia y Doug escuchó con paciencia y compasión. Prometió hacer lo que pudiera para ayudarme en los meses siguientes.

En ese momento, ninguno de los dos sabía hasta qué punto se pondría a prueba su promesa. A los pocos meses, ya no podía pagar la hipoteca de mi casa y a mis dos hijos y yo no nos quedó más remedio que mudarnos con mi mamá y Doug. Mientras bajaba caja tras caja de animales de peluche, juguetes y ropa, Doug simplemente sonreía y decía: "Mis nietos se mudan a la casa".

Al principio era extraño vivir ahí. Antes de mudarme a su casa, nunca había estado más que algunas horas ahí, o con Doug. Su casa no se sentía como un "hogar" para mí. Simplemente era un techo sobre las cabezas de mis hijos.

Sin embargo, poco a poco la amabilidad de Doug me hizo sentir a gusto. Cuando mi mamá y él tenían planes para cenar, casi siempre nos invitaba a mis hijos y a mí a que los acompañáramos. Nunca me hizo sentir que éramos unos intrusos que habíamos invadido su espacio y su tiempo. Parecía disfrutar de nuestra presencia. Me llamaba "niña", como si fuera realmente su hija. Y más de una vez dijo que deseaba que así fuese.

Mis hijos y yo vivimos con mi mamá y Doug casi cinco meses. Aunque no había crecido en esa casa, maduré enormemente durante mi estancia ahí. Lloraba mucho, pero tenía un hombro fuerte y grande en el que podía apoyarme. Fue difícil, pero no lo hice sola. Gracias a unos oídos maravillosos y unos corazones amorosos, comencé a mejorar.

Durante ese tiempo descubrí que cuando uno decide quién es su familia, la biología es lo último que debe tomar en consideración. Doug ya no era sólo el esposo de mi madre. Se convirtió en mi segundo padre y gracias a su bondad, su casa se convirtió en mi segundo hogar.

Tal vez sea cierto que se puede volver a casa, pero algunas veces, si tienes mucha suerte, puedes encontrar un nuevo hogar.

DIANE STARK

64

Primer lugar

Mi padrastro se perdió de lo que algunos consideran los primeros momentos importantes en la vida de sus hijos. No estuvo ahí para presenciar mi primera sonrisa, mi primera palabra, mi primer diente, mi primer paso o mi primer cumpleaños.

No llegó a mi vida sino hasta que yo tenía cuatro años. Sin embargo, el pobre hombre compensó con creces lo que se había perdido de los primeros grandes momentos de mi vida.

> Actúa como si lo que haces importara, porque sí importa.
>
> WILLIAM JAMES

Me compró mi primera bicicleta y me enseñó a andar en ella. Aún oigo sus pisadas en el pasto de nuestro patio trasero mientras corría detrás de mí para sostenerme. Podía andar en esa bicicleta siempre que supiera que ahí estaba él conmigo, pero una vez que no oía sus pasos, me caía. Papá estaba sólo unos pasos atrás, agachado, con las manos sobre las rodillas, intentando recuperar el aliento. Sonreía, con la cara enrojecida y brillante por el sudor y decía: "Lo hiciste bien, Sis. Intentémoslo de nuevo".

Durante el primer año escolar, papá me escuchó leer mi primer libro. A mamá le fascina contar la historia de cómo me detenía y me costaba trabajo leerle, pero cuando le leía a papá, no perdía el ritmo ni un instante. Lo que ella no sabía es que papá me había prometido que podría quedarme hasta tarde viendo la televisión si leía bien.

Me compró mi primer automóvil y me enseñó a conducirlo. Y aunque esto no lo dejaba físicamente exhausto, estoy segura que el corazón le latía tan fuerte como cuando corría hace años detrás de mí en mi bici.

Él estuvo ahí en mi primera cita. Antes de que llegara mi amigo, papá me llamó aparte, colocó una moneda en mi mano y susurró: "Sis, coloca esto en tu zapato. Si ese muchacho quiere pasarse de listo, me llamas y voy por ti". Esa moneda en mi zapato me recordó durante toda la velada que tenía un caballero en casa y estaba a salvo.

El día de mi boda me llevó por el pasillo central de la iglesia, palmeando mi mano para asegurarme tanto a mí como a él mismo que todo estaría bien.

Sostuvo a mi primer hijo, y unos meses después me sostuvo cuando mi esposo nos abandonó. Él me ayudó a atravesar ese valle oscuro y se alegró cuando me casé de nuevo con mi esposo, Neal. Años después, sostuvo a mi primer nieto.

Puede que mi papá se haya perdido los primeros momentos que los papás primerizos experimentan. Pero eso no me importa. Él estuvo a mi lado en todos los primeros momentos que recuerdo y guardaré como un tesoro esos recuerdos mientras viva.

Gracias, papá. Estuviste presente en las cosas que realmente importan.

LINDA APPLE

65

Un verdadero padre

Cuando decidí terminar mi matrimonio después de siete años, estaba preparada para asumir mi nuevo papel como madre soltera, pero no necesariamente inclinada a aprovechar mi nuevo estado de soltería. Por mucho tiempo mi círculo social había estado formado por los compañeros de trabajo de mi esposo, sus esposas y otras madres jóvenes del vecindario. Después del divorcio, me mudé y mi exesposo se quedó con los amigos y sus esposas mientras que yo me quedé con mis hijos. Eso estaba bien para mí. No buscaba una relación y ni siquiera a alguien que sostuviera mi mano en una forma tal que pudiera sugerir incluso el más mínimo involucramiento casual. Pero unos meses después conocí al hombre que se convertiría en mi segundo esposo.

> No es la carne ni la sangre, sino el corazón lo que nos hace padres e hijos.
>
> JOHANN SCHILLER

Algo dentro de mí me decía que no lo rechazara, y esta vez haría lo que mi intuición me dictara. Kim nunca se había casado ni tenía hijos, y como madre de dos niños pequeños, sentía una enorme responsabilidad de asegurarme de que cualquier persona que entrara en sus vidas respetara y apoyara mi compromiso con ellos.

Exactamente dos años después nos casamos. El padre de mis hijos, que por cuenta propia ha admitido ser más un "amigo" de medio tiempo de mis hijos que una figura paterna, rápidamente renunció a su papel de padre para dejárselo a mi nuevo esposo. Kim aceptó este papel sin pensarlo y con entusiasmo sincero. Sus amigos y compañeros de trabajo estaban sorprendidos de que el hombre que veían como el soltero por excelencia no sólo se hubiera convertido en un esposo devoto, sino en un gran ejemplo de un padre comprometido.

De pronto, era el papá que pasaba noches sin dormir, preocupado y enojado si sentía que alguien le había hecho algún mal a los niños. Él los apoyaba en sus tareas aunque no tuviera idea de lo que era una ecuación lineal. Con frecuencia hacía uso de sus habilidades artísticas para ayudar a diseñar carritos para los Cub Scouts y carteles para la clase de biología. Cuando los niños estaban enfermos, llamaba del trabajo cada hora para ver cómo seguían. Cuando ellos expresaron interés en los deportes, se sentaba en una silla de jardín en cada práctica de futbol y también llegaba una hora antes del juego para verlos calentar. Cuando no jugaron el tiempo que esperaban durante el primer año, los inscribió en un programa de levantamiento de pesas para aumentar su fuerza y velocidad. Sorprendió a los niños con go-carts cuando eran pequeños y motocicletas todoterreno y automóviles cuando crecieron.

Nuestros dos hijos son jóvenes ahora. Ambos tienen récords de atletismo nacionales. El mayor, Tom, está en la universidad y tiene una beca completa de atletismo y su hermano menor, Dan, está en el segundo año de la preparatoria y tiene el mismo potencial. Cuando eran niños, a menudo me preguntaba si realmente comprendían lo afortunados que eran de tener un padre tan amoroso. Pero en retrospectiva, hubo momentos que era imposible ignorar la conexión que tenían.

Uno de esos momentos fue la "noche de veteranos" de Tom. Se trata de una tradición común en preparatoria en la que se reconoce a los jugadores de último año que sostendrán su último partido en casa antes de graduarse. Durante el medio tiempo del partido, el estadio estaba abarrotado de padres, hermanos y jugadores esperando en fila a que los presentaran. Como exige la tradición, yo llevaba puesto el jersey de mi hijo. El padre del jugador lleva su casco. El anunciador ordenó a los jugadores que se formaran con sus familias. Delante de mí, Tom se volvió hacia Kim y en silencio le ofreció su casco. Kim tomó el casco de la barra. Esperé a que alguno de los dos dijera algo, pero ninguno habló. Me di cuenta en ese momento de que no había necesidad de decir nada. Los dos asintieron con la cabeza cuando Tom le pasó el casco y los dos hombres se pararon hombro con hombro como un padre orgulloso y su hijo.

BARBARA EDWARDS

66

El padrastro

Estaba iracunda. Furiosa.

Mi madre viuda "andaba de novia". A los sesenta y un años, estaba, en sus propias palabras "viendo a alguien".

Ese alguien se llamaba Irv, y antes de conocerlo, ya estaba predispuesta a odiarlo. Sabrán que yo adoraba a mi papá, pese a todos nuestros problemas. Incluso de joven no había logrado desentrañar mi complicada e intensa relación con el hombre que amé tanto, y de forma tan imperfecta.

Así que este tal Irv era un usurpador, un intruso y alguien que claramente tenía ya un lugar en la vida de mi madre a sólo un año y medio de la muerte de mi padre.

> Descubrirás que si realmente intentas ser padre, tu hijo saldrá a encontrarte a la mitad del camino.
>
> ROBERT BAULT,
> www.robertbrault.com

"¿Qué estará pensando?", le preguntaba a mi hermana, que no compartía mi ira en absoluto. Ruthie había hecho las paces con mi padre antes de que nos dejara tan repentinamente una mañana de abril a causa de un infarto masivo al corazón. Tenía la conciencia tranquila. La mía estaba llena de remordimientos por todas las situaciones hipotéticas que ya nunca podrían ser.

La pérdida de mi padre era tan reciente que, pese a ser una mujer de treinta y un años, seguía enzarzada en una batalla conmigo misma. Las emociones no van a la universidad después de todo, y la pérdida de un padre no conoce plazos, en especial cuando la culpa se vuelve la dama de compañía del duelo.

Por eso aplacé conocer al tal Irv, y me conformé con escuchar lo que decía de él mi madre, que ya daba claras señales de un espíritu renovado y, ¿me atreveré a admitirlo?, de felicidad.

No era producto de mi imaginación que los ojos verdes de mi madre se iluminaran con sólo mencionar su nombre. Y eso me dolía aún más.

¿Qué pasaba con la lealtad a mi padre, su esposo de treinta y ocho años? ¿Y qué había pasado con eso de honrar y preservar su memoria?

Necesité que una buena amiga me ayudara a poner en orden mis ideas después de un almuerzo largo, doloroso y franco. Ella comprendía mi rabia, mi culpa, mi confusión, pero hizo un simple comentario que despejó el panorama: "Esto no es sobre ti", advirtió. Y cuánta razón tenía.

Me gustaría afirmar que todo mejoró a partir de entonces.

Me gustaría decir que le di la bienvenida a Irv con el corazón abierto cuando por fin lo conocí varios meses después de iniciado el noviazgo. Sin embargo, eso sería mentir.

Se necesitaron muchas más visitas de Irv para que empezara a reconocer su sentido del humor, su arrojo y su afecto evidente por mi madre. No era sencillo para mí e Irv lo entendía. Tuvo la prudencia de esperar su momento y dejar que una hija implacablemente crítica resolviera sus problemas a su propio paso.

Nunca hubo un momento específico que resolviera las cosas, ningún acontecimiento dramático. Sólo hubo una lenta, pero firme y creciente sensación de confort con el hombre y la relación que había forjado con mi madre. La ira inicial comenzó a disminuir y poco a poco me di cuenta de que estaba actuando como una niña malcriada sobre algo demasiado importante para dejarlo a la autocomplacencia.

Irv se casó con mi madre en nuestra sala dos años después de conocerse gracias a un amigo mutuo. Mi hermana y yo fuimos las damas de honor. Mis tres hijas, aún demasiado pequeñas para comprender lo que sucedía, fueron los pajecitos emocionados, las niñas de las flores, en vestidos de organdí.

Fueron esas pequeñas niñas las que finalmente me hicieron entrar en razón. Irv se convirtió en su amigo, su abuelo "de repuesto" para eventos importantes. Sólo mis dos hijas mayores recordaban a mi padre y Nancy, que era un bebé cuando él murió, estableció la conexión más pura posible con Irv.

Irv asistió a sus obras escolares, compartió las angustias de tres adolescentes, fue a sus graduaciones, cumpleaños y vacaciones y se volvió parte integral de nuestra vida. Ya no se me erizaba la piel al ver su cara en las fotos familiares y sentir sus abrazos en aquellos momentos importantes.

En algún momento dejé de pensar que este hombre de cabello canoso y espíritu juguetón era un mal sustituto de mi padre.

Su hijo, hija y nietos pasaron a formar parte de nuestro tapiz. Éramos ese fenómeno sociológico que llaman familia mixta en nuestra edad madura.

Irv y mamá estuvieron casados diecinueve años. Tenían planes para la celebración de su vigésimo aniversario, pero el agresivo cáncer de próstata de Irv les impidió llevar a cabo ese plan.

Fueron las últimas visitas a Irv al hospital las que sellaron sin palabras nuestra relación.

En sus últimos días, yo entraba de puntillas a su habitación para relevar a mi madre que había pasado la noche en vela cuidándolo, y me sentaba a su lado. Nunca estuve segura de si él se dio cuenta de mi presencia, ya que entraba y salía de la inconsciencia.

Sin embargo, en cada ocasión tomaba su mano en la mía.

Cada vez, quiero pensar, él sentía no sólo mi presencia, sino mi total y absoluta aceptación.

Ya era hora.

Un hombre llamado Irv había dejado de ser el enemigo.

Y cuando falleció una bella mañana de primavera, lloré, y también me alegré de que una hijastra tonta y su paciente padrastro hubieran encontrado finalmente su camino hacia la paz.

Sally Schwartz Friedman

67

Al pasar el tiempo

Me desperté con un bostezo cuando una de mis damas de honor entró en mi habitación con una gran sonrisa en el rostro.

—¡Es hora de levantarse! ¡Hoy te casas! —rió feliz.

No pude evitar sonreír cuando la vi salir de la habitación dando brincos, llena de brío. Me desperecé poco a poco y entonces el nerviosismo se apoderó de mí. Hoy era el día en que me casaría con el hombre con el que había compartido los últimos seis años de mi vida. Me casaría con mi mejor amigo, con el hombre que era el dueño de mi corazón, mi confianza y mi amor.

> La mayoría de nosotros nadamos contra marejadas de problemas que el mundo no conoce y necesitamos sólo un poco de aliento o estímulo para llegar a la meta.
>
> JEROME FLEISHMAN

Como era hija adoptiva que venía de una familia plagada de problemas de alcohol, abuso y decepciones, no comprendía cómo debía ser un padre. A los ocho años me colocaron en mi primer hogar adoptivo. Pasé muchas horas de tormento deseando y rezando que algún día pudiera pertenecer a alguien. En secreto envidiaba a mis amigas que eran las "consentidas de papi". ¡Cómo deseaba lo que ellas tenían! Desafortunadamente, no encontré lo que buscaba en mi primer hogar adoptivo y, cinco años después, me colocaron en una nueva familia. Ese nuevo hogar adoptivo resultó ser complicado, pero pronto "adopté" a la familia como propia, así como ellos lo hicieron conmigo. Con el tiempo me sentí lo suficientemente cómoda como para llamarlos "mamá" y "papá".

Mientras mis damas de honor me ayudaban a darle los últimos toques a mi maquillaje y a mi vestido, mi papá entró con un paquete grande en los brazos.

—Hola, papá —sonreí cuando se acercó a darme la caja—. ¿Qué es? —le pregunté.

—Sólo es un detalle de parte de tu mamá y de mí.

Respiré lentamente mientras abría la caja para sacar el regalo. Era un hermoso jarrón de cristal con un marco para retratos de un lado y un pequeño reloj de oro del otro. La inscripción del reloj decía:

Cindy: al pasar el tiempo,
siempre estaremos cerca,
Mamá y papá

Le sonreí a mi papá, esforzándome por reprimir las lágrimas.

—Me encanta.

En seguida salimos de la casa para que mi padre pudiera entregarme y comenzara una nueva vida con mi esposo.

En noviembre de 2006 (dos años y medio después de casarme), llamé a mi papá hecha un mar de lágrimas.

—Papá, quiere separarse de mí.

—¿Qué? —preguntó sorprendido—. Estoy seguro que es sólo una pelea.

Lloré con más intensidad y le expliqué que esta vez era diferente. Fue a la casa inmediatamente e hizo todo lo que estaba en su poder para salvar mi matrimonio. Tristemente, la separación fue inevitable y una semana después me mudé de regreso a la casa de mis padres. Me quedé sin trabajo, sin dinero y sin la vida que conocí por tanto tiempo. Estaba inconsolable. El dolor, las lágrimas y el sentimiento de profunda desolación eran más de lo que podía soportar. En verdad pensé que moriría de tristeza.

Sin embargo, con la fuerza, apoyo y amor de mi familia (en especial de mi papá), y con la fortaleza interna que hallé en mí, poco a poco comencé a sanar.

La siguiente Navidad (después de un año de mi separación), no tenía mucho dinero y seguía luchando por recuperarme y valerme por mí misma. Me sentía culpable porque quería compensar a mis padres por todo lo que habían hecho por mí durante ese año, pero todo lo que pude comprar fue una tarjeta navideña. En el interior de la tarjeta escribí lo siguiente:

Mamá y papá:
Al pasar el tiempo,
Siempre estaré cerca.
Cindy

Mi papá se levantó de su silla cuando terminó de leer la tarjeta, se la pasó a mi mamá y se apresuró a salir de la habitación. Mi mamá se levantó de su silla y me susurró al oído: "Tu papá está llorando".

Aspiré profundamente y exhalé, se me saltaron las lágrimas. No era mi intención hacer llorar a mi padre. Sólo lo había visto mostrar emociones así dos veces desde que estaba con ellos, ambas ocasiones relacionadas conmigo y lo que había tenido que pasar.

Cuando pienso en el fracaso de mi matrimonio, en las lágrimas y el dolor que estaba segura de que nunca terminarían, no puedo imaginar qué habría hecho de no tener a mi padre a mi lado. Sin él, no habría podido superar los problemas como lo hice. No habría podido levantarme y empezar mi vida de nuevo. Sin él, no tendría la hermosa casita que hoy tengo. Sin mi papá, no sería la persona que soy ahora.

Mi padre y yo siempre hemos sido cercanos y sé que siempre será así. Hay un lazo entre nosotros que no puede romperse; un lazo que no puede cambiar. Y al fin me di cuenta de que no es la sangre lo que nos une. Es el amor.

CYNTHIA BLATCHFORD

Caldo de Pollo para el Alma

7

CAPÍTULO

Lazos que unen

68

La carrera del río Cherslatta

Hay algo sobre el dolor compartido que puede unir a dos personas. En este caso, las dos personas éramos mi papá y yo, y el dolor surgía de una carrera en canoa.

Mis padres se divorciaron cuando era pequeño. Terminé mudándome a la ciudad con mi mamá y mi hermana, por lo que no veía a mi papá tan seguido como hubiera querido. El verano era genial porque mi hermana y yo pasábamos varias semanas de visita con él en medio de la nada en la parte central de British Columbia, donde íbamos de pesca, montábamos a caballo, salíamos de excursión, acampábamos y hacíamos canotaje. La cantidad de tiempo que pasábamos juntos era poca, pero la calidad siempre fue muy alta.

> No esperes hacer de tu hijo un gran hombre; haz de él un gran muchacho.
>
> AUTOR ANÓNIMO

Algunas veces me pregunto si la carrera en el río fue uno de esos momentos valiosos. Los brazos me duelen de sólo pensar en ella.

Yo tenía quince años y no era muy atlético, así que usar mis músculos para competir era en realidad una experiencia nueva. Mi papá y yo habíamos pasado muchas horas en la canoa, pero no en aguas rápidas y nunca con prisa. Participar en la carrera del río Cheslatta fue mi idea, y una cuestión improvisada que era más un pretexto para mucha gente para hacer una fiesta que una verdadera competencia. En esa competición participaban personas con balsas y neumáticos y sólo algunos se molestaban en llevar remos. Sin embargo, mi papá y yo optamos por ser uno de los cuatro equipos que quería velocidad.

Analicé a los otros competidores en canoa. Había poca duda de que el primer lugar se lo llevarían los dos hombres con la canoa de tecnología de vanguardia, cuya velocidad se adivinaba con sólo verla en la playa. También estaba seguro de que el segundo lugar lo ocuparían los amigos alemanes de mi papá, Klaus y Dieter, que eran trabajadores forestales, grandes y fuertes. Claro, he de admitir que su canoa se veía más vieja que Matusalén y estaba unida con cinta adhesiva, pero me imaginaba que los músculos esculpidos por la tala de árboles podrían impulsar un Buick por el río a muy buen paso.

Los últimos competidores eran otro equipo de padre e hijo, y parecía que estábamos parejos físicamente y también en la calidad de la canoa.

—Parece que vamos a luchar por el tercer lugar —señaló papá, confirmando mis cálculos.

Poco después la carrera dio inicio y yo arruiné todo.

No estoy seguro de lo que hice mal, pero mis habilidades de coordinación se transformaron en las de un cachorro de seis semanas de nacido. Nos dirigimos hacia la primera vuelta y estuvimos a punto de hundirnos. La canoa se sumergió peligrosamente cerca de la línea de flotación y terminamos con veinte centímetros de agua en el fondo de la canoa.

—¡Llévala a la orilla! —gritó mi papá desde atrás—. ¡Por estribor!

Llevamos la canoa a tierra y saltamos para achicar el agua.

—Perdón, papá —me disculpe cuando volvimos a subir a la canoa. Los otros equipos desaparecían rápidamente de nuestra vista por el río.

—No te preocupes. Los vamos a alcanzar.

Yo no me sentía muy optimista al respecto, pero me esforcé esperando que no fuéramos los últimos en cruzar la meta. Por fortuna, había un largo tramo recto después del percance del que casi tuvimos que salir nadando, y pude entender cómo manejar mejor la canoa en aguas turbulentas antes de que llegáramos a la siguiente vuelta. Mi papá gritaba indicaciones y también me apoyaba desde atrás: "¡Vuelta rápida a la derecha! ¡Eso es, sigue! Nos estamos acercando".

Y en verdad nos estábamos acercando. El otro equipo de padre e hijo parecía estar mucho más cerca.

La distancia que se acortaba y las exhortaciones de mi papá me motivaron a remar con más fuerza. Me dolían los hombros, pero después de un rato se adormecieron y funcionaron en piloto automático. A la mitad de la carrera alcanzamos el tercer puesto al salir de una curva cerrada donde casi cometo un grave error de nuevo.

Estaba impaciente por pasar al otro equipo, pero mi papá me detuvo antes de que provocara otra catástrofe.

—Espera, los pasaremos en el tramo recto —dijo.

Y así fue.

No nos dejaron pasar sin luchar, pero mi papá y yo aceleramos al máximo y alcanzamos el tercer puesto. Estaba determinado a no perderlo. Nos habíamos esforzado mucho para llegar hasta ahí y sentía que los brazos podían aguantar el resto de la competencia. No tenía duda de que mi papá también aguantaría.

Estaba feliz.

Entonces vi a Klaus y a Dieter no muy lejos y sentí otro impulso competitivo alimentado por la adrenalina.

—Vamos a alcanzarlos.

Mi papá rió de esa forma suya tan particular que no podía evitar hacer que la canoa temblara.

—Yo estoy listo, si tú lo estás.

Klaus y Dieter podían ser muy fuertes, pero también mi papá. Fue una dura batalla de hombros rechinantes y vértebras que crujían. Remamos con fuerza para alcanzarlos, pero cuando vieron que nos emparejábamos, su orgullo no nos iba a permitir vencerlos. Tenían expresión de determinación inquebrantable y se rehusaban a perder ante un equipo que incluía a un adolescente citadino. Por unos segundos nos adelantamos unos centímetros y nos colocamos en segundo lugar, pero ellos renovaron esfuerzos y se emparejaron de nuevo.

Llegamos a la orilla al mismo tiempo donde esperaba la multitud que nos aclamaba, y entonces la tortura final comenzó. Para completar la carrera debíamos cargar la canoa a unos 60 metros de la playa para cruzar la meta. Yo salté fuera, tomé la manija de adelante y empecé a correr, pero mi papá sabía lo que ocurriría. Los habíamos alcanzado en el agua porque teníamos una mejor canoa, pero comprendía que no teníamos esperanza de vencerlos cargando la canoa en tierra.

—Está bien —me frenó—. Obtuvimos el tercer lugar. Les dimos una buena batalla.

Klaus y Dieter corrieron como dos niños que acababan de oír la campana de salida de clases el viernes por la tarde, y entendí que mi papá tenía razón. Aun así, me sentí victorioso porque jamás pensé que pudiéramos llegar tan cerca del segundo lugar.

Cruzamos trotando la meta y mi papá y yo nos abrazamos con fuerza.

—Nos divertimos, ¿eh? —y me dirigió una sonrisa pícara.

Tenía razón. Nos habíamos divertido mucho.

Una hora después, adolorido y cansado, estaba comiendo mi tercer hot dog de la tarde cuando mi papá se acercó.

—Tienes una enorme mancha de mostaza en la cara.

Le iba a decir que estaba demasiado cansado como para que me importara, cuando me hizo señas rápidas con los ojos para que mirara a mi izquierda. Me volví y vi a Mariah, mi amor de adolescente, que venía hacia nosotros.

A diferencia de una madre que me habría tomado de la barbilla y me habría limpiado meticulosamente la cara con una toalla húmeda, mi papá fue discreto. Sacó un pañuelo, me limpió la mostaza con un movimiento rápido y luego me dio una enérgica palmada en el hombro.

Me hizo girar hacia Mariah, sin soltarme el hombro adolorido y dijo:
—Este muchacho remó con todas sus fuerzas hoy —y se marchó.

Mariah sonrió.

—Vi cuando llegaron a la meta. Por poco vencen a Klaus y a Dieter.

Pude haber dicho muchas cosas en ese momento, o pude haber sufrido un ataque de parálisis de adolescente frente a una chica, pero opté por darle crédito a quien se lo merecía.

—Mi papá hizo casi todo el trabajo.

JAMES S. FELL

69

El hombre que aprendió a deshacer el tejido

> Los recuerdos están cosidos con amor.
>
> AUTOR ANÓNIMO

El arte de hilar siempre había sido exclusivo de las mujeres en mi familia. Aún no estoy seguro exactamente del porqué. Mi papá era feminista y nunca denigró la labor de coser diciendo que era "trabajo para mujeres". Sé que en realidad se alegraba cuando mi madre ponía agujas para tejer en las manos de todos los niños de la tropa de los boy scouts de mi hermano. Pero pese a todo ese apoyo, rechazaba sistemáticamente cualquier oportunidad para aprender a tejer. Por lo tanto, cuando llegaba el sábado por la tarde y era hora de salir a "divertirse" en familia, siempre éramos mi madre y yo los que acabábamos en la tienda de hilos y estambres. Mi papá y mis hermanos se iban a hacer alguna otra cosa.

Ahora, desde la perspectiva de una hija, esto era maravilloso. Significaba que mi madre y yo teníamos algo exclusivo que compartir y muchos de los problemas y dificultades de mi adolescencia se discutieron durante esas salidas semanales a comprar estambre. Sin embargo, eso significaba excluir de alguna forma a mi padre; un problema que no se puso de manifiesto sino hasta que volví a casa después de la universidad; la única hija que regresó al nido familiar. En cuanto desempaqué mis cajas, mi mamá y yo reanudamos nuestra tradicional salida de los sábados a comprar estambre, justo como era antes de que partiera, y esta vez, agregamos algo más: rentábamos una película de suspenso o comedia para ver en casa mientras trabajábamos en nuestros proyectos de tejido.

Al principio, mi papá decía que sólo nos acompañaba para ver la película. Sin embargo, al pasar las semanas, me di cuenta de que él veía cada vez menos la pantalla y más el tejido que aumentaba y crecía sobre nuestro regazo. Comenzó a prestar atención a nuestras charlas en voz baja sobre los colores y contenido de las fibras con una mirada curiosa y melancólica; melancolía que sólo aumentaba al comprender de cuántas cosas podíamos hablar mi mamá y yo mientras tejíamos y la cercanía que nos daban esas conversaciones. Entonces llegó el día en que comencé a llenar la mesa de café con madejas recién compradas para empezar a tejer un suéter, como planeaba.

—¿No necesitan hacer bolas o algo así con esas madejas? —preguntó mi papá—. Algunas veces le ayudaba a tu mamá con eso antes de que ustedes nacieran.

En realidad, no era necesario formar bolas de estambre. Todas las madejas eran de fábrica y se podían devanar sin problema; no eran esos hilos sueltos que mi papá recordaba de la década de 1960. No obstante, esa expresión melancólica en su cara había vuelto y asentí; después de todo, ¿qué tenía de malo? Le di una madeja de estambre y una lección rápida para hacer bolas. No quiso oír mis consejos y adujo que mi madre ya le había enseñado lo básico tiempo antes de que yo naciera. Así que cada uno se concentró en su proyecto. Yo tejía, mi papá enrollaba y mi mamá tejía con ganchillo en rincón.

Debo admitir que tenía mis dudas acerca de cómo quedaría el estambre que mi papá enrollaba. Sin embargo, cuando terminó la película, me entregó una bola firme y perfectamente formada que ocupaba la mitad del espacio del hilo original. Cuando mamá y yo lo felicitamos, mi papá se sintió un poco incómodo y encogió los hombros

—Es mejor que estar aquí sentado sin hacer nada —repuso con aspereza. Entonces miró el resto de las madejas y preguntó de pronto, esperanzado—: ¿Quieren que haga lo mismo con las otras?

Así nació una nueva tradición. En los meses siguientes, cuando llegaba la hora de ver la película, mi papá enrollaba pacientemente las madejas de estambre mientras mamá y yo tejíamos. Desafortunadamente, es posible que un hombre determinado enrolle más bolas de estambre que las que hasta la tejedora más dedicada del mundo pueda trabajar en el mismo tiempo, y a la larga, mi papá ya había enrollado todo el estambre que teníamos, incluidos los restos de otros estambres de la colección de cuarenta años de mi mamá. La familia entera enfrentó un serio problema. ¿Qué otra cosa podía hacer una persona que no sabía tejer para ocuparla en lo que se había vuelto un pasatiempo familiar?

El problema se solucionó el día que descubrí que había cometido un terrible error en el suéter. Creo que exageré mi frustración; mi mamá terminó deteniendo la película para ver si podía ayudarme. Desafortunadamente, no había forma de enmendar el error y había que deshacer varios centímetros de tejido.

—Pero odio deshacer el tejido —me quejé—. Con ganchillo se puede deshacer una fila sin preocuparse de perder una puntada. Pero el tejido con agujas es diferente.

Mi mamá sonrió de manera condescendiente, ya que había deshecho un millón de puntadas en su vida, y volvió a su tejido para que dejara de quejarme y siguiera con mi trabajo. Pero papá, que había estado pendiente de toda la discusión, intervino de pronto.

—¿Puedes enseñarme a hacerlo? Así podrás seguir adelante con algo más divertido.

Tanto mi mamá como yo lo vimos con escepticismo. Entonces me di cuenta del regalo que me ofrecía.

—Por supuesto —respondí. Después de un breve cursillo en el arte de deshacer los puntos, mi papá puso manos a la obra. Y esta vez, cuando acabó la película, me entregó un suéter perfectamente deshecho, sin haber perdido un solo punto. No sólo eso, sino que el estambre del tejido deshecho estaba enrollado en una bola muy bien hecha.

—Ya sabía cómo hacer eso —explicó mi papá, guiñando el ojo. Su hija agradecida lo premió con un gran abrazo.

Mi papá ahora se considera el "equipo de apoyo" oficial de todas nuestras labores de tejido y costura. Hasta el momento se ha resistido a que le enseñemos a tejer con ganchillo o con agujas, pero la última vez que fuimos a una feria de manualidades pasó mucho tiempo examinando las ruecas que estaban en exhibición.

—Al paso que van tu mamá y tú, sería útil que alguien de la familia supiera hilar, ¿no crees? —preguntó.

Desde luego que sí.

KERRIE R. BARNEY

70

Amor en una regla T

—¿Sabes qué dicen, Sheila? —preguntó papá mientras organizaba la madera, mesa de trabajo y herramientas—. Planea tu trabajo y trabaja de acuerdo con tu plan.

Tomó una hoja de papel y un lápiz y procedió a dibujar las escaleras que estábamos construyendo para la cuesta que estaba detrás de la casa frente al lago de mis padres. Alcancé a ver de reojo la sonrisa de "lo tengo" en su cara.

Era un día fresco y nublado de principios de octubre, en el apogeo del otoño al norte de Michigan, cuando papá me invitó a ayudarlo con este proyecto. Yo ya era una mujer adulta e independiente, que iba a casa a pasar los fines de semana y agradecía la oportunidad de aprender del maestro artesano. Pero también comprendía que esta extraña invitación significaba que debía estar atenta y en silencio y seguir sus órdenes.

> Pon el corazón, mente, intelecto y alma hasta en los actos más insignificantes. Este es el secreto del éxito.
>
> SWAMI SIVANANDA

Comenzamos después del desayuno. Mi padre llevaba puesto su overol gris oscuro, que se ponía para el trabajo serio y pesado como construir el muelle o transportar maleza. Un halcón volaba en lo alto y las ardillas correteaban de un lado a otro. Después de colocar los postes procedió a anudar los largueros.

—Sostén esto —ordenó y me dio un tablón de cinco por veinte centímetros.

Se acomodó sus gafas de seguridad. Me encogí esperando el ruido de la sierra que atravesaba la madera; en cambio, papá bajó la sierra y tomó la cinta para medir.

—Mide dos veces, pero corta sólo una vez —me aconsejó.

Cuando empezó a cortar con la sierra, aspiré el dulce aroma de la madera recién cortada y vi el aserrín que se apilaba en el suelo.

Mi papá era veterinario, pero su pasatiempo era trabajar con madera y dirigía su vida con la precisión y previsión de un maestro carpintero. Reticente y muy disciplinado, le gustaban las cosas limpias y ordenadas. Su paciencia a veces se ponía a prueba en una familia con seis niños. Recuerdo que lo observaba en su mesa de trabajo en el garaje, totalmente concentrado, mordiéndose los labios. Si me quedaba callada y no lo interrumpía me dejaba ajustar el torno del banco o probar a dar algunos golpes con el martillo.

Aunque su porte severo me intimidaba, respetaba su habilidad y talento. Cuando me asignaba una tarea significaba que debía llevarla a cabo de acuerdo con sus normas de calidad. Prestaba mucha atención a sus instrucciones precisas para todo: desde cómo sostener un desarmador hasta pintar (me enseñó a hacer agujeros espaciados de manera uniforme a lo largo de la canaleta de una lata de pintura para atrapar lo que escurría).

Presté atención ese día que construimos las escaleras. Como una enfermera que ayuda al cirujano, obedientemente le pasaba las herramientas que me pedía. Cortó los peldaños y me enseñó a clavarlos a los largueros golpeando los clavos con el martillo desde cierto ángulo. Pasamos todo el día trabajando en silencio, excepto por las instrucciones periódicas de papá. Cuando terminamos el trabajo, con cuidado guardamos las herramientas en sus lugares designados.

—Guarda las herramientas y deja limpio tu espacio de trabajo —me recordó.

Bajé detrás de él por los nuevos escalones y entramos en la casa donde nos sentamos a la mesa de la cocina a comer helado de mantequilla y nuez, orgullosos del buen trabajo realizado.

Mi padre observaba las cucharadas de helado antes de introducírselas en la boca y, sin mirarme, pronunció las palabras que contribuyeron a darme el sólido sentido de autoestima que me ha estabilizado en muchos momentos difíciles.

—Buen trabajo.

Papá no expresaba esas palabras sin realmente sentirlas. Cuando decía "buen trabajo" lo decía en serio y su aprobación me reconfortaba más que un abrazo. Cuando me felicitaba por mi trabajo sentía una embriagadora sensación de orgullo.

Esas ocasiones en que tuve la buena fortuna de trabajar con papá me ofrecieron mucho más que lecciones de carpintería, mucho más que consejos prácticos sobre la vida: planea, revisa tu trabajo y limpia tu desorden.

Trabajar lado a lado con papá me permitió ver cómo se regocijaba en su trabajo, ver esa chispa que destellaba en sus ojos, compartir su sentimiento de orgullo y admirar al hombre increíblemente inteligente y talentoso que era. Nunca me sentí más cerca de papá que cuando me dejaba entrar en su mundo de herramientas y proyectos de construcción y reparación.

Esos momentos fueron un regalo y quedarán grabados en mi memoria al igual que un beso de despedida se queda grabado en el corazón.

SHEILA M. MYERS

71

El mejor regalo de todos

—¡Mira! ¡Ahí está Dave Righetti! —mi padre señaló al más alto de dos hombres que salían del Estadio Municipal de Cleveland. Era la hora del crepúsculo y la penumbra había empezado a surgir del pavimento, dejándonos en una fresca y agradable sombra veraniega.

> Los niños deletrean así la palabra amor: T-I-E-M-P-O
>
> JOHN CRUDELE

—¿De verdad? —miré al lanzador de los yankees. Habíamos esperado media hora a que los jugadores se ducharan, cambiaran y salieran para pedir algunos autógrafos.

—¡Ve! —dijo mi papá, pero yo ya estaba corriendo hacia Rags con bola y bolígrafo en mano. Cuando regresé con mi papá y levanté con orgullo la pelota de beisbol firmada para enseñársela, él se inclinó y me preguntó:

—¿Sabías que el que estaba con él era Steve Sax?

—¿El segunda base? —pregunté asombrado y di media vuelta de inmediato, pero los yankees ya habían desaparecido—. ¡Diablos! —mi papá se rió y me dio una palmada en el hombro. Tal vez para la próxima.

A los doce años, este fue el primero de muchos viajes anuales que mi papá y yo hicimos a Cleveland para ver jugar a los yankees y tratar de conseguir autógrafos. Se volvió una cuestión exclusiva entre padre e hija. En algún momento en marzo, examinábamos el calendario de los partidos de beisbol de las ligas mayores para ver cuándo iban a estar nuestros *yanks* en Cleveland, que estaba a sólo cuatro horas de la casa. Mientras tanto, consultábamos los resultados en el periódico y nos quedábamos despiertos hasta tarde para ver los partidos por televisión.

Y una vez que llegaba el clima cálido, hacíamos el largo viaje a Cleveland, mientras hablábamos de beisbol, la escuela y mi temporada de softbol. Mi papá, que era todo un experto en beisbol, también era mi entrenador.

—Alinea los nudillos de la mano izquierda con los de la mano derecha. Agáchate un centímetro cuando estés al bate. Así —papá me acomodaba las manos cuando íbamos a practicar al campo vacío, con el sol de verano brillando a nuestras espaldas. Acababa de regresar de un campamento de entrenadores el fin de semana y tenía nuevas sugerencias para ayudarme a mejorar mi promedio de bateo. Por alguna razón esos consejos funcionaban como por arte de magia. Papá corría al montículo y me lanzaba bolas. Yo bateaba y el sonido del golpe era dulce y satisfactorio. La bola salía disparada por encima del diamante y caía en el jardín de centro derecha. Papá asentía con la cabeza, muy sonriente.

—De nuevo —pedía y revisaba mi forma de sujetar el bate para asegurarme de que los nudillos estuvieran colocados correctamente—. Lánzame otra bola.

Posteriormente ese mismo verano, bateé mi primer jonrón y mi papá me levantó en brazos cuando salté hacia él después de cruzar el plato de home.

—Ese hit se sintió bien —comenté, abrazándolo con fuerza.

—Claro que sí —papá sonreía tanto como yo y pensé que seguramente estaba igual de contento que yo.

Durante los siguientes seis años, mi papá me vio batear docenas de cuadrangulares y ganar la posición de jugadora más valiosa y All-Star en varios torneos y en distintos equipos. Asistió a cada juego, ya fuera como entrenador o como espectador, y me ayudó a mejorar mi postura y a aumentar mi confianza a lo largo de los años.

Continuamos realizando nuestros viajes a Cleveland y también a otros lugares.

—¿Quieres ir en avión a Kansas a ver K-State? —me preguntó una mañana de primavera cuando tenía quince años.

En la cocina, mi mamá enarcó la ceja mientras miraba a papá.

—La llevaré —continuó—. Me gustaría volver a ver mi alma máter. Podemos ver los vuelos por la tarde.

—¡Claro! —exclamé. ¿Por qué no? Nunca había ido tan lejos al Oeste y quería conocer el lugar donde mis padres fueron a la universidad.

Y quién sabe, tal vez me gustaría la escuela para hacer una solicitud de admisión.

Así que fuimos. Mi papá y yo. Nos sentamos lado a lado en el avión, y charlamos sobre mi vida en segundo año de la preparatoria, los maestros que me agradaban, la clase de economía que me hacía llorar, mis amigos, los deportes y el futuro. Éramos como camaradas en el auto alquilado cuando llegamos al campus y nos perdimos y cuando encontramos el camino de regreso. Cuando necesité ir con urgencia al oftalmólogo después de que un pedazo de metal se me metiera al ojo, mi papá buscó a dónde ir y me llevó. Siempre me cuidó.

Después de ese fin de semana, me di cuenta de que no podía ir a una universidad que estuviera lejos de casa.

Mi papá no es de los que envuelve regalos de Navidad o de cumpleaños, mucho menos de los que va a escogerlos. Esa tarea le corresponde a mi mamá y lo hace muy bien. Pero los regalos que me dio mi papá cuando era niña, como las visitas a universidades, los partidos de beisbol, una mejor postura de bateo, sus consejos, risas y confianza crearon recuerdos que son más valiosos que cualquier pulsera o par de calcetines.

Ahora que mi papá viene a visitar a mi familia, pasa horas rodando por el suelo con mi hijo, haciéndolo reír, empujándolo en el columpio en el parque o leyéndole en el sofá. En su más reciente visita a Boston, a más de seis horas de distancia de la casa en la que crecí, mi papá dijo:

—Me encantaría entrenar a Aidan en la Liga Menor. Me gustaría mucho que viviéramos más cerca.

A la casa llevó libros y pijamas que mi mamá había elegido, pero de su parte, pues llevó su presencia y eso era más que suficiente.

Por casi treinta y tres años mi papá me ha dado más de lo que podría dar cualquier padre. Me dio lo que un niño ultimadamente considera lo más valioso que le pueden dar sus padres. Es el material del que están hechos los recuerdos, de lo que se toman fotografías y se catalogan con los años. Lo que no cambiaría por nada es exactamente lo que mi papá me dio y lo que para algunas personas es lo más difícil de dar. Sin embargo, él me lo dio en abundancia con generosidad, alegría y con tanta frecuencia como le era posible.

Mi papá me dio, y sigue dándome, su tiempo. Y por eso estoy muy agradecida.

MARY JO MARCELLUS WYSE

72

Desayuno

—¡Hola!

—Buenos días.

Mi padre busca en el bolsillo de la camisa y saca un billete de cinco dólares antes de que siquiera piense en alcanzar mi bolsa para sacar mi billetera. Cada día que ha estado en el pueblo desde el día después de Navidad, he pasado por el McDonald's en la avenida De Renne que frecuenta cada que viene a Savannah a visitarme. Es algo muy sencillo: siempre llega ahí primero, termina su bísquet de salchicha y su café, con la mirada fija en el periódico que tiene delante de él, bolígrafo en mano, anteojos de leer equilibrados en la nariz y actitud modesta cuando entro. No soy ninguna sorpresa a estas alturas. Lleva en el pueblo una semana y sale temprano de la casa todas las mañanas "para no estorbar" mientras preparo a mi hija para la escuela. Cada mañana me llama la atención que levante la mirada de su crucigrama para observarme mientras me aproximo a él y ponga cara de felicidad como si mi llegada fuera una agradable sorpresa.

> Aún a su edad, extrañaba a veces a su papá.
>
> GLORIA NAYLOR

—Gracias —le digo mientras tomo el billete de cinco dólares. Nuestras caras tienen expresión de placer mutuo. Me gusta sorprenderme con cada visita en la que vuelve a ser mi papi, ya que eso significa que puedo ser una hija de nuevo; no esposa, madre o maestra, como tampoco experta en la lavadora de platos; sólo hija. Esta mañana me toca ser una niña.

Al aproximarme al mostrador donde el menú resplandece frente a mí, que me parece más el de un restaurante de cinco estrellas que uno de comida rápida, el olor de la comida con mantequilla entra por mi nariz y me reconforta el ruido de la máquina despachadora de bebidas que caen en vasos de plástico. En vista de que ya no tengo el hogar, o cocina, de mi infancia para desayunar ahí con mi papá, esto se ha vuelto una especie de hogar sustituto, con lo cual estoy muy conforme.

Aquí no hay recuerdos de pleitos familiares ni recordatorios de que la habitación tiene demasiada luz, está demasiado oscura o que necesita remodelación. Sólo estamos nosotros con el suave coro de las risas de los jubilados que también frecuentan el lugar después de las vacaciones y se sientan en sus mesas habituales, y el billete de cinco dólares de mi padre que uso cada mañana para comprar lo mismo: un combo de desayuno número uno, compuesto por un McMuffin de huevo, papas hash brown y una coca-cola azucarada que burbujea al entrar en mi boca y me aviva los ojos aún soñolientos.

Durante estos desayunos, mi papá y yo charlamos. Debatimos sobre política y finanzas, compartimos el periódico y hablamos del pasado. Nos interrumpe solamente el comentario ocasional que hace mi padre a alguna persona que pasa por ahí. "¿Necesita ayuda con eso?", le pregunta a la mujer que va en andadera y tiene problemas para pasar junto al árbol de Navidad, o "¿Qué tal la gente de hoy? Está lleno, ¿verdad?", que le dice al gerente bigotón del McDonald's, de quien se ha hecho amigo.

Sin embargo, mi tema favorito de conversación durante el desayuno es cuando mi padre habla de sus recuerdos.

—Yo era el más veloz del condado de Darlington —asegura y sus ojos se iluminan como si despidieran chispas cuando recuerda sus juegos de futbol americano y me cuenta que haber jugado en la preparatoria St. John en Carolina del Sur fue lo más cercano a la gloria que pudo conocer. Me cuenta que era muy rápido, mientras cambia su media sonrisa por una mueca de dolor y cambia de postura, ya que "me duele de nuevo el hombro".

Nos sentamos a una pequeña mesa cuadrada lo más cerca posible de la luz directa del sol. Mi padre se sienta de tal forma que los rayos del sol pasan justo por su hombro y su cadera lastimada a través del vidrio de la ventana del restaurante. Esta imagen suya ahí sentado me recuerda a un gato. Mi padre, el gato, quien podía cruzar a toda velocidad un campo de futbol como un felino, como un puma, y que ahora estira las piernas debajo de la mesa del restaurante para que el sol alivie un poco sus dolores, que son consecuencia de demasiados años de trabajo y sacrificio y miles de campos de futbol.

Las horas de la mañana dan paso a la tarde. ¿Cuánto tiempo ha transcurrido desde que entré al restaurante y lo vi ahí sentado? El McMuffin de huevo y el bísquet de salchicha se acabaron hace mucho. Los cafés y los refrescos se terminaron y se rellenaron y el ritual de mi padre de darme el "postre" después del desayuno llega antes de levantarme: pay de limón casero que le dio un viejo vecino que vive frente a la casa de mi niñez.

—Sólo una rebanada —me pide antes de que me vaya, al tiempo que saca un cuchillo para cortarlo.

Como una rebanada pequeña y deliciosa que en realidad no necesitaba. Sólo quiero disfrutar del sabor. Pero no se trata del sabor del pay de limón. Lo que quiero es una última experiencia tangible que me recuerde a mi padre. Una más para el camino. Mañana se va.

Con el pay de limón vienen algunas historias más sobre su infancia que no puedo resistir. Mastico mi rebanada. Cierro los ojos y lo oigo reír: una combinación de los ruidos que hace para aclararse la garganta y sus carcajadas. Memorizo su risa y la asimilo como el calor del sol que entra por los cristales del restaurante cubiertos con dibujos decorativos de hombres de nieve y bastones de caramelo. Al levantarme de mi asiento para regresar a mis labores habituales, me voy llena de felicidad y satisfacción. Ya sea que tenga cinco o treinta y cinco años, mi padre aún me rescata a veces de las responsabilidades de la vida y me da de desayunar y, en el proceso, colma mi apetito y mi espíritu.

DONNA BUIE BEALL

73

Entrenador

—¡Vamos Steffie! —los gritos de ánimo seguidos por una tos ronca e intensa me alegraron de alguna manera. Al patinar por la pista con mi vestido corto rojo con diamantes de imitación traté de mantenerme concentrada en la rutina de calentamiento. *Olvida a los otros patinadores. Sólo soy yo en la pista. Haz un salto de giro picado y siente el hielo.*

> Cuando enseñas algo a tu hijo, se lo enseñas también al hijo de tu hijo.
>
> EL TALMUD

El aire frío me llegó a los pulmones mientras hacía un salto simple con giro.

Me sentía un poco mareada, pero eufórica y apenas pude acordarme de sostener mi postura. Los jueces de patinaje son famosos por empezar a evaluar a los patinadores desde las sesiones de práctica. *¿Podría ser que ese caballero sonriente con el portapapeles estuviera haciendo ya algunas anotaciones?*

—Bienvenidos al campeonato de patinaje artístico de los tres estados —anunció el presentador—. A las patinadoras de la categoría juvenil les quedan tres minutos de calentamiento.

Las pequeñas patinadoras de doce años hacían sus vueltas, con el cabello peinado a la perfección en trenzas francesas, y volaban mientras intentaban satisfacer las existencias de sus severos entrenadores.

—Haz el Lutz de nuevo —ordenó desde la barrera a su protegida una señora llena de joyas que llevaba un abrigo de mink largo—. Y esta vez no olvides respirar.

—Por supuesto que puedes patinar primero y ganar la medalla de oro —aseguró otro instructor a su pupila hambrienta de medallas.

Patiné hacia el ruedo y busqué a mi entrenador en esta competencia: mi padre. Papá estaba de pie sobre las gradas y llevaba puesta su chaqueta deportiva marrón, la que tenía un pañuelo de color rojizo que sobresalía del bolsillo. Papá olía a su omnipresente aroma a tabaco de cerezo y un poco a su colonia Old Spice que le compré de Navidad. Este pulcro caballero fácilmente podía pasar como un respetable entrenador de patinaje. Las demás patinadoras no imaginaban que papá era un hombre común y corriente, con un trabajo estable en una planta química, con esposa, dos hijas y un hogar modesto en los suburbios de Cleveland.

Claro, él había patinado una o dos veces con mi hermana mayor, pero su verdadera pasión era el futbol americano y los Cafés de Cleveland, no el patinaje artístico. Entonces, ¿por qué estaba aquí, en Michigan, actuando como mi entrenador en el campeonato de los tres estados? ¿Y por qué me sentía tan en casa y a gusto sin que el corazón se me saliera del pecho y sin la cabeza llena de pensamientos negativos?

Hice de prisa mi rutina de dos minutos para sentir el hielo liso y recién pulido.

—¡Vamos Stef! —oí a mi mamá y a mi hermana desde sus asientos hasta arriba de las gradas metálicas. Sin embargo, era papá el que estaba más cerca, como una sólida roca de apoyo. Su presencia suavizaba por alguna razón mis músculos habitualmente tensos. Axel, Axel, Axel. Repetí los saltos maravillada de lo fácil que me resultaba el aterrizaje. Incluso la náusea estaba bajo control. Cuando el presentador dijo: "Patinadores, salgan de la pista", me sentí lista para la competencia.

—Serás la tercera en patinar —me informó papá mientras me daba las fundas rosas de los patines—. ¡Te veías muy bien en la pista!

Con una pila de premios de consolación de quintos y sextos lugares en casa, yo sabía que no era ninguna Dorothy Hamill. A menudo no completaba los giros en el aire o caía sobre los dos pies, lo que no es bien visto por los jueces del patinaje artístico. Pese a todo me encantaba patinar. Nada se comparaba con la sensación de volar que me daba patinar en el hielo y sentir el aire frío en la cara. Nada se comparaba con el "Ave María", la música que utilizaba en mi rutina, una pieza espiritual que inflamaba mi corazón de sentimiento. Además, sabía que ningún entrenador del mundo se comparaba con papá. Él me amaba sin importar lo que sucediera, ganara o perdiera. A diferencia de mi "verdadera" entrenadora, que no pudo reorganizar sus planes de viaje para poder asistir a la prueba de una patinadora juvenil, papá estaba conmigo. A pesar del aire frío de la pista, sentía una extraña calidez interna.

—¡La siguiente patinadora, representando a los clubes Euclid Blade y Edge, es Stefanie Sper!

—¡Acaba con ellos! —gritó papá, dándome un beso rápido en la mejilla.

En la pista, un sentimiento mágico se apoderó de mí. La alegría corrió por mis venas mientras preparaba un salto. Sonreí de oreja a oreja al acelerar para mi primer salto, un Lutz inverso. Al levantar la punta del pie del hielo, el cuerpo debía dar una vuelta en el aire antes de caer de nuevo sobre el mismo patín. Para mi sorpresa, las puntas se levantaron, pero mi cuerpo no.

¡Huy! Aunque papá estaba al otro lado de la pista, casi podía oírlo impulsándome a seguir adelante: "¡Tú puedes! ¡Date la vuelta y sigue adelante!". Sabía que debía hacer el siguiente movimiento a la perfección, un elemento realizado sobre el hielo con los talones juntos y las puntas separadas, seguido por un salto combinado Loop-Axel.

—¡Venga, Stef! —gritó papá cuando pasé por las gradas preparando el salto más difícil. La adrenalina, el apoyo de mi padre y la determinación total funcionaron en conjunto cuando salté. Esta vez me levanté en el aire y caí perfectamente bien.

Un salto de flip, un poco de trabajo con los pies y pronto llegó el momento de hacer mi pirueta final. Aunque mi rutina distaba mucho de ser perfecta, levanté los brazos en señal de victoria y me sentí como si fuera patinadora olímpica. Con el espíritu eufórico por la música inspiradora, la atmósfera vigorizante del lugar y el sentirme libre del escrutinio del entrenador, me abalancé a los brazos de papá.

—Excelente trabajo, cariño —me felicitó.

—Sí, pero eché a perder el Lutz.

—Siempre serás la número uno para mí —me aseguró sonriente.

Media hora después, cuando pusieron los resultados de la competencia en un pizarrón en el pasillo, papá levantó los dos pulgares en el aire y anunció: "¡Segundo lugar!". ¡Había ganado la medalla de plata! Salté alocadamente frente a mi mamá y mi hermana haciendo la señal de la V de la victoria en cada mano.

—¡Vaya, cuarto lugar! ¡Excelente trabajo! —gritó mamá gritó mientras bajaba las gradas.

—¡No! ¡Segundo lugar! ¡Gané el segundo lugar! —grité—. ¡Gané la plata!

Cuando subí al podio y me incliné para recibir la reluciente medalla plateada, traté de asimilarlo todo: mi hermana, orgullosa de mí, tomaba fotos, mamá sonreía y papá estaba encantado con lo que ocurría.

De hecho, fue un pequeño milagro. Yo no era ninguna atleta y nunca más ganaría otra medalla en el patinaje artístico femenil. Tal vez mi éxito de aquel día fue fortuito, pero mi corazón me decía que algo más había sucedido: la presencia tranquilizadora de mi padre me dio una calma reconfortante en este mundo resbaladizo del patinaje artístico.

Mi entrenador favorito ya no está a mi lado. El olor a tabaco de cereza, que alguna vez fue cálido y reconfortante, ahora es agridulce. El enfisema, un asesino silencioso e implacable le robó a papá el aliento, la vida y la oportunidad de conocer a mis hijas. Sin embargo, al ver a mis dos hijas pequeñas patinar por la pista de hielo del vecindario aún puedo escuchar la voz de papá haciendo eco en mis palabras:

—¡Así se hace! ¡Buen trabajo! ¡Extiende los brazos para equilibrarte!

Cuando mis hijas se caen en la superficie dura e inclemente me apresuro a llegar a su lado.

—Está bien —les digo mientras les quito el hielo de las rodillas—. Vamos a hacer una pausa y luego continuamos.

La gloria del patinaje, al final de cuentas, dura poco. ¿Y el amor de un padre y su apoyo? Ese legado dura para siempre.

STEFANIE WASS

74

El garaje

Al sentarnos a cenar en el garaje se me ocurrió que no éramos como la mayoría de las familias. Alrededor de la mesa del comedor había gorras de beisbol, recuerdos de la guerra y manchas de cerveza. Nos sentábamos en el garaje con una vieja estufa de leña para darnos calor y para enfriar el cuarto, una ventana deslizable por encima de la alacena donde estaba el banco en el que a mi papá le gustaba sentarse. Era un lugar cálido y acogedor donde cualquier perro, gato o persona callejera podía sentarse a tomar una cerveza fría.

> Algunas de las conversaciones más importantes que he tenido ocurrieron en el comedor familiar.
>
> BOB EHRLICH

Las cenas aquí eran especiales. A menudo, aunque no siempre, tenían un propósito: un ascenso importante, un nuevo trabajo, una nueva casa o un nuevo amigo eran razón suficiente para poner galletas saladas y queso para untar, ensalada de col y carne de algún tipo en la mesa hecha a mano. Esta noche nos reunimos para recordarnos que todos éramos una familia. Esta noche conversaríamos y reiríamos, todo para evitar un tema más sombrío que se cernía sobre nosotros. Como familia, enfrentábamos una operación que le harían a papá por el cáncer, y como familia, nos reunimos en nuestro lugar favorito para disfrutar de la mutua compañía.

El garaje era especial. Si las paredes hablaran, me pregunto qué secretos nos contarían. Definitivamente habían oído hablar de tiempos difíciles, preocupaciones y problemas. También habían recibido una buena dosis de buenas noticias. Todo tipo de acontecimientos se celebraron en el garaje, e incluso un día perfecto de verano o una magnífica nevada podían ser causa de un festejo. Una noche, una nevada inesperada cayó en el pueblo, y reímos y contamos historias hasta que la nieve se acumuló tanto que quedamos atrapados en la casa de mamá y papá. La estufa de leña chisporroteó, las ventanas se cubrieron de escarcha y nosotros disfrutamos de la magia de la familia y el solaz que nos brindaba el garaje.

Parte de la magia era que no discriminaba. El garaje nos había mantenido unidos durante los momentos más difíciles. Juntos nos sentábamos en silencio frente a la pérdida de aquellos cercanos a nosotros, asombrados ante las razones que deben existir para las muertes inesperadas. Vimos a los Red Sox hacer lo impensable, y unos días después nos reunimos para tratar una crisis personal. Vimos en silencio los ataques lanzados contra nuestro país y rezamos a pesar de que eso no fuera nuestro mejor talento. Lo que la mayoría de la gente hace en lo individual, nosotros lo hacemos en familia, en el garaje.

A simple vista, en realidad no tenía nada de especial. Ninguna decoración extravagante en las paredes y los muebles eran hechos en casa o de segunda mano. No obstante, era especial. El garaje era un lugar seguro. Era un lugar para compartir secretos, problemas y grandes historias. En el garaje aprendí a curar mi corazón roto y a escuchar con ambos oídos. Fue ahí donde aprendí el secreto de la vida.

Mientras estábamos sentados ahí, riendo y compartiendo historias de momentos pasados, reparé en la mirada de mi padre. Vi algo que nunca había visto. Él estaba sentado en su banco alto admirando a su familia (la familia de mi padre se extendía más allá de los lazos de sangre: acogía a amigos y vecinos en su familia y nunca dejaba que nadie olvidara lo afortunado que se sentía por tener gente tan maravillosa en su vida). Estaba sentado en silencio, oyéndonos hablar en tono humorístico de lo que significaba crecer en un hogar polaco, inglés e irlandés y sus ojos destellaron. En ese momento me di cuenta de que él también había aprendido el secreto de la vida.

El garaje nos dio un lugar donde crecer y madurar juntos. Aunque alguien ajeno a la familia podría pensar que es extraño que comamos en el garaje, cualquiera que nos conozca verá algo distinto. Ese garaje era el lugar donde éramos más auténticos. Éramos una familia.

Christine A. Brooks

75

Los tomates de papá

Mi padre siempre fue un ávido jardinero. Creo que su sangre irlandesa lo llamaba a la tierra como sucedió con su propio abuelo. Uno de mis primeros recuerdos es estar descalza en la tierra recién labrada, con las manos ennegrecidas y un poco frías por haber estado cavando. De pequeña, el jardín era una tierra encantada maravillosa, llena de posibilidades. De adolescente, a menudo fue fuente de enfrentamientos entre el viejo y yo.

> Muchas cosas que crecen en el jardín no se sembraron ahí.
>
> THOMAS FULLER

De niña me encantaba seguir a papá por el jardín. Lo recuerdo empujando el arado en línea recta perfecta. Se ponía sus guantes de horticultura, de color amarillo plátano y sujetaba las empuñaduras de su viejo arado. El ruido de la máquina era ensordecedor, pero me parecía agradable. Después de un rato, se detenía y se quitaba los guantes para limpiarse el sudor de la frente. A papá le encantaba cultivar todo tipo de cosas: cebollas verdes y amarillas, sandías casi de mi tamaño, filas y filas de maíz amarillo y nuestros favoritos, los tomates color rojo rubí.

Cuando crecí y me convertí en una adolescente arisca, ya no me emocionaban tanto las labores de labranza con papá. En lugar de ser la tierra mágica de las posibilidades se había convertido en una especie de cárcel medieval. Era una tarea más que debía cumplir, algo más para mantenerme ocupada y evitar que me metiera en líos. Una cosa más en una lista de obligaciones que imaginaba que nadie más en el mundo tenía que enfrentar.

—Tina —me llamaba papá—, ven a ayudarme a sembrar en el jardín. Es una hermosa mañana para estar afuera.

—Pero papá, iba a salir al cine con mis amigos —protestaba.

—Tina, échame la mano y quita la maleza —me pedía.

—¿Hoy? Lo siento, papá, ya tengo planes —respondía con obstinación—. ¿Por qué tenemos que cultivar nada, eh? Es estúpido. Puedes comprar zanahorias por veinticinco centavos en la tienda —contestaba con sarcasmo. Él se limitaba a esbozar una sonrisa de complicidad. Casi siempre me salía con la mía y no ayudaba si no quería. Después de todo, tenía mejores cosas que hacer con mi tiempo.

Aun cuando envejeció, la pasión de mi papá por la horticultura no disminuyó. Después de que crecieron todos los hijos y formaron sus propias familias, papá se dedicó más que nunca a cultivar la tierra. Su huerta ocupaba la mayor parte del patio trasero, que en realidad era grande. Incluso cuando le diagnosticaron cáncer terminal de riñón, se dedicó a su huerta. Pese a todo, plantaba calabacitas y calabazas amarillas, pepinos jugosos, chiles jalapeños picantes y, por supuesto, las tiernas plantas de tomates. En ocasiones iba a visitarlo y disfrutábamos de un vaso de té helado o un refresco frío en el patio, mientras él regaba las plantas por la tarde. El rocío reflejaba la luz del sol y creaba brillantes arco iris que jugaban a las escondidillas con el pasto. Entonces, papá compartía los frutos de su huerta conmigo mientras caminábamos por las filas de verduras bien cuidadas y desmalezadas.

Pero entonces, algo cambió. Al igual que las malas hierbas que con tanto cuidado quitaba de su parcela celestial, el cáncer, poco a poco, invadió su cuerpo. Como las hierbas, le robó su vitalidad, su independencia y su buen humor. Como las hierbas que se adueñaron de su jardín, el cáncer avanzó sin freno y el oncólogo se quedó sin tratamientos que ofrecerle.

Cuidar a un enfermo desahuciado es completamente otra historia. Alguien tenía que estar con mi padre las veinticuatro horas del día. Me encontré en todo tipo de situaciones incómodas con él, y más de una vez sentí su frustración ante la impotencia. Poco a poco, tuve que hacer las cosas que él hacía. Muy pronto tuve que cortar el pasto, pagar sus cuentas, poner sus pastillas en el plato y ajustar el oxígeno. Él se resistía, pero entendí que las cosas habían cambiado definitivamente cuando comencé a cuidar la huerta.

Aunque yo también había oído las palabras del oncólogo, lo que en verdad me convenció de que papá estaba muriendo fue el estado de su huerta. Ese año las filas y filas de verduras multicolores desaparecieron. Ese año sólo plantó tomates. Como se sentía demasiado cansado para quitar las hierbas, simplemente los ató con cinta de bramante a la cerca y los dejó crecer. Me entristeció verlos tan abandonados y por eso iba a regarlos de vez en cuando y a quitar la mala hierba. Aún recuerdo el día que recogí el último tomate de la mata. Ese día fue el más triste de mi vida.

Hace cinco años papá sembró la última parcela de tomates. Durante los primeros años después de que murió no podía soportar ver la huerta de nadie sin que me vinieran a la mente recuerdos que me caían como un balde de agua fría. Sin embargo, hace tres años algo cambió y decidí cultivar mi propia huerta y empecé con algunos tomates.

Esa mañana saqué la vieja máquina de labranza y el motor rugió al cobrar nueva vida como si hubiera estado esperando ese momento. Después de remover una buena cantidad de tierra, algo me llamó la atención y tuve que sonreír. Era Nathan, mi hijo de ocho años, que estaba descalzo en la tierra recién arada y tenía las manos negras de cavar. Jugaba feliz en los surcos recién abiertos y la tierra removida todavía estaba un poco fría.

TINA BAUSINGER

76

Aventura en Alaska

Él quería ir a Alaska y no podía hacerlo solo. Mi padre había estado destacado ahí cuando estuvo en el ejército y ahora, muchos años después, quería regresar; ahora por placer. Sin embargo, una enfermedad que tuvo durante el tiempo que estuvo de servicio en el ejército con el paso de los años le provocó la pérdida del oído, y ahora su casi total sordera hacía que viajar por su cuenta fuera prácticamente imposible.

Como era natural, acudió a su familia en busca de un compañero para el viaje. Mi hermano y mi hermana ya tenían obligaciones para el verano de aquel año que no les permitían ir. A mi madre no le gustaba acampar y prefería el calor del desierto al hielo glacial. Así que mi padre me invitó y yo acepté con entusiasmo. Soy amante de la naturaleza y las actividades al aire libre. Ansiaba la aventura: tres semanas de conducir y acampar en el extremo occidental de América del norte, además de que esto sucedió en la época en que la mayoría de las carreteras de Alaska eran caminos de grava. Planeamos partir inmediatamente después de mi graduación universitaria en junio.

> Una aventura es solo una inconveniencia bien considerada. Una inconveniencia es sólo una aventura mal considerada.
>
> G. K. CHESTERTON

Sólo había un problema. Conseguí un trabajo. No era sólo un empleo temporal de verano, sino que me contrató una compañía papelera privada para ocupar un puesto en el que podría emprender la carrera que había planeado desde la universidad. Mi nuevo empleador quería que me presentara de inmediato y prometí estar ahí puntualmente, lo que implicaba cancelar el viaje a Alaska.

Lo más lógico era aceptar el trabajo. No tenía sentido haber ido a la universidad cuatro años para luego rechazar la oportunidad precisa que estaba buscando. Ya habría otras invitaciones de mi papá para irnos de vacaciones. Aceptar el empleo era lo correcto en aquel momento de mi vida. Por lo menos, así lo parecía... hasta que vi la cara de mi padre cuando le di la noticia. De pronto, la decisión dependió de los dictados de mi corazón más que de mi cabeza. Simplemente amaba demasiado a mi padre como para darle prioridad a mi oportunidad y pasar por encima de él.

Sin necesidad de otra palabra, llamé a mi nuevo jefe y le expliqué la situación. Si no podía reservarme el puesto las tres semanas que duraría el viaje, entonces tendría que dárselo a alguien más. Sabía que no tendría ningún inconveniente para elegir la segunda opción; las oportunidades de trabajo en el campo de la silvicultura en ese momento eran pocas y muy espaciadas, además de que había muchos más solicitantes que puestos disponibles.

Terminó siendo la decisión correcta. Ese viaje a Alaska fue absolutamente increíble. Los paisajes parecían volverse más hermosos a cada kilómetro que recorríamos. Comíamos a las orillas de lagos bellísimos o en pequeños merenderos que encontrábamos dispersos a lo largo del camino. Acampar era un constante reto, pero también una aventura agradable conforme fuimos aprendiendo a poner la tienda de campaña en el menor tiempo posible durante las tormentas eléctricas y a vestirnos como extraterrestres con las capuchas con mosquitero que nos poníamos para protegernos de las nubes de insectos molestos.

Conquistamos lo peor que la carretera de Alaska nos puso en frente (que fue mucho): las piedras que rompieron el parabrisas y pincharon los neumáticos, los insectos que pronto llenaron las ventanas, las luces y la parrilla del radiador. Incluso aprendimos a dormir cuando el sol aún brillaba en el cielo nocturno. Y la emoción crecía a medida que nos aproximábamos cada vez más a nuestro destino, hasta que finalmente gritamos de alegría cuando cruzamos la frontera canadiense con Alaska.

Sin embargo, la mejor parte del viaje no fueron los increíbles paisajes o nuestras actividades durante el camino. Fue lo que sucedió entre mi papá y yo. Nos unimos de tal forma que dudo que hubiera sido posible hacerlo de igual manera de no haber viajado juntos por la carretera de Alaska. Y no es que todo haya sido miel sobre hojuelas entre nosotros desde el inicio. Fui una compañera de viaje difícil al principio. Sentía mucha nostalgia por mi vida universitaria, mis amigos y los buenos tiempos que había dejado atrás. También estoy segura de que sentía un poco de resentimiento por haber tenido que hacer mis planes a un lado para cumplir los deseos de mi padre. Admito sin reparo que no fui muy divertida los primeros días del viaje, pero mi padre me esperó. Por fortuna mi mal humor no duró mucho. Era imposible resistirse a la belleza que nos rodeaba, las aventuras que nos esperaban y el amor de mi padre que me envolvía. Pronto, esos largos ratos de silencio molesto en el automóvil fueron reemplazados por bromas, risas, historias y leyendas; horas de estudiar mapas, tomar la siesta o detenerse a comprar comida. Me fascinó todo el viaje.

Ahora que pienso en aquel viaje, me regocijo de los momentos maravillosos que pasamos juntos. Me estremece pensar en lo que me habría perdido si hubiera insistido en seguir con mis planes personales para el verano. Al final de cuentas resultó que decidieron esperarme para darme el puesto que me habían ofrecido y trabajé en esa empresa ocho maravillosos años en varios cargos antes de seguir adelante con otras oportunidades.

Cuando decidí respetar los deseos de mi padre y ponerlos por encima de los míos, en verdad obtuve lo mejor de ambos mundos.

ELAINE L. BRIDGE

77

La falla de los Dodgers

Vivíamos en Brooklyn, a cinco cuadras del Ebbets Field, y yo era un ávido aficionado de los Dodgers. Para parafrasear a un futuro entrenador de este equipo, cuando me corto, me sale sangre azul Dodger. Tenía diez años en 1947. Me sabía de memoria las estadísticas de todos los jugadores, incluidos sus promedios de bateo, porcentajes de fildeo y promedio de carreras limpias permitidas. Incluso sabía cómo iban los posibles candidatos en la cantera de los Dodgers. Mi padre deseaba que supiera tanto en mis estudios.

> El amor es lo más importante en el mundo, pero el beisbol es bastante bueno también.
>
> GREG, 8 AÑOS DE EDAD

Durante la temporada, veía el final de la mayoría de los juegos en casa porque dejaban entrar gratis a los niños después de la séptima entrada. Incluso logré colarme a algunos juegos después de la primera entrada, cuando los boleteros estaban distraídos. Veía a otros niños gritar en los oídos de sus padres mientras veían el partido. Sin embargo, nunca había ido a un juego con mi padre. Cuando los Dodgers salían de gira a jugar como visitantes, yo siempre estaba en la calle practicando mi bateo con un palo de escoba y una pelota Spalding.

Ese año tenía muchas esperanzas de que mis Dodgers llevaran a Brooklyn su primer campeonato mundial. Estaba desconsolado cuando perdieron contra los odiados Yankees. Mi padre no mostró simpatía alguna:

—¿Por qué malgastas todo tu tiempo en esta tontería? Más te valdría dedicarlo a la escuela y a hacer algo de provecho, como estudiar para ser médico.

—Quiero ser jugador de beisbol de los Dodgers —aseguré.

La mirada de desaprobación en la cara de mi padre se me quedó grabada en la memoria. ¿Por qué no podía comprender mi amor por el beisbol?

Tiempo después, me enteré de que mi padre había emigrado a este país a los trece años y había dejado a sus padres en Rusia. No sabía hablar inglés y no tenía certificado de preparatoria. En siete años que fue a la escuela nocturna y trabajó durante el día logró obtener su certificado equivalente a preparatoria, terminó la universidad y recibió su título de maestría en ingeniería química. Por eso no tenía ninguna tolerancia a desperdiciar el tiempo en intereses no académicos. Sin embargo, en ese momento yo no comprendía y me lastimaban mucho sus actos. Deseaba poder compartir con él mi pasión por el beisbol.

Cuando la temporada de 1948 comenzó, continué insistiendo a mi padre para que me llevara a un partido. Su respuesta seguía siendo la misma: "No tengo tiempo para esas tonterías". Mi reacción también se mantuvo invariable. Hice un berrinche, pero eso no me impidió colarme a los partidos o probar mis habilidades de jugador con mi confiable palo de escoba.

Cuando mi maestra me dio la penúltima boleta de calificaciones del año era prácticamente igual a todas las demás. En la parte académica recibí calificaciones excelentes en matemáticas, ciencias y geografía y regulares en historia, arte e inglés. En el área de comportamiento, tenía varias calificaciones "insatisfactorias", incluida una en conducta. En la sección de comentarios, la maestra escribió: "Corre con las tijeras, interrumpe a otros niños, platica constantemente, en particular sobre beisbol".

Cuando le mostré mi boleta de calificaciones a mi padre, su desaprobación fue manifiesta. Esperaba que me gritara. En vez de ello, me dijo:

—Te voy a decir lo que vamos a hacer, jovencito: si en tu próxima boleta obtienes calificaciones excelentes en todas las materias académicas y al menos "satisfactorias" en las categorías de comportamiento, te llevaré a un partido de beisbol.

—Te lo prometo, papá. Así lo haré.

Me colé a menos juegos y dejé mi palo de escoba en el armario. Memoricé fechas, épocas, lugares y palabras del vocabulario. Traté de guardar silencio en clase, lo que era muy difícil para mí. Aguanté la respiración cuando mi maestra me dio la boleta de calificaciones. Me temblaron las manos al verlas. Lo había logrado, todo excelente en las materias académicas, y satisfactorio en todas las categorías de comportamiento. La maestra escribió en la sección de comentarios: "¡Mejoró mucho!".

Estaba radiante de emoción cuando le di la boleta a mi padre. Él también.

—Escoge el juego y yo compro los boletos —dijo.

Creo que elegí un partido de sábado por la tarde con los rivales de la ciudad, los Gigantes de Nueva York. Llevé prácticamente a rastras a mi papá al estadio, desde temprano, el día del juego para que pudiéramos ver la práctica de bateo. Me compró palomitas de maíz y una coca-cola. Yo ya venía con provisiones de dulces y chocolates. Esperaba poder transmitir a mi padre un poco de mi interés en el beisbol.

Teníamos excelentes asientos cerca de primera base. Nunca había estado tan cerca de los jugadores. Vi a Jackie Robinson, el primer jugador negro en las ligas mayores, y me emocioné mucho porque también fue el novato más valioso el año anterior. El partido comenzó y los Gigantes rápidamente tomaron la delantera. Mi padre bostezó.

—No te preocupes, papá, los Dodgers los alcanzarán.

Para la quinta entrada ya se anunciaba una derrota aplastante y mi padre estaba profundamente dormido. Por fortuna, había demasiado ruido que evitaba que se oyeran sus ronquidos. Después de la séptima entrada, sólo los verdaderos fanáticos como yo seguíamos en el estadio. Supongo que tenía sentimientos encontrados sobre mi padre, que seguía dormido. Por un lado, podía ver el partido completo. No me presionaría para irnos antes. Por el otro, no gritamos juntos. No podía compartir mi amor por el beisbol. El partido era tan interesante para él como observar las barras de prueba del televisor.

Los Dodgers comenzaron su turno al bate en la novena entrada perdiendo 11 a 2. Mi padre continuaba dormido. El primer bateador logró un hit por el centro, pero fue eliminado en un doble out. Los fanáticos que quedaban comenzaron a caminar hacia la salida. Entonces, como si se abrieran las compuertas de la presa, los bates de los Dodgers despertaron a la vida. Batearon hit tras hit. Pronto el marcador estuvo 11-6 y los Dodgers tenían casa llena. La multitud gritaba como loca y el ruido despertó a mi padre.

—¿Qué sucede? —me preguntó.

—Te dije que los alcanzarían.

Otro sencillo, luego una base por bola y el marcador se colocó 11-8 y la casa seguía llena. Me subí a mi asiento y grité. Mi padre se levantó.

Otro hit y el marcador quedó 11-10. Yo estaba dando alaridos y para mi sorpresa, mi padre comentó: "Esto está genial".

El siguiente bateador conectó una bola que pegó en el suelo entre la segunda y tercera base. Creí que todo había terminado, pero el shortstop le dio un puntapié a la bola y con eso se llenaron las bases. Agarré a mi padre de la manga y le dije:

—Tuvimos suerte, papá.

—Seguro que sí —entonces le gritó al siguiente bateador—: "¡Batea un hit!".

El siguiente bateador golpeó la pelota llevándola hasta la línea de tercera base. Parecía que los Dodgers estaban a punto de ganar el encuentro cuando el jugador de tercera base de los Gigantes atrapó la bola en un lance. Sentí que mi corazón se rompía. La hazaña de los Dodgers se quedó corta.

Me volví hacia mi padre y vi la mirada de decepción en su cara, así como él vio la mía. Me abrazó con fuerza.

—Te amo —me dijo.

Abracé a mi padre por el cuello.

—Yo también te amo, papá —respondí.

Salimos del partido tomados de la mano, mientras ondeaba con la otra el banderín de los Dodgers que me compró. Me dio un ligero apretón, al cual correspondí.

PAUL WINICK

78

Curso básico de construcción

—Es el sueño de toda niña —afirmó él, rascándose la barbilla áspera—. Siento mucho haber tardado tanto tiempo en construirla —papá y yo caminábamos por el patio—. La ubicación es todo —comentó con una sonrisa—. En especial tratándose de una casa de muñecas.

> Ochenta por ciento del éxito consiste en presentarse.
>
> WOODY ALLEN

El espacio de la esquina junto al peral era idóneo. Con frecuencia lo veía desde la ventana de la cocina. Una casita de muñecas les daría a mis hijas un lugar seguro donde jugar.

A sus setenta y tres años, mi robusto padre me convenció de poder construirla.

—Va a ser muy fácil —aseguró—, y nos divertiremos trabajando juntos.

Papá aportó su experiencia en ingeniería para llevar a cabo el proyecto. Después de revisar sus planos, dudé de si podríamos construir la casa en miniatura. Ambos estábamos fuera de forma y papá era superviviente del cáncer. Yo no tenía ni un martillo, pero papá llegó con las viejas herramientas de su padre.

Papá tenía la visión, los planos y los medios para convertir el proyecto en realidad. Yo tenía la determinación. Era una novata embarcándome en un curso básico de construcción. Una clase al aire libre. Mi padre jubilado era el maestro. Y este proyecto resultó ser una coyuntura crucial en la relación padre e hija.

Los cimientos no fueron pan comido, como decía mi padre. Fueron el trabajo más difícil que he hecho en mi vida. Papá me enseñó a mezclar el cemento, a colocar los bloques de hormigón y a fijar el bastidor del piso. Lo logré, pero no podría volver a hacerlo ni en sueños. Tres días después las viguetas del suelo quedaron listas. Tenía que quedar perfecto.

—El piso debe quedar parejo —advirtió papá.

Después de días de medidas precisas, cálculos, justificaciones y modificaciones, yo ya no quería un piso perfecto. Llevaba todo el día encorvada bajo el sol abrasador. Estaba cansada y quería conformarme con un piso de segunda clase. Me sentía como jorobada que camina por un camino inclinado y desea vivir en una casa chueca. Papá no quería saber nada al respecto. Y tenía razón. Me sentí orgullosa cuando finalmente el piso quedó parejo.

Me enseñó a sostener el martillo y a clavar con tres buenos golpes. Aprendí la importancia de tener un buen martillo. Papá me dio uno de cumpleaños. Era una belleza. Fue la primera vez que tuve una herramienta y cuando hablaba del martillo, me refería a él con afecto. Saqué diez años de frustraciones en una sola tarde clavando los tablones de madera al suelo y armando los montantes de las paredes laterales con mi propio martillo.

Levantar el armazón entero de una pared no fue nada comparado con unirlo a los de las otras paredes y esperar que estuvieran nivelados. Papá decía que "esperar" no era parte de la ecuación de montaje en la construcción. Tenían que estar nivelados.

Una vez que quedaron los armazones de las paredes firmes en el piso, pasamos el resto de la semana construyendo el techo. Con mucho trabajo colocamos el poste del lomo central y las vigas triangulares para sostener el techo. No sé distinguir entre una armadura y una riostra, pero es posible que tuviéramos las dos. Colocamos láminas de madera contrachapada encima de las vigas y las aseguramos con millones de clavos. Construimos un pico de drenaje a los lados con tejas negras.

Veía tejas cada vez que miraba una casa, pero nunca había observado una teja en realidad antes de tener una en la mano y averiguar qué hacer con ella. Mis tejas tenían una capa fina de brea con grava encima. También se calentaban más que el infierno cuando nos sentábamos en el techo bajo el intenso sol mientras intentaba clavarlas. Despedían un olor horrible y se sentían como papel de lija.

—Las paredes serán sencillas —aseguró papá para hacerme sentir mejor.

Me preguntaba qué querría decir realmente con eso de "sencillas". Calculamos, medimos y cortamos planchas de madera contrachapada con una sierra eléctrica. Aún no puedo oír bien debido al ruido que hacía. Hicimos los ajustes para que quedaran firmes cuando calculábamos mal. Por cinco horas brutales luchamos por levantar las cuatro paredes.

Cuando llegó el día que teníamos que poner las ventanas aprecié lo que era un trabajo sencillo. Entraron sin problemas. La puerta no fue tan fácil. No encajaba de ninguna manera. Compramos una hermosa puerta de madera de pino. Era pesada y requirió mucha más fuerza de la que yo tenía para taladrar un agujero para poner el mecanismo de la perilla. Papá consideró que debíamos hacerlo "a la vieja usanza" con las herramientas de su padre.

El día que colocamos las planchas de yeso fue complicado. Sentía como si quisiera hacer entrar una clavija cuadrada en un agujero redondo. Cargarlas, mantenerlas erguidas y clavarlas fue otro reto. Al final del día, mi cuerpo clamaba por un masaje, pero todo lo que obtuve fue un baño caliente y una buena noche de descanso, que bastó para revitalizarme para el siguiente día de trabajo en el que encintaríamos las uniones.

Fue como encintar paquetes sobre regalos de cumpleaños. Reparar las uniones me pareció como abrir una lata gigante de glaseado para derramarlo en toda la casa. Recubrimos todo. Fue divertido y no me importó el desorden. Me sentía como repostera decorando el interior de una casa de pastel. Quería decorar las paredes con dulces y bastones de caramelo como la casita de jengibre de Hansel y Gretel. Seguro que a eso se refería mi papá cuando dijo que era sencillo.

Yo no sabía que una vez que se secaba la masilla, las paredes debían alisarse con lija. Parecía tan sencillo. Una capa de polvo blanco me cubrió de cabeza a pies. Me veía como el muñeco de masa Pillsbury saturado de harina. El piso necesitó una buena barrida después de lijar las paredes. El polvo blanco caía de las ventanas como humo que despide el fuego. No había fuego, claro está, pero los músculos me ardían por el esfuerzo excesivo.

Durante meses estuvimos trabajando en el proyecto, preguntándonos si tomaría forma algún día. Finalmente, la forma de una verdadera casa emergió frente a nosotros. La pintura le dio vida. Pintar una capa de pintura no parecía difícil hasta que tuve que hacerlo con brazos de hule, porque los sentía inútiles. Estaban cansados de todas las otras cosas que hicimos. Comenzaba a tener errores y la pintura goteaba por todas partes.

Tardamos tres meses en construirla. Era lo más increíblemente prolífico que había hecho con mis propias manos y algunas herramientas. Fue muy difícil para una novata, pero disfruté de cada minuto. Fue mucho más que crear un lugar seguro para que mis hijas jugaran. Fue como darle forma a una parte de mi vida y construir una relación con mi padre; se trató de superar obstáculos y usar la creatividad que no sabía que tenía. Aunque los clavos y el pegamento mantenían unida la estructura de madera, el tiempo que pasamos juntos nos unió más que lo que puede unir cualquier herramienta. Cuando miro por la ventana de la cocina ya ni siquiera noto el peral. Mis ojos van directamente a la estructura que construí con papá. Él me enseñó muchas cosas increíbles aquel verano; muchas de las cuales tienen que ver con construir una relación que durará toda una vida.

BARBARA CANALE

79

Practicar esquí acuático con papá está bien

> Tus hijos necesitan más tu presencia que tus regalos.
>
> JESSE JACKSON

La mayoría de los esquiadores acuáticos gritan "¡dale!". Pero cuando mi papá conduce la lancha, él sabe que cuando digo "está bien", esa es la clave para aplicar el acelerador hasta el fondo y sacarme del agua.

Papá me ha remolcado durante veintisiete años, desde aquel verano en que me enseñó a esquiar. Tenía diez años en ese entonces y habíamos alquilado una cabaña frente al lago para pasar la semana. Cada mañana, mediodía y tarde de esa semana se subía a la lancha de motor y con mi madre, mi hermano o algún tío haciendo las veces de observadores me lanzaba la cuerda de remolque. Con el rostro tenso por la concentración, sujetaba con fuerza el manillar de la cuerda hasta que los nudillos se me ponían blancos y observaba cómo se alejaba el bote lentamente hasta que la holgura de la cuerda desaparecía.

Entonces contenía la respiración y me esforzaba por mantener las puntas de los esquíes fuera del agua hasta que creía que tal vez tenía el equilibrio requerido para gritar: "Está bien". No me gustaba gritar "¡dale!". No sé por qué, pero no importa; papá sabía a lo que me refería. Su reacción era rápida y la lancha salía disparada. Sin embargo, mis músculos sin entrenamiento y mi mente no respondían muy bien.

Algunas veces los esquíes se hundían de inmediato, como si se tiraran de cabeza a buscar un tesoro perdido, y yo quedaba con la cabeza bajo el agua mientras el cuerpo se flexionaba hacia adelante y los esquíes se me salían de los pies. Mientras tosía y resoplaba, mi papá le daba la vuelta a la lancha para que yo pudiera alcanzar de nuevo la cuerda. Me animaba y me daba alguna sugerencia. Luego volvíamos a intentarlo.

A veces sólo un esquí se hundía y yo caía de lado. Otras veces ambos esquíes salían a la superficie, pero me quedaba como sentada debajo del agua y caía hacia atrás salpicando agua. Y luego había veces en las que lograba levantarme un momento, pero no podía controlar los esquíes que parecían moverse en todas direcciones al mismo tiempo. Esas fueron las peores caídas. El agua entraba por todos los orificios y mi cuerpo se contorsionaba de manera muy poco natural cuando me estrellaba en el agua. Mi papá describía un círculo con la lancha en cada ocasión, me alentaba y me daba consejos con afabilidad. Algunas veces las caídas me causaban mucho dolor y me daba por vencida durante un rato.

No obstante, horas después, cuando le preguntaba a papá: "¿Puedes llevarme a esquiar de nuevo?", dejaba su refresco, su juego de cartas o su libro y volvíamos al agua. No recuerdo que alguna vez me haya dicho que no. Si estaba cansado de pasar sus vacaciones describiendo círculos en el agua no lo parecía. En el transcurso de esa semana respondió a mi "está bien" por lo menos en cien ocasiones fallidas.

El último día logramos una victoria. Me levanté y esquié por la bahía. Era como volar: el viento me agitaba el cabello mojado mientras mis caprichosos esquíes se deslizaban en el agua. La alegría valió todo el sufrimiento de una semana de fracaso y desde entonces, cada verano voy a esquiar.

Desde esa época mi papá me ha llevado a esquiar en incontables ocasiones. A menudo teníamos que levantarnos a las seis de la mañana para que pudiera esquiar en las aguas cristalinas y tranquilas de las primeras horas de la mañana. Siempre era muy emocionante deslizarse por la superficie del agua, levantar una pared de agua en la parte externa de las curvas en las vueltas muy cerradas, cruzar la estela y saltar las olas. Esquiar es lo que más me gusta, pero creo que es mucho más que el mero deporte. Aunque es muy divertido, no es lo mismo esquiar detrás de otra lancha u otro conductor, donde tengo que gritar "dale" como todos los demás. Es mucho mejor cuando papá conduce la lancha.

Mi papá les ha enseñado a esquiar a mis tres hijos y a cada uno le ha brindado el mismo apoyo paciente que a mí. Está orgulloso de ellos, se regocija con sus logros y se siente feliz de enseñarles algo que les produce placer. Además, les ha enseñado, como a mí, que el éxito llega después del fracaso y que una palabra de aliento puede levantarte literalmente.

Mis hijos son muy livianos y salen a la superficie como corchos, mientras que yo tengo que aguantar la respiración, sostenerme y rezar para que la lancha tenga la suficiente potencia para levantarme a la superficie. Pero cuando termino de volar por el agua y la lancha describe círculos a mi alrededor, me encanta que mi papá aún me diga: "Fue una buena vuelta" o "buen trabajo". Me hace sentir que puedo hacer cualquier cosa.

Todavía digo "está bien" cuando esquío con mi papá. Creo que encaja a la perfección con lo que siento por mi deporte favorito. También es una subestimación de lo que siento por mi papá. Él es mucho más que "bien".

JILL BARVILLE

80

El premio de los sábados

Las paletas estaban desplegadas en abanico como un arco iris de colores; la goma de mascar tenía tanta azúcar que los cristales brillaban en la superficie; las barras de chocolate estaban envueltas en papel brilloso que reflejaba las luces fluorescentes de la tienda.

Y lo más importante de todo: mi papá.

Así recuerdo los sábados de mi niñez. Durante ese glorioso día de la semana, papá me llevaba por mi "premio de los sábados". Podía comprar lo que quisiera, con tal de que no costara más que una barra de dulce.

Aunque tengo tres hermanos, en mis primeros recuerdos de los "premios de los sábados" sólo figuramos mi papá y yo. Mis hermanos mayores ya eran grandes para esta tradición, y mi hermano menor era muy pequeño todavía.

> Tal vez lo más importante que nos regalamos unos a otros es nuestra atención.
>
> RACHEL NAOMI REMEN

Durante nuestro día especial, papá y yo a veces íbamos en el auto a la tienda. Pero cuando el día estaba bonito, caminábamos al distrito comercial del pueblo y charlábamos durante el camino. Papá señalaba cosas interesantes que nos topábamos, como las hormigas en la acera o una rama caída de un árbol. Nos deteníamos en nuestro lugar de descanso a la mitad del camino: una pequeña barda de bloques de hormigón del tamaño preciso para que una niña de preescolar se pudiera sentar con los pies colgando.

Poco tiempo después, mi hermano menor tuvo la edad suficiente para comer dulces y empezó a acompañarnos en nuestras excursiones.

Y los sábados cambiaron.

Mi hermano y yo nos la pasábamos molestándonos. Papá se volvió parte árbitro, parte chofer. La predecible compra de mi hermano, una paleta de uva Charms, me provocaba poner los ojos en blanco. Mi objetivo era hallar un dulce más sabroso que el suyo.

El tiempo pasó y entré a la secundaria. Una tarde de sábado mi hermano menor y yo estábamos sentados viendo la televisión como hipnotizados. Mi papá entró al cuarto y anuncio:

—Voy a comprar algunas cosas, ¿alguien quiere un premio de los sábados?

Apartamos la mirada de la pantalla brillante.

—Sí, ¿me puedes traer una paleta de uva? —pidió mi hermano.

—Yo quiero un chocolate Three Musketeers.

Papá esperó. Ninguno de los dos hizo el menor intento por levantarse. La expresión de papá cambió. Luego se dio la media vuelta y se fue.

Poco después la tradición de los premios de los sábados terminó.

Con todo lo que tenía que hacer en la secundaria y luego la preparatoria no me dolió perder mis barras de dulce. Tenía mejores cosas que hacer. O por lo menos así lo pensaba.

Varios años después, cuando me acercaba a la adultez y faltaban sólo unos meses para que me marchara a la universidad, me sentía muy nerviosa. La nostalgia se apoderaba de mí a la menor provocación. Veía el sillón verde de la sala y sentía que debía apreciarlo. ¡Todas esas franjas de distintos colores! ¿Cómo no las había notado nunca? Me enamoré de cada centímetro de mi casa.

Trataba de no pensar en los moradores de la casa que dejaría atrás.

Un sábado de primavera estaba en el comedor con mi papá. Sólo él y yo. Lo observé mientras él leía el periódico.

¡Qué extraño se sentía, en la quietud silenciosa, que sólo estuviéramos él y yo!

Como había crecido en una casa repleta de gente rara vez tenía oportunidad de estar a solas con papá. Además, papá hacía mucho tiempo para ir y venir del trabajo, por lo que se iba muy temprano. Llegaba a casa a cenar, pero poco más tarde los niños pequeños se iban a acostar y los mayores estaban enfrascados en sus tareas.

¿Cuándo teníamos realmente tiempo para estar con nuestro papá?

Y entonces se me ocurrió: los premios de los sábados. Me enderecé en mi silla.

—Oye, papá —llamé. Mi papá levantó la mirada del periódico—. ¿Quieres ir por un premio de los sábados?

Sonrió. Fuimos al garaje y tomamos las bicicletas. Ahora que ya no era una niña pequeña con poca energía podíamos tomar el sendero para bicicletas y dirigirnos al pueblo vecino a comprar alguna golosina deli ciosa.

Mientras pedaleábamos, conversamos. Bueno, en realidad yo fui la que más hablé. En lugar de hormigueros y ramas caídas, hablé de mis amigos y la escuela, de mis miedos y esperanzas.

Los neumáticos seguían rodando y los pedales moviéndose. Papá habló poco. Pero su silencio no era pasivo. Vibraba de energía. Me di cuenta de que así me había nutrido todos esos años. Escuchaba cada palabra que yo decía.

Un pensamiento se materializó en mi cabeza esa tarde: yo importaba. Para mi papá, yo siempre sería alguien digno de escuchar.

No recuerdo haber llegado a la tienda. Tampoco recuerdo lo que compré. Sin embargo, recuerdo con claridad la paz y la seguridad que me dio el saber que mi papá estaría conmigo siempre, ya fuera a mi lado en su bicicleta, animándome durante mi carrera universitaria desde el otro extremo del país o arropado dentro de mi corazón.

Le importaba y me amaba incondicionalmente.

¿Qué golosina puede ser más dulce que esto?

SARA F. SHACTER

Caldo de Pollo para el Alma

8

CAPÍTULO

Héroes de todos los días

81

Héroe para muchos, padre para mí

> Todos los hombres son creados iguales, luego algunos se convierten en bomberos.
>
> AUTOR ANÓNIMO

Cuando mi mamá no me recogió en la parada de autobús supe que algo ocurría. Nuestra vecina, Dolores, estaba ahí y llamó a su hija Michelle y a mí para que nos fuéramos con ella. Al caminar por la calle, iba muy seria, llevaba la boca apretada y el ceño fruncido. El silencio se sentía tenso cuando puso la mano en mi hombro y me apresuró.

Después de lo que me pareció una eternidad, finalmente llegamos a la casa de la vecina. Traté de pensar en algo que mi mamá hubiera tenido que hacer ese día: una cita con el médico, una reunión, no se me ocurría nada. Dolores abrió la puerta principal tan despacio que las bisagras crujieron. Al entrar en la casa, nos indicó a Michelle y a mí que fuéramos a la sala con el resto de la familia a ver la televisión.

La imagen que vi en el televisor era indescriptible. Se parecía a la chimenea de la fábrica por la que siempre pasaba cuando íbamos a casa de la abuela. Creía que esa chimenea era una máquina que hacía nubes. Una máquina de nubes hermosas, blancas y acolchonadas. Pero esta máquina de nubes que veía en la televisión despedía nubes grandes, negras y feas. Me senté perdida en la confusión hasta que Dolores me explicó por fin que el edificio se estaba incendiando. Las famosas Torres Gemelas se estaban quemando frente a mis ojos.

Yo tenía nueve años el 11 de septiembre. Dolores tardó horas en poder explicarme qué, cómo y por qué. Nunca había oído hablar de algo tan cruel y trágico. Cuando mi madre finalmente llegó a recogerme a la casa de Dolores, estaba llorando. Le pregunté por qué lloraba, pero todo lo que pudo decirme es que no me preocupara. Entraron incontables llamadas telefónicas a la casa. Mi madre colgaba y el teléfono volvía a sonar de inmediato.

Cuando empezaron a disminuir las llamadas, mi mamá se sentó y me dijo que papá no vendría a casa por un tiempo, pero que volvería. Cuando le pregunté dónde estaba, mi madre contestó: "Salvando vidas". ¿Mi papá? ¿Salvando vidas? ¿En ESE edificio? Cada día que pasaba y mi papá no llegaba era más difícil que el anterior, pero sabía que él volvería a casa. Siempre volvía. Una mañana, en la primera plana del periódico vi a mi papá. Estaba con otros tres hombres vestidos con su uniforme de bomberos. Estaban sacando a un hombre que estaba debajo de los escombros y la basura. El hombre había perdido el cuero cabelludo, muchos dientes y tenía los ojos llenos de tierra. Mi papá había rescatado a alguien, y yo estaba orgullosa.

Me vestí de rojo, blanco y azul para ir a la escuela todos los días hasta que mi papá llegó a casa. Cuando entró por la puerta, se veía todo desaliñado, con el cabello hecho un desastre y la ropa sucia, pero no me importó. Corrí hacia él y lo abracé tan fuerte que me dolieron los brazos. Él me abrazó y rompió en llanto. Lo miré a los ojos y le pregunté:

—Papá, ¿por qué lloras? Ya estás en casa con nosotros.

Mi padre sonrió.

—Todo este tiempo traté de ser un héroe para estas personas, y lo único que podía pensar era lo asustado que estaba. Asustado porque pensé que no iba a regresar a casa a ser un héroe para ti.

Cientos de bomberos y policías murieron en el World Trade Center aquel día. Todos los días me pregunto por qué soy tan afortunada. También pienso en lo injusto que es que haya podido quedarme con mi papi, mientras que muchos niños como yo hayan perdido a los suyos. Gracias, papá, por salvar vidas, por luchar y por regresar a casa. Te amo.

DANIELLE

82

Un héroe callado

Una de las lecciones más importantes que aprendí de mi padrastro es que el verdadero heroísmo es silencioso y modesto. Los héroes viajan, luchan en guerras y se enfrentan a situaciones imposibles, pero nunca buscan el reconocimiento.

> Hay ocasiones en las que el silencio tiene la voz más fuerte.
>
> LEROY BROWNLOW

Mi padrastro tenía un baúl largo de madera en el cuarto de herramientas detrás del garaje. El pesado baúl tenía asas de acero a cada lado y estaba pintado de color gris, como los buques de guerra. Su nombre, Ernest McKenzie, estaba grabado en la tapa. El baúl era viejo y estaba astillado en algunas partes, además de estar cerrado con un candado de bronce deslustrado cuya llave estaba guardada en un llavero dentro de la casa. Lo vi abrir el baúl solo una vez, cuando un amigo fue a visitarlo. Levantó la tapa y sacó un álbum empolvado lleno de fotografías de la guerra.

Ernie combatió en la Segunda Guerra Mundial. La persona que lo visitó era un viejo amigo de la Marina. Habían prestado servicio en el mismo barco. Se rieron viendo fotografías y bebieron cerveza mientras yo los oía desde afuera. No recuerdo mucho de lo que hablaban, pero sí recuerdo que el hombre llamaba a mi padrastro "Pato" y mencionó varias veces que mi padrastro era un nadador muy fuerte.

—Tú eres quien nos salvó, Pato —repetía el hombre una y otra vez—. Tú nos mantuviste con vida —y creo que lloraron juntos, o tal vez sólo eran risas de borrachos. No estoy seguro. Esa fue la única ocasión que vi a mi padrastro abrir el baúl. Eso fue en 1961 y yo tenía doce años.

Ernie estuvo cuatro años de servicio en la Marina de Estados Unidos durante la guerra. A pesar de sus años de servicio, en nuestra casa no había un solo recuerdo de esa época. Un visitante no tendría idea de la carrera militar de mi padrastro si no fuera evidente por su forma de caminar y su porte. Los civiles quizá pasen por alto esos indicios. Yo sabía que mi padrastro había estado en la Marina, pero no me enteré de que había sido un marinero muy condecorado sino hasta varios meses después de su muerte.

Estaba limpiando el patio y entré en el cuarto de herramientas a buscar un rastrillo. Fue ahí cuando vi el baúl. Regresé a la casa, busqué la llave y la llevé al cuarto de herramientas. En silencio y con el cuidado de un arqueólogo, abrí el candado y levanté la tapa del cofre. Un aroma increíble emanó del interior, profundamente dulce, de bolas de naftalina y cedro. El aroma también procedía del contenido del cofre, de la historia que entrañaba.

Lo primero que vi fue una bandeja llena de medallas y placas de madera conmemorativas de diferentes actos de mi padrastro durante la guerra. Había un corazón púrpura, una estrella de bronce y una estrella de plata. Había una placa conmemorativa por haber formado parte de la tripulación de la puesta en servicio de un barco y otra por haber prestado servicio en un barco que un submarino japonés hundió.

Debajo de la bandeja encontré uniformes azules perfectamente planchados y doblados. Encontré una caja para lustrar zapatos y una gorra blanca de marinero con el nombre de mi padrastro cosido por dentro. También había recortes de periódico y un libro en el cofre. El libro delgado, era sobre el *U.S.S. Indianapolis* y tenía fecha de 1943. Hojee las fotografías en blanco y negro a ver si descubría alguna de Ernie. La mayoría eran retratos de jóvenes de apariencia similar, vestidos con uniformes azules y gorras blancas. Encontré fotografías de mi padrastro parado en frente de una batería antiaérea sobre la cubierta del barco, con sus amigos, sentado sobre el cofre. Se veía joven y muy masculino, de aspecto adusto, pero no desalentado.

Debajo de los uniformes, envueltas en un pañuelo blanco, estaban sus placas de identificación. Su nombre estaba inscrito en aluminio delgado. Debajo de las placas encontré más uniformes. Pantalones de peto en esta ocasión que tenían bordado el nombre "McKenzie" en los bolsillos. También había un par de zapatos negros de trabajo, un cinturón azul y varias gorras de marinero.

Esa tarde descubrí que mi padrastro había sido suboficial de artillería en la Segunda Guerra Mundial, y había estado en dos barcos que se hundieron. Un crucero liviano, el *U.S.S. Bismarck Sea*, y un crucero pesado, el *U.S.S. Indianapolis*.

Dos torpedos japoneses hundieron el *Indianapolis* poco después de trasportar los componentes de la bomba atómica a la isla de Tinian. El barco se hundió en minutos, junto con sus 300 tripulantes. Mi padrastro fue uno de los afortunados que se salvaron. El barco había estado observando silencio de radio durante todo ese tiempo. Nadie conocía su localización más que la tripulación del submarino japonés. Cuando rescataron a los tripulantes del submarino cuatro días después, sólo 317 hombres seguían con vida. El resto murió de cansancio, exposición a los elementos y heridas sufridas cuando los torpedos alcanzaron el barco. Muchos otros fueron víctimas de ataques de tiburón. Los tiburones se alimentaban sin cesar todo el día y toda la noche y mordían a los marinos con rapidez y furia. El agua alrededor de la tripulación que disminuía día con día se veía siempre roja.

Durante toda mi infancia, mi padrastro nunca habló de esa experiencia desgarradora. De vez en cuando, si estábamos a solas, hablaba de algunos aspectos de sus años en la Marina, contaba cómo era vivir en un barco o cómo se operaba una batería de cañones de trece centímetros de diámetro, pero eso era todo. Ernie nunca se jactó de haber sobrevivido al hundimiento del *Indianapolis* ni de que había salvado las vidas de otros marineros. Si no fuera por ese baúl, nunca me habría enterado.

Gracias a mi padrastro aprendí que los héroes más grandes son aquellos que encuentran el valor para servir a los demás y enfrentar obstáculos sobrecogedores y no esperan nada a cambio, ni siquiera el reconocimiento.

TIMOTHY MARTIN

83

Mi papá es tan lindo como un pez

Aún recuerdo los ruidos que hacía mi papá cuando empezaba el día: el ruido de su reloj despertador, el agua corriendo mientras se afeitaba, la cafetera y el tableteo de las tazas y platos en la cocina. El susurro de los cordones de piel contra el cuero me indicaba que se estaba atando las botas mientras se enfriaba su café. Su desayuno rápido iba seguido del golpe seco de la puerta de la cocina al cerrarse, el ruido del motor encendido de la vieja camioneta de carga y el crujido de la grava aplastada por los neumáticos de la camioneta al salir.

> Una noche un padre oyó a su hijo rezar: Dios mío, hazme el tipo de hombre que es mi padre.
>
> Más tarde esa noche, el padre rezó: Dios mío, hazme el tipo de hombre que mi hijo quiere que sea.
>
> AUTOR ANÓNIMO

Sólo entonces bajaba de puntillas las escaleras, tomaba su taza aún caliente, la llenaba de leche y le añadía dos cucharadas de azúcar, igual que él. Mientras mi café de mentiras se "enfriaba", me ataba mis botas de mentiras: unos tenis que me llegaban a los tobillos. Después de tomarme el horrible brebaje de leche con azúcar y asientos de café flotando, salía en silencio y me subía a mi bicicleta que por arte de magia se convertía en una camioneta. Mientras la grava crujía debajo de mis dos neumáticos, me iba a la casa de mentiras que estaba construyendo. En el mundo imaginario de un niño de cuatro años, quería ser como él. Después de todo, no sólo era mi papá, sino que también era mi héroe.

Sospecho que la gran mayoría de niños ve a sus padres como yo, llenos de admiración: un superhéroe de verdad, capaz de hacer cualquier cosa. Durante mis primeros años de vida no hubo nadie más grande, más fuerte o más importante que papá. Al final de su día de trabajo, cuando llegaba a casa, me levantaba en brazos, me frotaba la cara sonriente contra sus bigotes de un día y me alzaba por encima de su cabeza. La emoción del vuelo momentáneo que se combinaba con la certeza de que sus brazos fuertes y manos callosas siempre me sostendrían y me mantendrían a salvo se me ha quedado grabada como una metáfora de todo lo que él sería para mí.

Cuando me hice mayor, su condición de héroe comenzó a disminuir conforme mi mundo se ampliaba. Comencé a verlo como un hombre con fallas, como el resto de nosotros, los mortales. También lo veía menos ahora que mi vida me llevaba en distintas direcciones. Pero de vez en cuando nuestros caminos se cruzaban, ya que él entrenaba a mi equipo de beisbol o trabajaba de voluntario en mi tropa de los scouts. Algunas veces nos veíamos incluso en la mesa de la cocina durante la cena. Yo entraba a la adolescencia y, en ese tiempo, estaba seguro de que era mi papá el que estaba cambiando, y cada día perdía terreno en su condición de héroe.

Cuando tuve veinte años, su condición de héroe se había restablecido por completo. Seguía siendo para mí un consuelo y una bendición saber que sin importar a dónde me llevara la vida, sus brazos fuertes y sus manos callosas siempre estarían ahí para sostenerme y mantenerme a salvo en caso de que cayera. Cuando me casé se consolidó su condición de héroe, pero entonces ya era algo más que mi papá y mi héroe; era mi amigo y seguiría siéndolo por el resto de su vida.

Cuando mi hijo Michael tenía siete años respondió una pequeña encuesta en la clase para el día del padre. Las respuestas que escribió en una parte en la que tenía que completar oraciones me dieron una buena idea de cómo era nuestra relación padre-hijo. A la pregunta: "Mi papá es especial porque…", él escribió: "Le importo y me escucha". Me conmovió mucho. "Para hacerlo sonreír me gusta…" "hacer mi mejor esfuerzo en la escuela". Me sentí muy complacido. Anotó que me fijaba en lo que él hacía y que le había enseñado a atrapar una pelota de beisbol, pero una respuesta me desconcertó mucho entonces, y hasta el día de hoy me tiene perplejo. A la pregunta: "Mi papá es tan lindo como…", él contestó: "Un pez".

Yo estaba confundido. Le pregunté qué quería decir y él simplemente sonrió y me abrazó. Nunca me explicó su respuesta, pero su abrazo no requería ninguna explicación.

Algunos años después Michael tuvo que escribir un pequeño ensayo sobre quién era su héroe. Muchos de sus compañeros escogieron deportistas famosos, celebridades y personajes de caricaturas como tema del ensayo. Michael me escogió. Y así es de nuevo: de tal padre, tal hijo. Siempre estaré agradecido por haber sido el afortunado destinatario del amor y la amistad de mi papá, y sólo espero que al pasar los años de adolescencia de Michael, aún sienta lo mismo sobre mí. Si es así, prometo hacer lo mejor que pueda para estar a la altura de tan gran honor y seguir siendo tan lindo como un pez, signifique lo que signifique.

STEPHEN RUSINIAK

84

La salida de compras

—Jane, apresúrate y toma tu abrigo. Vamos a la tienda.

Obedecí corriendo a mi padre. Una salida de compras con papá era un placer extraño. Viajaba mucho y yo añoraba la oportunidad de estar a solas con él.

Una vez que subimos al automóvil pregunté:

—¿A dónde vamos?

—Ya verás —sonrió simplemente mi papá.

> Cada acto de nuestras vidas toca alguna cuerda que vibrará en la eternidad.
>
> EDWIN HUBBEL CHAPIN

Para mi sorpresa, no dimos la vuelta acostumbrada hacia la única tienda departamental de la zona. (Esto sucedió antes de que existieran los centros comerciales.) En cambio, dimos vuelta en un callejón donde había casitas pequeñas a los lados del camino. Papá estacionó el automóvil, se bajó y caminó hacia la puerta de la primera casa de la calle. En unos minutos volvió con Connor, un niño de nuestra iglesia.

Traté de disimular mi decepción. Yo quería estar a solas con mi padre. Ahora parecía que iba a tener que compartirlo con alguien más.

—Hola, Connor —lo saludé entre dientes, esforzándome por no dejar traslucir el resentimiento en mi voz.

—Hola —saludó él a su vez. Se veía tan incómodo como yo.

Papá se dirigió a la tienda. Una vez dentro, nos llevó a la sección de ropa de niños. Mi indignación estaba a punto de estallar. No sólo debía compartir a mi papá, sino que debía soportar tener que ver la ropa aburrida para niños.

—Mañana es la confirmación de Connor —me explicó papá—. Necesita un traje para la ocasión.

Connor veía las filas de ropa maravillado.

Papá debió de haber notado mi postura rígida y me llevó a un lado.

—Tenemos la oportunidad de ayudar a alguien que lo necesita —aclaró con voz calmada.

Finalmente comprendí y me sentí avergonzada de mi falta de compasión. Connor venía de una familia de escasos recursos y su madre soltera tenía que trabajar mucho para sostener a cuatro hijos. Supongo que esa ropa dominical no entraba dentro del presupuesto familiar.

Con la ayuda de papá, Connor escogió un traje oscuro. Lo observé mientras papá afablemente animaba a Connor a escoger una camisa blanca, una corbata, zapatos de vestir y calcetines. Connor abría cada vez más los ojos conforme se apilaban las compras.

—Gr… gracias —tartamudeó cuando lo llevamos a su casa.

Papá sonrió de oreja a oreja.

—De nada. Y recuerda que es nuestro secreto. Sólo tu madre lo sabe.

—Sí, señor.

—Gracias por venir conmigo —me dijo papá una vez que Connor tomó sus bolsas y corrió a casa—. ¿Qué te parecería si vamos a comprar una malteada de chocolate?

Asentí con la cabeza, pero sin la emoción acostumbrada por mi postre favorito. Tenía mucho en qué pensar. Otras cosas comenzaron a tener sentido. Recordé cenas de navidad en las que la mesa del comedor estaba llena de viudas y otras personas que probablemente estaban solas.

—¿Por qué tenemos que invitar a esas señoras a cenar? Ellas nunca nos invitan a su casa —pregunté una vez a papá.

Aún recuerdo la respuesta de mi padre:

—Es fácil invitar a personas que pueden devolver el favor, pero ocuparse de las que no pueden hacerlo es el sello distintivo del amor.

No lo entendí en el momento, pero esas palabras que expresó mi padre fueron para mí la mejor definición de caridad que jamás oiré.

Jane Choate

85

Risa

Hay un viejo dicho que dice: "La risa es la mejor medicina". No, no alivia un resfriado ni arregla una fractura, pero algo ocurre cuando uno se olvida de todo aunque sea por un momento, sin importar lo nervioso, nauseabundo o adolorido que se sienta, y se deja llevar por una broma picante o un acertijo ingenioso o algo bobo. Aprendí esa importante lección de mi padre.

> La alegría es la medicina de Dios. Todo el mundo debería bañarse en ella.
>
> HENRY WARD BEECHER

Mi padre es el rey de los dobles sentidos. En realidad, permítanme precisar mejor y decir que es el rey de los juegos de palabras cuestionablemente divertidos. Siempre que se presenta la oportunidad de una réplica rápida o una contestación ingeniosa, aparece su expresión de intensa concentración que indica que está pensando en los detalles de su último retruécano. La conversación se detiene un momento o dos mientras esperamos lo inevitable, e invariablemente gruñimos, porque sus ocurrencias son obras maestras de la chabacanería. Siempre se ve muy orgulloso de su última ocurrencia y a menudo la repite más de una vez para asegurar que todos lo hayamos oído, aunque sea evidente que quisiéramos que nos tragara la tierra, lo que lo hace reír aún más fuerte que cuando lo dijo por primera vez.

Me he devanado los sesos para incluir algunos ejemplos, pero por lo general son tan simplones y fofos que se esfuman en momentos sin dejar rastro. Y si sus juegos de palabras no fueran suficientes, papá siempre tiene una broma lista para rematar. En la última cena del año nuevo judío llegó con una carpeta llena de hojas con chistes breves que encontró en Internet, por si acaso había un espacio de silencio en la conversación. Al leer la lista, sus ojos se veían radiantes de alegría cuando lograba suscitar la más mínima risa.

Por supuesto, mi padre no es distinto de muchos parientes que aprovechan las cenas en familia para lucirse con sus actos cómicos. Sin embargo, lo que lo distingue es que él constantemente busca el lado cómico de las cosas a pesar de lo que hace todos los días. Mi papá es oncólogo, es decir, un especialista en cáncer. Sus días están llenos de quimioterapia y medicamentos contra el dolor, de dar malas noticias a los pacientes, de ayudarlos a pasar sus últimos meses y días con gracia y empatía y, desde luego, a hacerlos reír un poco.

Cuando era niña, recuerdo que en cuanto oía llegar el automóvil de mi papá después de regresar de la escuela, corría a la puerta y preguntaba cómo le había ido ese día. Me contaba de los pacientes que había visto, cómo se sentían, si estaban mejorando, o empeorando. Me contaba si habían entrado en remisión o si los habían hospitalizado. Recuerdo que me habló de una paciente que le pidió que la mantuviera con vida hasta que pasara la boda de su hija, otro hasta el bar mitzvah de su nieto. Hablábamos de pacientes que no querían morir en la época navideña para que sus familias no estuvieran sumergidas en el duelo en una época que por lo general es feliz.

Durante sus visitas semanales, tratamientos largos de quimioterapia y estancias en el hospital, mi papá se volvió amigo, confidente y terapeuta de sus pacientes. Trabajó meses con algunos, años con otros. Nunca pude comprender cómo parecía manejar tan bien el dolor de comunicar las malas noticias y luego ser testigo de cómo se deterioraba la gente que le importaba.

Pensándolo bien, me doy cuenta de que tal vez mi papá era ideal para su trabajo porque venía de un hogar disfuncional en los tiempos en los que el divorcio era algo vergonzoso. Me identificaba con su dolor cuando me contaba que todos los fines de semana debía tomar dos trenes él solo para ir a visitar a su padre, pero que se sentía demasiado avergonzado como para decirle a la gente a dónde iba. Ni su padre ni su madre volvieron a casarse y no tenía hermanos. Vivía con su madre y su abuelo, que rara vez se dirigían la palabra. Su infancia estuvo plagada de silencio y soledad. A pesar de su vida familiar emocionalmente desolada, o tal vez a causa de ella, fue capaz de crear lazos de amistad y empatía con sus pacientes. Relacionarse con su familia siempre fue difícil para él, como si al final de su día de trabajo se quedara completamente vacío. Regularmente desaparecía en su estudio y pasaba horas a solas, escuchando música clásica y tratando, a su manera, de superar la tristeza que lo rodeaba tanto en el pasado como en el presente.

Lo que es en verdad edificante de mi padre es que de alguna manera encontró la gracia en tanta tristeza. Una vez me explicó que cuando las personas tienen los días contados, a menudo ven el futuro con una sensación intensificada de aprecio y gratitud por lo que les queda. Poder ayudarlos le dio un propósito y a menudo usaba el humor para llevarlos de vuelta al momento. Me enseñó que la risa era una excelente forma de permanecer en el presente. Lo que mi padre hacía era ayudar a sus pacientes a encontrar momentos zen (aunque él se negaba rotundamente a llamarlos así). Estar por completo en el presente les daba un respiro de la enormidad que enfrentaban.

Hace algunos años, un amigo de mi esposo estuvo en el hospital por un cáncer que había estado en remisión desde que era niño. Ahora que había vuelto, el pronóstico no era bueno. Cuando llegamos a su cuarto, estaba abarrotado. Creo que las enfermeras entendían que había poco tiempo y dejaban a todos quedarse. Rich estaba en la cama, casi sin poder hablar, rodeado de amigos y familiares que susurraban. Yo empecé a parlotear, como siempre lo hago en situaciones tensas, y le conté de un libro que había terminado de escribir hacía poco. Se trataba de una colección de historias bobaliconas de vomitadas, de esas historias embarazosas que después del hecho lo matan a uno de risa. En ese momento se hizo un silencio en la habitación cuando Rich me dijo que me tenía una historia y contó una comiquísima sobre sus amigos de la universidad (la mayoría de los cuales estaban ahí a su lado), una caja de cerveza y un aromatizante que empezó a expeler un aroma fétido cada vez que lo prendían después de aquella noche.

Los ojos de Rich brillaron y la tensión en el cuarto desapareció cuando todos soltamos una carcajada. La puerta se abrió y su mamá entró preocupada después de oír todo el alboroto desde el pasillo. Sin embargo, en ese momento nos transformamos de personas angustiadas que iban a desearle suerte al enfermo en amigos universitarios que rememoraban viejos tiempos. El humor nos unió y nos hizo olvidar el dolor y la tristeza por un rato.

Cuando me encuentro en situaciones estresantes, el humor es mi mecanismo automático para enfrentar las cosas. La risa alivia la ansiedad, rompe la tensión y distrae mucho a los niños que sufren. Alivia la tristeza de estar en un salón de clases distinto al de tu mejor amigo. La derrota de un equipo de beisbol se vuelve menos trágica. Una espera prolongada en el aeropuerto se va más rápido. Aunque soy la peor persona para contar chistes, mi especialidad es compartir historias personales vergonzosas. Cuento cómo me rompí el dedo en una clase de gimnasia, o hablo de la vez que me cortaron el cabello como niño y esto provoca sonrisas. Pedir ayuda para relatar alguna escena chistosa de una película también es bueno. A veces recurro incluso a un momento de hacer cosquillas a alguien, porque sé que una vez que aparece una sonrisa tengo la oportunidad de ayudar a alguien a encontrar un poco de alegría y a estar en el momento presente.

Gracias, papá.

Elissa Stein

86

Reglas de la vida

Crecí en un pequeño pueblo tabacalero pequeño en Carolina del Norte en las décadas de 1970 y 1980 y establecí algunas reglas personales para mi vida, y sí, me refiero a reglas que tenían el propósito de volverme lo más atractiva posible para que Mike Watson (cuyo Camaro era de esa envidiable especie que tenía un águila con las alas extendidas pintada en la capota) tal vez algún día me encontrara digna de acompañarlo a la cena de ensayo previa a una boda. Primera regla: si tu permanente se arruina, hazte otro antes de que la gente recuerde que en algún momento tuviste el cabello muy lacio. Segunda regla: si conoces a alguien cuya madre tiene un salón de belleza en el sótano de su casa, haz amistad con ella de inmediato. Y tercera regla: si planeas ganar el concurso de belleza de la feria del condado, probablemente necesitarás un permanente más rizado.

> El valor no es la ausencia de miedo, sino el discernimiento que algo es más importante que el miedo.
>
> AMBROSE REDMOON

La vida era sencilla. La gente propendía a no cerrar la puerta de su casa.

Ahora bien, da la casualidad que mi padre era el fiscal de distrito de la región, que abarcaba tres condados, incluido el nuestro. Por lo tanto, se daba cuenta de algunas cosas. Había narcotraficantes en Kinston. Había una pequeña banda de incendiarios en Goldsboro. Dentro de mi propia comunidad escolar rural asesinaron a un maestro de ciencias después de una pelea doméstica. A mí me parecían acontecimientos peculiares que sucedían en hogares aislados. Incluso cuando oía por casualidad a mi padre hablar por teléfono y utilizaba palabras como "asalto", "latrocinio" y "homicidio", no me asustaba. Esos eran términos para los juzgados que empleaban hombres de traje para imponer el orden en las sombras. En lo que a mí concernía, los abogados agitaban sus papeles y la gente malvada iba a la cárcel.

También llegué a comprender, muy pronto en la vida, que mi padre era un excelente fiscal. Era absoluta e inquebrantablemente honrado, tanto dentro como fuera de la casa y se comprometía por completo en todos los casos, sin importar su gravedad. Su forma de luchar contra el crimen era, para decirlo en términos llanos, atacarlo con la verdad. Casi siempre ganaba. En cierto sentido, mientras más me enteraba de sus casos, más segura me sentía.

Hasta que…

En 1976 mi papá recibió una llamada de un agente en el Buró de Investigación Estatal (el S.B.I., por sus siglas en inglés). Parecía ser que un notorio capo de las drogas de la ciudad de Nueva York había estado utilizando, desde hacía años, a sus socios para introducir heroína "Blue Magic" de gran pureza, desde Tailandia a Estados Unidos, a través de aeropuertos militares y oficinas de correo en la región oriental de Carolina del Norte. Cientos de kilogramos de heroína cruzaban por nuestro pequeño distrito cada año.

Hoy conocemos a ese narcotraficante como el personaje que interpreta Denzel Washington en la película *American Gangster*. En aquel entonces, era conocido como Frank Lucas. Su heroína era muy barata, muy potente y muchos de sus clientes se estaban muriendo, a veces a media calle. En la cúspide de su imperio, Lucas aseguró haber ganado un millón de dólares al día en ventas de Blue Magic. El secreto de su éxito, es decir, el aspecto particularmente "estadounidense" de la operación de este gángster era que tenía una ventaja competitiva: compraba las drogas directamente de los campos del sureste asiático. Contaba con una enorme red de distribución de heroína, misma que estaba afectando sectores enteros de la ciudad de Nueva York y era administrada por cuarenta parientes y socios de Lucas desde Carolina del Norte. Mi padre sería responsable de procesar a cada uno de ellos. La serie de juicios duraría años.

Como mencioné, mi padre era un fiscal excepcional. A lo largo de su carrera ya había procesado a más de cien personas en el distrito que abarcaba los tres condados por cargos de distribución de estupefacientes y había logrado sentencias condenatorias en casi todos los casos. Sin embargo, esta era una de las operaciones de heroína más grandes que nuestro país hubiera visto. Frank Lucas y sus cómplices eran material cinematográfico. Para ellos, el asesinato era una estrategia de negocios. Cuando el S.B.I. empezó a tomar medidas para proteger la vida de mi padre, supe que todo había cambiado.

En los siguientes cinco años observé a mi padre entre especiales televisivos del *Crucero del Amor* y repeticiones de *Happy Days*. Constantemente leía y escribía. Viajaba a Nueva York para entrevistar a Frank Lucas, que ya era residente de Rikers Island y proporcionaba información a la policía. Mi padre también comenzó a arrancar el automóvil dentro de la casa para detonar las posibles bombas que pudieran haberle plantado. Guardaba una pistola en un cajón de su mesa de noche. A veces, cuando yo intentaba quedarme dormida, veía a un agente del S.B.I. estacionado fuera de mi casa, cerca de mi habitación, en un automóvil que no llevaba ninguna insignia policial. Eso no me hacía sentir más segura. Nunca olvidaré una noche, antes del día inaugural del juicio principal, que vi a mi papá encorvado en nuestro pequeño sillón café, con las piernas temblando.

Durante esa odisea de cinco años nuestra familia rezó mucho. Mi padre peleaba por su vida, tanto en el tribunal, contra los crímenes sobre los que podía hablar con elocuencia, como en casa, a altas horas de la noche, contra los demonios que no podía ahuyentar. Juntos, mis padres rezaban para pedir ayuda, protección, prudencia y paz. También rezaban por los hombres y mujeres jóvenes que morían en Nueva York. Mis plegarias eran muy sencillas: "Dios mío, por favor, quédate con mi papi hoy. Y por favor, por favor, por favor, no dejes que estalle su automóvil".

Al final, mi padre salió sano y salvo de esta odisea y logró treinta y cuatro sentencias condenatorias. De pronto, el mundo volvió a la vida, como si finalmente hubiéramos escapado por debajo de un muro. Hicimos un viaje a Disney World. Al cabo de algunos años, me mudé de nuestra comunidad agrícola para ir a la universidad. Y por si tenían la duda, sí, todavía me hacía permanente. Pero mis viejas reglas de vida no se adaptaban al mundo real y lo sabía. Había muchas cosas a mi alrededor que un salón de belleza no podía solucionar. Cuando me fui de Carolina del Norte para ir, quién lo hubiera imaginado, a la ciudad de Nueva York, llevaba el cabello lacio y me había replanteado mis valores.

En la actualidad hay muchas cosas que extraño de mi pueblo natal. Extraño a mi mejor amiga, que me enseñó a saltar zanjas y a colocar antenas de televisión a un lado de la casa. Echo de menos ir en bicicleta a la tienda a comprar papas fritas, un Dr. Pepper y dulces de un centavo. Extraño a la gente que se preocupaba tanto de que lloviera como de obtener excelentes calificaciones en el examen de aptitud académica para ir a la universidad. Y por último: no me casé con Mike Watson. Aunque en cuanto a eso, doy gracias a Dios. Estoy bastante segura de que no caben tres asientos infantiles en la parte posterior de un Camaro.

Pese a todo, hay muchas cosas de Carolina del Norte que llevaré conmigo dondequiera que vaya. En particular, me gustan mis nuevas reglas de vida que aprendí poco a poco a lo largo de aquellos años que observé a mi padre, reglas que en mis mejores días de adulta, a veces me acerco a poder seguir. Primera regla: no mentir, incluso si tienes miedo. Segunda regla: lucha por la gente que literal y emocionalmente está muriendo en las calles. Y tercera regla: trata de comprender el verdadero significado de la frase "y que Dios me ayude".

Por todas estas cosas, le doy gracias a mi papá.

JILL OLSON

87

Vivir el sueño de mi padre

Yo amaba a mi padre. Poco antes de casarme, mi padre me miró desde el otro lado de la mesa del desayunador y dijo con su marcado acento italiano:

—Conozco a una mujer que tenía treinta y cinco años y no se había casado. Y a su padre no le importaba que siguiera viviendo en casa.

> No hay nada como un sueño para construir el futuro.
>
> VÍCTOR HUGO

—Pero papá, tengo veintinueve años —protesté al tiempo que pensaba que era lindo de su parte que le importara tanto como para decir eso. Pero sabía adónde quería llegar con eso. Les había dado el mismo discurso a mis hermanas antes de que se casaran. Mi padre detestaba ver a sus hijos abandonar el nido, en especial a sus hijas. Recordar esta charla entre padre e hija mientras tomábamos café exprés caliente y pan recién horneado a menudo me lleva a pensar en la decisión que mi padre tomó de dejar su hogar a los diecisiete años para viajar a través del inmenso océano a una tierra lejana llamada Estados Unidos. Tenía sueños para sí y para la familia que quería. Es en uno de esos sueños donde me encuentro ahora.

La educación formal de mi padre fue limitada, pero era una de las personas más brillantes que he conocido. Cuando llegó a su nuevo país, trató de adaptarse y empezó a frecuentar lugares donde pudiera asimilar el ritmo de esta tierra y su cultura. Fue a la escuela nocturna para aprender a hablar, leer y escribir en inglés. Quería poder compartir con sus hijos la herencia estadounidense, los hijos que algún día tendría.

Más que cualquier otra cosa, quería que sus hijos tuvieran la educación que él nunca pudo tener. Soñaba con que sus hijos se graduaran de la universidad un día. Estados Unidos era el país que podía ayudarlo a cumplir su sueño. Él solía decir: "Si tienes educación, tienes el mundo entero en tus manos".

Mi padre trabajó duro como albañil para poder darnos una educación. Algunas noches llegaba a casa del trabajo con las manos agrietadas y sangrantes por el frío y el cemento fresco. Untaba jalea de petróleo en la piel y mi hermana y yo le ayudábamos a ponerse unos guantes antes de dormir. Por la mañana, sus manos amanecían mejor para poder irse a trabajar.

Sin embargo, vivir el sueño de mi padre no siempre fue sencillo. Dejé la escuela en mi último año de la carrera. Entonces mi padre me dijo: "Cuando llegue el momento oportuno, regresarás a terminar". Luego añadió: "He ahorrado el dinero para tu educación".

Mi padre murió antes de que me graduara de la universidad, treinta años después. Al término de mi última clase de la licenciatura, salí del salón una cálida noche de primavera y contemplé las estrellas en el firmamento. "Lo logré, papá", exclamé. "¡Me gradué de la universidad!" Tenía cincuenta y un años. Finalmente cumplí lo que mi padre había soñado para mí. Sentí a mi padre a mi lado en ese momento. Sabía que él estaba orgulloso de mí.

Seguí adelante y obtuve mi licencia para dar clases en primaria y una maestría en inglés y educación. Sin embargo, estaba en el último semestre de la maestría cuando me diagnosticaron cáncer. Tenía casi cincuenta y cinco años y hubiera dado lo que fuera por tener a mi padre a mi lado; tener sus brazos rodeándome mientras me decía palabras de aliento.

En las siguientes siete semanas, terminé mis estudios e inicié mi tratamiento de radioterapia. Me gradué de la maestría y sané. "¡Lo logré, papá!", exclamé de nuevo, mientras lloraba de alegría.

Cuando entré en mi salón de clases con treinta y cinco niños de quinto grado, sentí la presencia de mi padre. Él tenía gran respeto por los maestros; creía que ellos poseen la llave del conocimiento y la libertad. En algún momento de mi vida debo de haber transmitido mi amor por aprender a mis hijos, puesto que mi hija se convirtió en maestra y mi hijo en psicólogo. Mi padre estaría muy complacido de ver que su sueño americano sigue vivo.

Solía decirles a mis hijos: "Si tienen educación, tienen el mundo entero en sus manos".

Hace treinta y cinco años mecanografié la autobiografía de mi padre. Le encantaba escribir. Algunas mañanas lo hallaba sentado en su silla cerca de la ventana de la sala, con un bloc de hojas amarillas en las piernas y un bolígrafo en la mano. Veía cómo su mano callosa se deslizaba por las hojas haciendo trazos suaves y rítmicos. Verlo sentado ahí, a la luz del nuevo día despertó a la escritora que llevo dentro.

Después de que mi padre sufriera un terrible accidente cerebral vascular, no pudo volver a hablar en los siguientes diez años de su vida. Sin embargo, tomaba mi mano y la apretaba con fuerza. Yo sabía exactamente lo que quería decirme. Todo estaba ahí, en su apretón firme.

—Te amo también, papá —yo le contestaba y le apretaba con mayor fuerza la mano.

Ahora, cuando me siento en el sillón de la sala cerca de la ventana con una pluma en la mano, pienso en mi padre y en que estoy haciendo lo que él amaba. Susurro "gracias, papá" al sentir la luz de la mañana. Gracias por venir a una tierra llamada Estados Unidos, donde los sueños se vuelven realidad. Estoy viviendo tu sueño y el mío.

LOLA DI GIULIO DE MACI

88

La más grande lección nunca hablada

A veces las lecciones más importantes que nos enseñan nuestros padres son aquellas que ni siquiera se mencionan.

De niño entendía a mi padre sólo como un hombre conocido por su éxito en los negocios: líder de convención, abogado y dueño de un pequeño bufete que se había ganado una respetable reputación, que había trabajado al lado de funcionarios importantes del gobierno, los sindicatos y los municipios por décadas.

En mi juventud entendía a mi padre, el abogado, como una parte indistinguible de la persona que era en casa. Creía que su estilo distinguido y estructurado de enseñar a mis hermanos y a mí era el mismo con el que formulaba un argumento jurídico en el tribunal.

> Los líderes no crean seguidores; crean más líderes.
>
> TOM PETERS

A menudo nos enseñaba lecciones como: "No puedes juzgar tus acciones por lo que otros hacen o dejan de hacer" y "La forma en la que el mundo se maneja no se puede separar en blanco y negro". Concluí que estas lecciones no eran más que el resultado de sus años de experiencia con las complejidades de ejercer el derecho. Y en muchas formas, así era, en efecto.

Mientras tanto, mi padre me estaba enseñando una gran lección que yo no alcanzaría a comprender sino hasta décadas después. Increíblemente, esta lección nunca fue explícita. Hasta ahora empiezo a comprender, después de darme cuenta de que heredé esta cualidad de él, así como heredé otras características físicas y de personalidad suyas. La lección nunca expresada que mi padre me enseñó fue a través de su silencioso ejemplo como una persona siempre generosa.

Como producto de la historia de pobreza de su familia de inmigrantes y la "carencia" de todo lo que la familia sufrió en general durante la mayor parte de su niñez y juventud, mi padre se acostumbró a dar con modestia; se convirtió en alguien que trataba de proveer más allá de sus posibilidades y a costa de su propia comodidad a su familia, amigos y extraños por igual. En su carrera, su generosidad adoptó la forma de una extraordinaria integridad moral en su servicio público como abogado.

Mucha de su generosidad, me he dado cuenta, ha sido a menudo sin motivo ni propósito. Pero afortunadamente, también ha sido sin limitaciones.

Como si quisiera compensar la falta absoluta de confort material y emocional que sufrió durante su niñez y primera juventud, mi padre se esforzó por ofrecer todas las comodidades materiales y emocionales a su familia y amigos: siempre abrir las puertas de su casa a los demás sin pensarlo; brindar las oportunidades más importantes a sus hijos por medio de las mejores escuelas y educación universitaria que podía pagar; prodigar apoyo moral y valor; darnos los medios para aliviar cualquier dificultad económica por la que pudiéramos atravesar y, sobre todo, darnos los medios para que verdaderamente pudiéramos seguir nuestros sueños y pasiones en la vida.

Después de años de atestiguar su silenciosa generosidad, por fin entendí algo muy importante: la voluntad de dar más allá de mis medios y a costa de mi propia comodidad es un rasgo que heredé de mi padre como cualquier otro. El ejemplo callado de mi padre era un lado sutil suyo que sentí y presencié toda mi vida. Pero debido a que este lado suyo nunca se hacía explícito, no se mencionaba ni se pregonaba, emulé su ejemplo sin darme cuenta. Y así se volvió una parte de mi personalidad, como cualquier otro rasgo heredado.

Ahora entiendo que mi padre no ha sido sólo un líder de convención como abogado. También es, y tal vez esto sea lo más importante, un líder modesto que enseña con el ejemplo amoroso. Ya sea que fuera consciente o inconscientemente, su liderazgo silencioso era un componente integral de su paternidad que influyó en sus hijos más que cualquier otra lección explícita que recuerde.

El carácter dual de su paternidad es un componente integral de su forma de enseñar con el ejemplo. Por un lado, guía con el tradicional ejemplo paterno. Por el otro, guía al ser el vivo ejemplo de una persona que sus hijos quieren imitar.

Los hijos heredan mucho de sus padres; las características físicas, como la complexión y el color de ojos, son fáciles de reconocer. Los rasgos de la personalidad, como el sentido del humor, pueden medirse con la risa. Pero una lección implícita, como la que me enseñó mi padre de ser una persona siempre generosa y dar más allá de los propios medios y aun a costa de la propia comodidad, una lección nunca hablada que me enseñó solamente con el ejemplo, sólo puede medirse por el grado en que los demás la sienten, y a veces, sin darse cuenta.

DAVE URSILLO, JR.

89

Sin miedo

Papá:

¿Entiendes lo que has hecho? Cuando recibas tu reconocimiento por siete años de sobriedad, espero que comprendas el impacto que has tenido en mi vida. El día que decidiste cambiar tu vida fue el día que comencé a apreciarte de verdad. Decías que lo hacías por ti, pero en realidad lo hacías por mí también.

> El ejemplo no es lo que más influye en los demás, es lo único.
>
> ALBERT SCHWEITZER

Antes tenía miedo. Sabía que tenía el gen de la adicción. Sólo un trago de alcohol y mi vida terminaría. Ahora sé que me heredaste un mejor gen: el de la determinación. Te decidiste a nunca más tomar otro trago de alcohol y eso es lo que lograste. Cuando voy a fiestas no me es difícil decir que no ante la presión de mis amigos, ya que tú me inspiraste a cobrar conciencia de mi potencial. Me has agradecido muchas veces por ayudarte a seguir yendo a las juntas de Alcohólicos Anónimos, pero ahora, papá, soy yo el que te da las gracias.

SIDNEY WAIN

90

Un padre devoto

Mientras mi esposo de solamente cuatro años se inclinaba y me daba un beso para despedirse, Aaron, nuestro bebé, empezó a agitarse y a refunfuñar. Era la hora del desayuno y no estaba dispuesto a esperar. Mi dulce esposo aprovechó una última oportunidad para acariciar la mejilla del bebé y luego salió de prisa a empezar sus numerosas actividades del día.

Cuando el ajetreo de la mañana empezó a amainar, llegó el momento de que mi bebé y yo iniciáramos nuestra pequeña rutina. Comenzaba cuando nos acomodábamos en la mecedora reclinable y le daba de comer a mi pequeño muy hambriento. Una vez terminada esa hazaña con un exitoso eructo, el bebé se quedaba dormido. Por lo general, cuando esto sucedía, lo colocaba en el moisés y salía corriendo a bañarme, dejando apenas que el agua me tocara para poder estar lista y dejar la casa en orden antes de que despertara.

> A menudo damos por sentado las cosas que más merecen nuestra gratitud.
>
> CYNTHIA OZICK

Sin embargo, esa mañana, en lugar de correr para tratar de estar lista y terminar los quehaceres domésticos, me quedé sentada en la quietud y el silencio del momento, reflexionando. Empecé a pensar en el bebé que tenía en los brazos. Qué dulce y vulnerable se veía dormido, parecía que toda la bondad del mundo emanaba de sus pequeños ronquidos. Estos pensamientos me llevaron a recordar la mañana con mi esposo, un padre que tenía que salir a toda prisa para cumplir con sus obligaciones. De ahí fue sólo un pequeño salto para que pensara en mi padre, un hombre común y corriente como mi esposo.

Ahí estaba ante mí en mis pensamientos. Lo imaginé en la cocina, como lo veía todas las mañanas, con su uniforme de policía tomando una taza de café.

—Buenos días, Bud —mi padre llamaba Bud a todo el mundo.

—Buenos días, papá.

Era un pequeño intercambio cada mañana, pero funcionaba como reloj. Mi madre murió cuando yo tenía diez años, y en retrospectiva, me di cuenta de que mi papá era todo un hombre de familia. Debido a su amor por la casa y la familia, se casó de nuevo relativamente pronto. Se iba a trabajar cada mañana y regresaba con su familia todas las tardes. Nos proveía de alimento, vestido, calidez y protección. Era un padre devoto.

Una vez que acosté al bebé, tomé el teléfono y marqué un número muy familiar con lágrimas en los ojos. Mi corazón acababa de darse cuenta de la magnitud de lo ordinario, de la vida diaria que pasa ante nosotros y que a menudo damos por sentada, cuando debe reconocerse y celebrarse. Incluso debe ser aplaudida.

—¿Bueno?

—Hola, papá —saludé mientras me esforzaba por contener el llanto.

—Hola, Bud. ¿Cómo estás? —percibí la preocupación en su voz.

—Bien. Sólo te llamo para decirte gracias —lo dije antes de que el nudo en la garganta me impidiera hablar.

—¿Por qué? —preguntó él, tratando de recordar si me había mandado algo recientemente.

—Por levantarte a trabajar cada mañana de mi vida. Ahora que tengo a mi hijo y veo a mi esposo hacer lo mismo, quiero agradecerte, papá. Gracias por tu devoción.

Hubo un silencio al otro lado de la línea mientras mi papá se recomponía, y con voz temblorosa respondió:

—De nada, Bud.

No recuerdo mucho del resto de la llamada. Estoy segura de que hablamos de cualquier cosa, de las cosas de la vida diaria que ocurrían. Sin embargo, ese momento revelador sobre mi padre nunca lo olvidaré.

Existen personas que son célebres por sus actos heroicos, y existen quienes son conocidos por su riqueza y fama. Sin embargo, los verdaderos héroes son los padres de la vida cotidiana. Son ellos los que se despiden de sus esposas con un beso y acarician la mejilla de sus hijos antes de salir corriendo por la puerta día tras día para cumplir sus obligaciones con completa devoción. Mi padre es uno de esos padres devotos, comunes y corrientes, y estoy agradecida de que así sea.

BONITA Y. MCCOY

9

CAPÍTULO

Momentos que duran para siempre

91

La cuna

—¿Qué hace papá? —pregunté mientras me servía una taza de café. Me senté frente a mamá a la mesa de la cocina.

—Está ahí abajo en el taller —respondió ella.

Me quedé desconcertada. Era diciembre y el sótano estaba muy frío. Tomé un trago de café y le puse otro sobre de azúcar.

—¿Qué hace allá abajo?

Mamá cambió de posición en la silla y rodeó la taza con las manos. Se veía inquieta y estuvo callada un largo rato.

—Está haciendo cunas de muñecas para los regalos de Navidad de las niñas —me buscó con la mirada.

—Ah —me limité a decir con una sonrisa. Pero el corazón se revolvió en mi pecho. Pasé el dedo por la orilla de la taza—. Es una tradición maravillosa.

> La Navidad es la época en la que sientes nostalgia del hogar, incluso cuando estás en casa.
>
> CAROL NELSON

—Quiere asegurarse de que todas las nietas tengan una. Ya no somos jóvenes.

No me gustaba cuando mi mamá hablaba así, pero tenía razón. Cada vez estamos más viejos.

—A las niñas les encantará. Serán bonitos recuerdos —señalé.

Lo fueron.

Mi papá es padre de cuatro hijas. Por décadas vio a las niñas cuidar a sus bebés de juguete. Tiene un corazón tierno y cariñoso, y cuando sus hijas tuvieron bebés de verdad, empezó una tradición. Hizo a mano una cuna para cada familia, para que las niñas mecieran a sus amadas muñecas.

Pero no habría una cuna para mi familia. Mi esposo y yo tenemos cinco hijos.

De camino a casa esa noche, mientras iba en el automóvil enfrenté el dolor que sentía en el corazón. Era ridículo. Dios me había bendecido con cinco hijos que no cambiaría por nada en el mundo. Estaba feliz, contenta y encantada con cada hijo. Amaba las cualidades varoniles de nuestra casa y disfrutaba de ser la princesa reinante.

Entonces, ¿por qué me sentía triste?

Cuando terminó el viaje de 50 kilómetros había identificado con precisión el problema. No radicaba en que no tuviera una hija, sino en que no tendría una cuna, un tesoro hecho a mano por mi papá. Sabía que el cuarto de los niños estaba lleno de tesoros hechos por papá: repisas en forma de trenes y percheros en forma de bates de beisbol. Pero los trenes y los bates no me conectaban con mi infancia. Esos trenes y bates no me recordaban de cuando mecía a mis bebés de juguete y les cantaba, a menudo mientras me quedaba dormida en los brazos de papá.

Decidí que la mejor forma de disminuir la nostalgia en mi corazón era celebrar las bendiciones de otra persona. Recé por mi papá que estaba haciendo las cunas. Recé por las nietas que las recibirían. Le di gracias a Dios por tener un padre tan tierno, que llenó de amor a su familia y a quien mis pequeños hijos adoraban.

Y eso ayudó.

Una tarde, papá y yo tuvimos la rara oportunidad de conversar mientras la casa estaba en silencio. Habíamos ido de visita y mamá salió con los niños a jugar en la nieve. Papá estaba meciendo con suavidad a mi hijo más pequeño mientras el sol del invierno se colaba por la ventana y formaba una línea de luz en el piso de la sala.

—¿Cómo van las cunas, papá?

Se sorprendió. Un destello de emoción iluminó su rostro.

—Van bien. Estoy pintando las cabeceras. Necesito mucho tiempo.

—Las cosas buenas toman tiempo —respondí.

Mi papá recostó a mi hijo sobre su hombro y le frotó la espalda.

El corazón se me encogió un poco cuando vi las manchas de la madera en los dedos de papá.

Llegó la Navidad y la casa estaba llena de alegría. Mi esposo y yo pasamos la mañana en casa con los niños, y cuando llegó la tarde, fuimos a casa de mis papás para la celebración familiar.

Cuando todos quedamos satisfechos con la deliciosa comida de mamá y los niños ya no podían aguantar la espera, intercambiamos los regalos. Una docena de niños a los pies de sus padres jugaban con sus nuevos tesoros. Cuando cedió el entusiasmo, papá se abrió paso en silencio por las montañas de papel para envolver y desapareció. Vi que bajó al sótano.

Después de un momento reapareció. Llevaba en brazos una hermosa cuna de muñecas. Una cinta atada en lazos suaves de color rojo brillante y había una pequeña manta dentro.

Miré de inmediato a mi sobrina. Estaba sentada con las piernas cruzadas en el suelo y su largo cabello rubio le caía hacia delante mientras abrazaba a su nueva muñeca.

Mi papá se arrodilló y colocó la cuna frente a ella. La pequeña abrió los ojos desmesuradamente sin poder creer lo que veía y se lanzó a los brazos de mi padre.

Vi a mi otra sobrina. Sus ojos estaban llenos de esperanza. Mi papá se dio cuenta también. Y una vez más, desapareció. También tenía una cuna para su nuevo bebé.

Mi esposo me pasó el brazo por los hombros y levantó la mano para limpiarme las lágrimas. Estas escenas habían sido hermosas. Era una bendición poder presenciar estos intercambios de amor. Mis pequeños hijos se subieron a mis piernas y los abracé. Me acurruqué con ellos y cerré los ojos.

No me di cuenta de que papá había desaparecido de nuevo.

Cuando abrí los ojos, papá caminaba hacia mí. Llevaba una hermosa cuna en los brazos. Entrecruzamos miradas.

No comprendí. Miré a mi alrededor para buscar a mis sobrinas. Ellas estaban en el rincón, jugando con sus muñecas. Dos cunas. Miré a mis hijos. Ellos jugaban con sus muñecos y dinosaurios. No querrían jugar con una cuna. No tenía sentido. Pero cuando volví a ver a mi papá, él no me había quitado la vista de encima.

—¿Para mí? —pregunté.

Papá asintió con la cabeza. Colocó la cuna frente a mí.

Los ojos se me llenaron de lágrimas. Pasé el dedo por las líneas rectas y a lo largo de las curvas de los barrotes. Toqué la suave manta dentro de la cuna. Entonces vi una hoja de papel escondida entre los dobleces.

La saqué con manos temblorosas. Escrita con la letra de mi papá, decía:

Para la pequeña niña de Shawnelle
Como el suave vaivén de la cuna
Con su precioso contenido,
Así debe sentirse en el cielo
Cuando Jesús está a tu lado
Siempre te amaré,
Papá.

La emoción me embargó y me impidió decir cualquier palabra que trataba de formar. En silencio, abracé a mi papá.

—Gracias —fue todo lo que pude susurrarle al oído.

—No sé cuándo llegará, y tal vez sea tú nieta. La cuna es para ella y para ti —sentí en la mejilla la calidez de las lágrimas de mi padre.

Abracé a mi papá hasta que mis encantadores hijos levantaron los brazos para integrarse al abrazo. Los recibimos con los brazos abiertos.

La cuna está envuelta en un edredón muy suave viejo en el fondo de nuestro clóset. No sé quién recibirá este regalo.

Sólo sé que cuando llegue, tendré mucho que contarle de mi papá.

Le contaré que él siempre acunó mi corazón.

SHAWNELLE ELIASEN

92

Padres, hijos y el ángel en el estadio

Recuerdo cuando me llamaron de American Eagle Outfitters para informarme que llevarían en avión a mi hijo de diez años a Nueva York para la temporada de otoño. Al instante me emocioné. En realidad, estaba enloquecida de alegría, pero luego me detuve en seco. Mi hijo Dalton es trillizo y tenemos además una hija de siete años. Dalton faltaría toda la semana a la escuela, pero la pregunta más importante era: ¿quién lo llevaría?

> Veo grandes cosas en el beisbol, el gran juego norteamericano.
>
> WALT WHITMAN

Yo era la respuesta lógica, pero mi esposo no es el mejor para ocuparse de los asuntos en casa. Aun así, la única ocasión que se llevó a uno de nuestros hijos de viaje fue a un torneo de ajedrez, perdió el vuelo y tuvo que cambiarlo por otro que salía a las cinco de la mañana del día siguiente. Había sido un desastre absoluto. Así las cosas, imaginen lo que pasaría ahora que mi hijo iba a ir a Nueva York con su padre por seis días. Me asusté. Nueva York, para mí, era un lugar que daba miedo, y el viaje suponía muchos más aviones y aeropuertos con su papá.

—Por lo que más quieras, tienes que tenerlo a tu lado dondequiera que vayas —supliqué. Vivimos en Boca Ratón, Florida, y todo aquí es por lo general bastante tranquilo. Nueva York es todo lo contrario, o al menos eso era lo que yo pensaba.

Sin embargo, para mi deleite, mi esposo estuvo increíble. Llevó a mi hijo a lugares a los que yo no me hubiera atrevido a ir. Lo llevó a Madison Square Park, abordaron el transbordador para visitar la Estatua de la Libertad, fueron a la Bolsa de Valores de Nueva York, se tomaron una fotografía frente a la Torre Trump, cenaron en el Barrio Chino, anduvieron por todos lados. También lo llevó a diversas locaciones en Nueva York como parte de una sesión fotográfica y se divirtieron mucho. ¡Mi esposo incluso lo llevó al metro!

Cuando llevaban algunas noches de viaje, quiso llevarlo a un juego de los Mets: sólo Michael y Dalton, padre e hijo. Caminaron por el sitio buscando boletos de cualquier revendedor. Se toparon con un tipo que tenía dos boletos muy caros, pero mi esposo no llevaba dinero suficiente en efectivo.

—Si quiere, puede dejar a su hijo conmigo mientras busca un cajero automático —propuso el vendedor.

—Eh, no gracias —respondió mi esposo—. Me lo llevo y ahorita regresamos.

Bueno, pues cuando caminaban alrededor del estadio en busca del cajero automático, un viejo le tocó el hombro a mi hijo y preguntó con amabilidad:

—¿Buscan boletos para el juego?

Mi esposo se volvió hacia el hombre y contestó:

—Sí, señor, por supuesto que sí.

—Muy bien, serán nuestros invitados —repuso el hombre que estaba con su esposa.

El señor le informó a mi esposo que tenía dos boletos de sobra porque sus amigos no podrían llegar al juego.

—Aquí tienen —agregó.

—¡Caramba! Es increíble. Gracias. ¿Cuánto le debo? —preguntó mi esposo.

—Nada, se los regalo. Vayan a sus asientos y nos veremos allá dentro —contestó el hombre en voz baja.

Michael llevó a Dalton a comprar una sudadera de los Mets y un hot dog.

—¡Esto es genial! —exclamó mi hijo—. Y pensar que el otro señor quería tanto dinero. Me gusta Nueva York.

Fueron a buscar sus asientos y a reunirse con sus nuevos amigos. Llegaron a las gradas y empezaron a bajar cada vez más hasta la tercera fila junto a la línea de primera base. ¡No había nadie sentado frente a ellos que les tapara la vista! No podía ser mejor.

Poco después llegaron el señor y su esposa y se sentaron junto a ellos.

—Debo decirles —empezó mi esposo— que han sido realmente muy amables. Rara vez la gente hace algo así. Mi esposa nunca me lo va a creer.

Mi hijo estaba extasiado. ¡No sólo era parte de una campaña nacional de una increíble marca de ropa, sino que además estaba en la tercera fila para ver un partido de los Mets gratis! Los cuatro estaban sentados juntos, conversaron un poco y vieron el juego. Después de media hora de haber iniciado el partido, pasó un vendedor de cervezas.

—No, no faltaba más, yo pago. Es en agradecimiento —mi padre les dijo al señor y a su esposa.

El vendedor insistió en que, dado que había cámaras, debía pedir identificación a todos y hablaba en serio cuando dijo "a todos". El señor sacó su identificación y se la dio al vendedor, pero cuando la volvió a guardar en la billetera, algo le llamó la atención a mi esposo. Se trataba de una especie de insignia. Mi esposo se atrevió a preguntarle a la esposa del hombre.

—Eh, noté una insignia en la billetera de su esposo. ¿Trabaja en el gobierno? ¿Es policía?

—No, no es policía —susurró la mujer—. Es jubilado del Departamento de Bomberos de Nueva York. Era capitán.

—¿El 11 de septiembre tuvo impacto en él directamente? ¿Participó de alguna manera? —mi esposo volvió a atreverse a preguntar.

—No, ya estaba jubilado —respondió la esposa—, pero su hijo también trabajaba en el Departamento de Bomberos y nunca regresó a casa. Murió ese día.

Mi esposo se quedó mudo. Entonces la mujer dijo algo que conmovió mucho a mi esposo. Después de un día tan maravilloso, un cielo hermoso y una tarde perfecta, ella dijo:

—Acostumbraba venir a estos juegos con su hijo. Como nuestros amigos no pudieron llegar, esperó fuera del estadio buscando a otro padre con su hijo con los cuales compartir los asientos.

Cuando mi esposo volvió a casa y me contó esta historia, tenía razón: no lo podía creer. Esos breves momentos de conversación daban mucho en qué pensar. Mi hijo compartió con dos perfectos extraños el aprecio por la relación entre un padre y su hijo que durará toda la vida.

Este es un enorme agradecimiento de mi parte, la mamá de ese niño tan lindo y la esposa de ese gran padre y esposo. Espero que el señor sepa lo que hizo por nosotros aquel día.

Marni Chris Tice

93

Siete minutos

Aspiré el aire frío de otoño impregnado del olor a mar que venía de Long Island Sound. Estaba en mi "fin de semana de otoño sólo para chicas", unos días de complacencia después de un periodo ininterrumpido de dar clases y cuidar a mi exigente familia. Mis planes incluían beber vino en la costa, cenar en lugares elegantes y lo más importante: dormir hasta que tuviera ganas de levantarme. "Ahhhh", suspiré largamente con sumo placer mientras subía al auto de mi amiga y sentí la agradable sensación de bienestar que me había producido el martini antes de la cena que me había tomado en el hotel. Este fin de semana sería un descanso total de las preocupaciones, grandes y pequeñas, de la vida cotidiana.

> Perdonar no cambia el pasado, pero sí amplía el futuro.
>
> PAUL BOESE

Cuando el automóvil se estacionó frente al restaurante, mi teléfono móvil empezó a sonar. "¿Quién me estará llamando?", pregunté en voz alta mientras buscaba el teléfono en mi bolsa. Sólo usaba el móvil cuando viajaba, por más que mortificara a mi hija, para ver cómo estaba todo en casa o por si ocurría una emergencia. Había hablado con mi esposo antes de salir del hotel y me había asegurado que todo estaba bajo control. Entonces, ¿quién podría llamar a las siete de la noche del sábado?

—Hola —contesté, aliviada por haber alcanzado a responder antes de que la llamada se transfiriera al buzón de voz, y también un poco disgustada de que me molestaran.

—Lura, hola, habla papá —su voz se oía apresurada y brusca, como si leyera un guión previamente preparado—. Te llamé a casa y Peter me dio este número para que te marcara. ¿Tienes un momento? Todo está bien por aquí y tu mamá también está bien. Sólo quiero hablarte de algo importante.

Con estas palabras, mi sensación de bienestar causada por el martini se disipó al instante y volví a tener quince años, atrapada en medio de una irresponsable búsqueda de placer en lugar de ser una buena hija católica.

—Papá, sólo dame un segundo —cubrí con la mano el teléfono y discretamente les dije a mis amigas que se adelantaran al restaurante. Aunque mi reacción inicial fue tímida, sabía que la llamada era importante y comencé a pensar si se relacionaba con alguno de sus problemas constantes de salud. Además de la lucha diaria de vivir con una pierna amputada a causa de la diabetes, una revisión reciente mostró un bloqueo importante en las arterias que hacía temer un ataque al corazón.

La preocupación comenzó a nublar mi estado de ánimo desenfadado. A pesar de los problemas de salud de mi padre, mi primera reacción fue pensar: ¿y ahora qué hice mal? Nunca había tenido una verdadera conversación con mi papá. Las únicas veces durante mi niñez en las que se sentó a hablar conmigo tuvieron que ver con la disciplina. La mayor parte del tiempo evitaba a sus hijos y se quedaba a trabajar hasta tarde o se escondía en el taller en casa. Mi mamá y la sirvienta se ocupaban de satisfacer las demandas de ocho niños.

No tengo un recuerdo infantil de haber jugado con mi papá, leer un libro con él o acurrucarme con él para ver la televisión. Una vez, en un raro momento de camaradería, mi padre me tomó de la mano al caminar por la playa de la costa del Pacífico durante una excursión que fuimos de campamento; estuvimos solos él y yo por algunos minutos. Ambos compartíamos un profundo amor por la naturaleza y nos unimos instintivamente ante el asombro que nos causó la maravillosa vista de la costa. Mi nivel de incomodidad cuando estaba a solas con mi papá habría borrado este recuerdo, pero mi hermana Mary lo mencionaba siempre que podía como ejemplo de que yo era la hija "extra especial". Era impensable acudir a él en busca de consuelo o guía cuando me sentía triste o herida. Las pocas veces que lo intenté hizo comentarios cortantes, secos y breves acerca de que debía ser más dura, enérgica y firme y hacer las cosas mejor. La irritación que le causaba verse forzado a interactuar directamente conmigo era palpable y dolorosa.

Hace mucho tiempo que había aceptado esta situación. Se sentaba en la cabecera de la mesa del comedor cada noche, llevaba a la familia a la iglesia los domingos, pero no se acercaba a nadie, excepto a mi madre. Yo ocultaba mi decepción detrás de frases comunes sobre los hombres de su generación. Así lo habían criado. No se esperaba que los papás de su generación jugaran con sus hijos. Era un buen proveedor.

Ahora ahí estaba yo al teléfono, forzada a hablar con él.

—Lura —continuó mi padre, como si leyera un guión—, le estoy llamando a todos mis hijos esta noche para pedirles perdón. He decidido seguir adelante con la cirugía del corazón. Me van a operar mañana. No sé si voy a sobrevivir y quiero hacer las paces con cada uno de ustedes.

—Papá, no tienes que pedir perdón por nada —me apresuré a interrumpirlo, sin ser del todo sincera, ya que sentía la necesidad apremiante de dar por terminada esa incómoda conversación.

Como si no me hubiera escuchado, papá continuó.

—Les pido perdón a todos mis hijos por no haber sido el tipo de padre que necesitaban cuando eran niños. Los amo mucho a todos y cada uno de ustedes, pero era difícil para mí acercarme. Sé que le dejé ese papel a tu madre. Lamento no haber pasado más tiempo con cada uno de ustedes, hablando y conociéndolos. Fui un buen proveedor. Les di a cada uno lo que consideraba que eran los cimientos de una vida próspera: fe, moral, valores y educación. Pero no les di la calidez y el amor que un padre debe dar. Quiero pedirte perdón —hubo una pausa tensa y luego añadió—: Lura, ¿me perdonas?

Sin pensarlo, y más por terminar esa dolorosa conversación que debido a una profunda reflexión contesté:

—Papá, por supuesto que te perdono.

Por primera vez reconocí ante mi papá toda una vida de decepciones y abandono emocional de su parte. E inexplicablemente, con esa simple frase directa de perdón, buena parte de mi amarga desilusión por haber tenido un padre ausente comenzó a desaparecer.

Nuestra conversación fue breve. Le aseguré que no tenía que hacerse la operación si no quería y él me aseguró que era necesaria. Terminamos intercambiando palabras de amor. Le agradecí su llamada. Después miré el teléfono; la llamada duró poco más de siete minutos.

Mi padre no sobrevivió al periodo de recuperación de la operación del corazón. A las pocas semanas cayó poco a poco en coma y nunca recuperó la conciencia. Volé a casa para estar a su lado en la Unidad de Cuidados Intensivos entre el laberinto de cables y tubos que lo mantenían respirando. Un día que lo tomé de la mano, abrió los ojos y recorrió la habitación con la mirada antes de fijarla con gran esfuerzo en mí. Sentí un ligero apretón de su mano y luego sus labios se movieron: "Te amo". Gracias a ese último intento, que había tardado tanto en llegar, por forjar un vínculo amoroso conmigo cuando me pidió perdón y yo se lo concedí, pude aceptar esas últimas palabras y reciprocarlas con sinceridad.

LURA J. TAYLOR

94

La cinta grabada

"¿Un regalo de cumpleaños anticipado?", me pregunté cuando saqué el paquete cuadrado del buzón. El remitente de la caja me indicó que era de mi madre que vivía en Texas. De manera precipitada quité las capas de cinta adhesiva que resguardaban el regalo en el interior. Finalmente quité el último pedazo de papel marrón y descubrí que no era el regalo que esperaba. "Ay", dije en voz alta, un poco decepcionada al ver el contenido del paquete. Era una vieja cinta grabada en dos carretes sin etiquetar de casi dieciocho centímetros cada uno. Leí la nota en el interior escrita a mano por mi mamá: "Los encontré en el ático. Pensé que querrías tenerlos".

> Es sorprendente cuántos recuerdos se construyen alrededor de cosas que pasan inadvertidas en el momento.
>
> BARBARA KINGSOLVER,
> *Animal Dreams*

Tenía curiosidad, por supuesto. Por fortuna, en mi trabajo había una grabadora de cintas de carrete a carrete en magníficas condiciones, casi sin usar. Llevé el paquete misterioso al trabajo y durante el descanso, prendí la máquina, coloqué la cinta, subí el volumen y oprimí el botón "reproducir".

Los recuerdos se me agolparon en la mente. Sucesos de mi niñez llegaban a toda velocidad. Una voz que no había oído en veinticinco años salió del altavoz montado en la pared. Entre los ruidos distorsionados y chirriantes de la cinta reconocí la voz al instante. Mi difunto padre me hablaba con su inconfundible acento texano desde otro tiempo y otro lugar. Mi papá murió cuando yo tenía doce años, pero ahora casi podía verlo sonreír mientras me hablaba.

De pronto, otra voz interrumpió. Era la voz de un niño cantando: "Da-vy, Da-vy Crockett, ¡rey de la frontera salvaje!" ¡Era mi voz! La imagen mental de mí a los cuatro años usando un gorro de piel de imitación de mapache y gritando en el micrófono me hizo reír. Seguí escuchando y mi padre me invitó a cantar otra canción. Con su ayuda, me esforcé por cantar el coro de "Jesús me ama". Entonces otras voces se sumaron. Mis dos hermanas menores cantaron conmigo. Entonces, uno por uno, mi padre nos entrevistó y nos preguntó sobre lo que estábamos aprendiendo en la escuela, nuestros amigos, nuestros gustos y lo que no nos gustaba. De vez en cuando mi padre agregaba sus comentarios reflexivos que demostraban su sentido del humor, el orgullo descarado que sentía por sus hijos, su respeto por nosotros y su sorprendente sabiduría profunda, incluso en la conversación más trivial.

Al ir saliendo poco a poco del trance inducido por la pista sonora me invadió una sensación sobrecogedora en cuanto me di cuenta de que esas viejas cintas representaban un tesoro invaluable. Los recuerdos infantiles que la cinta siguió evocando me hicieron pensar en todas las cosas que mi padre no pudo lograr en su corta vida de treinta y cinco años. Reflexioné sobre todos sus sueños que no llegaron a hacerse realidad. Sin duda tenía grandes metas en la vida. Qué trágico desperdicio, habían dicho algunos. Y yo lo había creído.

Pero ya no más. Aunque no lo hubiera reconocido de niño, era evidente que mi padre había hecho un esfuerzo consciente por dejar a sus hijos un legado valioso. No me refiero a las viejas cintas de audio; estas sólo sirvieron para recordarme su verdadero y más valioso regalo, que fue él mismo: su presencia, sus palabras, su risa, su perspicacia, su devoción por transmitir a sus hijos lo que sabía que era bueno y auténtico. Mi padre no era perfecto, pero nos enseñó de manera constante y consciente. Incluso después de su muerte, su legado verbal continuó influyendo en mí imperceptiblemente a lo largo de mis años de adolescente y luego en mi madurez. Aunque su vida fue corta, mi padre fue exitoso en lo que realmente importa.

De camino a casa ese día en el automóvil, me pregunté cuál era mi responsabilidad como padre de tres niños. ¿Qué recibían de mí a diario? ¿Qué aprendían, no en los constantes sermones que les daba sobre mantener su cuarto limpio o acostarse a sus horas, sino en las conversaciones que todos los días sostenía con ellos? ¿Les estaba dejando un legado de comprensión y paciencia, de sabiduría, verdad y amor? Cuando llegara el momento de separarme de ellos, ¿les dejaría algo que nadie podría quitarles?

Esa tarde mientras estacionaba el automóvil en el garaje, tuve una buena idea de lo que encontraría cuando entrara por la puerta. La sala estaría llena de juguetes, libros y ropa desperdigados. Los niños estarían exigiendo atención mientras mi esposa trataba de preparar la cena. Posiblemente estarían peleando. Podía reaccionar como siempre con amenazas o medidas disciplinarias y luego sentarme frente al televisor para relajarme. O podría hacer algo más...

Entré rápidamente a la casa, saludé con entusiasmo y propuse:

—¡Oigan, niños, vamos a divertirnos! ¿Alguna vez han hablado por un micrófono?

Nick Walker

95

Cuando papá me tomaba de la mano

Recuerdo vívidamente a mi padre alcanzando mi mano mientras cruzábamos la calle. Definitivamente estiraba la mano para tomar la mía. Estoy segura de que era así y no al revés, porque yo era demasiado independiente a la tierna edad de seis años como para requerir ayuda para cruzar la calle. Vivíamos en una avenida ancha, y la parada del autobús, que estaba situada enfrente de nuestra casa, le impedía a papá disfrutar del lujo de tener un lugar cómodo para estacionarse. Siempre debíamos estacionarnos del otro lado de la calle o un poco más adelante en la cuadra. Cuando vives en una ciudad, tener a alguien que te tome de la mano en cada intersección se vuelve algo totalmente natural.

> Los que son amados no pueden morir, porque el amor es inmortalidad.
>
> EMILY DICKINSON

La diferencia en esta ocasión (cuando tenía seis años) es que recuerdo que la mano enorme y callosa de papá cubría mis dedos delicados y pequeños y que nunca me había sentido más segura. En un instante entendí cuánto me encantaba esta sensación de total protección. Ningún automóvil, camioneta de carga, autobús y ni siquiera un tráiler podían hacerme daño; no mientras papá me tuviera tomada de la mano.

Años después recuerdo que papá extendió la mano para tomar la mía de nuevo. Esa vez íbamos rumbo a la biblioteca local donde los carteles electorales con los nombres de Jimmy Carter y Gerald Ford ocupaban hasta el último centímetro de la pared. Las cabinas para votar estaban alineadas a un lado del auditorio, mientras que varias mesas del otro lado se utilizaban para la verificación de registro. Nos formamos y avanzamos poco a poco, mientras papá me sujetaba de la mano y me explicaba que me enseñaría exactamente cómo emitir mi voto. Papá estaba resuelto, por decir lo menos, y el encargado de la casilla no se mostró muy contento cuando papá me siguió a la cabina sin soltarme de la mano.

—Lo siento, señor, pero es contra la ley entrar a una cabina con un elector registrado que se prepara a votar —advirtió el guardia. Su tono tímido no se comparaba con el estilo de sargento de mi papá.

—Ella es mi hija y yo ya sé por quién quiere votar. Sólo le voy a enseñar cómo hacerlo —vociferó. Ay, cómo me sonrojé cuando miré con ojos suplicantes al encargado para que tuviera piedad y simplemente permitiera que mi padre entrara conmigo en la cabina.

—Lo siento, señor —insistió él—. Es contra la ley. Si su hija necesita ayuda, aquí estoy para brindársela.

Con un gruñido de disgusto, papá se hizo a un lado.

Las hojas del calendario cambiaron y la siguiente ocasión que recuerdo que mi papá me llevaba de la mano fue varios años después. Estaba sentada junto a papá ese día en el asiento trasero de una limusina negra. Me sentía como una princesa vestida de blanco y mi papá se vía muy apuesto vestido de esmoquin. En el preciso instante en el que el conductor se incorporó al tránsito, papá se acercó y me tomó de la mano. Una vez más, su enorme mano maltratada por el trabajo envolvió la mía y de inmediato calmó mis nervios por la boda. No dijo una sola palabra desde que salimos de la casa hasta que llegamos a la iglesia. Tampoco necesitaba hacerlo. La fortaleza de su mano lo decía todo. Sin importar cómo resultara este gran paso en mi vida, la fortaleza invariable de la mano de mi papá siempre estaría ahí para confortarme.

Los años pasaron y papá se jubiló finalmente. Mi esposo y yo lo visitábamos con frecuencia y casi siempre lo encontrábamos en su mesa de trabajo, llevando a cabo algún proyecto mientras mi madre se ocupaba con los quehaceres de la casa u horneaba. La salud de papá se deterioraba a ritmo tan lento que era fácil de ignorar, pero el último año de su vida fue una serie interminable de visitas al hospital sin esperanza de alivio o recuperación.

La última vez que papá me tomó de la mano fue cinco días antes de morir. Lo llevaron al hospital en ambulancia y yo lo alcancé en la sala de urgencias. Frágil y encorvado en su silla de ruedas, con el tanque de oxígeno apoyado en su regazo, levantó la mirada y alcanzó a esbozar una leve sonrisa. Dios nos libre de que me diera cuenta de que se sentía incómodo de alguna manera.

Me senté en la silla a su lado mientras esperábamos al doctor. Papá tendió la mano y tomó la mía de nuevo. Entonces me miró y dijo: "No importa lo que pase, todo estará bien". Por primera vez en mi vida no le creí. Sabía que nunca iba a volver a casa del hospital. Asentí con la cabeza y bajé la vista al piso para que no notara las lágrimas que me humedecieron los ojos. No tardó en quedarse dormido en la silla de ruedas. Estuvo entrando y saliendo de la inconsciencia durante los siguientes días y luego se durmió y ya no despertó.

A través de todas las etapas de mi vida, papá siempre encontró la forma de tomarme de la mano de un modo u otro. No le creí cuando me dijo aquella última ocasión que todo iba a estar bien. Pero ahora sé que tenía razón. Incluso desde el cielo, tiende las manos y sigue siendo una fuerza positiva omnipresente en mi vida. Gracias, papá, por nunca soltarme de la mano.

ANNMARIE B. TAIT

96

Martes con papá

Mucha mañanas de martes, tomo café con mi padre. Mientras mi mamá está en su clase de gimnasia, a menudo paso un momento a casa de mis padres de camino al trabajo y me tomo un café mientras mi papá se relaja sentado a la mesa de la cocina con su desayuno y su problema Sudoku del día.

> Cuando examinas tu vida, la felicidad más grande es la que disfrutaste en familia.
>
> JOYCE BROTHERS

Aunque mi padre es hombre de pocas palabras, disfruto mucho de este tiempo a su lado. Por lo general, yo hablo y él escucha. No obstante, es una buena forma de relacionarnos.

Hace no mucho, un martes le llamé para ver si podía pasar a charlar un momento. Aunque me pareció un poco raro que no contestara el teléfono, supuse que tal vez estaría en la ducha. Pensando que aún tendría tiempo para mí, llegué a la casa y me estacioné en la entrada de autos. Sin embargo, cuando toqué el timbre, parecía que no había nadie en casa. Me asomé por la ventana y vi que las luces de la cocina estaban prendidas y concluí que mi papá debía de estar ahí. Él nunca dejaba las luces prendidas cuando salía. Mi papá era, después de todo, una criatura de hábitos.

Entré y llamé a mi papá.

Silencio.

Comencé a buscarlo de prisa en cada cuarto y el pulso se me aceleraba a cada paso. ¿Y si se había lastimado? ¿Y si lo encontraba inconsciente en el piso? Traté de no dejarme llevar por el pánico. Sin embargo, parecía que algo no estaba bien.

Busqué en el piso de arriba y en la planta baja, pero papá no estaba en ninguna parte.

Llame a su teléfono móvil y lo oí sonar en el despacho al final del pasillo.

Corrí al garaje y descubrí que su automóvil estaba estacionado en el lugar de siempre. Sin embargo, una de las dos puertas del garaje estaba levantada y la otra, la que daba al cuarto de lavado estaba abierta. ¿Adónde iría mi padre sin su auto y por qué dejaría la casa tan vulnerable a los intrusos? De pronto sentí que mi preocupación estaba aumentando. Después de todo, mi padre tenía setenta y un años. Podía haberle sucedido cualquier cosa. Cerré la puerta del garaje con llave.

Luego subí a mi automóvil y fui al lugar donde mi madre tomaba su clase de aeróbics.

Durante el corto trayecto pensé mucho en mi padre y en nuestra historia. De pronto tuve tres años de nuevo y él me estaba levantando en brazos para ver por la ventana de la sala las luces navideñas que tanto me gustaban. En sus brazos me sentía a salvo.

En seguida me vi de seis o siete años y estábamos en Target, comprando bollos de canela en la pastelería. Los bollos de canela siempre fueron los favoritos de mi papá. A los diez años, yo los preparaba y lo despertaba con el desayuno caliente en la cama. Esos eran los días en que me sentía feliz y amada.

Luego tuve doce años y mi papá estaba sorprendiendo a todos los niños en mi fiesta de cumpleaños con sus trucos de magia. No imaginábamos que su magia eran simples reacciones químicas que había aprendido cuando estudió el doctorado en química. Estaba muy orgullosa de mi padre por ser tan especial y talentoso. Había hecho que mi fiesta fuera un éxito rotundo.

Cuando mi padre me enseñó a conducir, nuestra relación se hizo más cercana a pesar de que a menudo me hablaba con severidad. Incluso cuando tuve mi primer accidente y choqué de reversa con una toma de agua, amé a mi papá por estar ahí y hacerme sentir protegida.

Fue mi papá quien pacientemente estuvo a mi lado durante horas ayudándome con geometría y cálculo y después con química orgánica. A menudo pensaba que mis calificaciones excelentes en esas clases en realidad le pertenecían a él. Siempre estaba dispuesto a ayudarme y se aseguraba de que comprendiera lo que debía aprender. Me conformaba solamente con llegar a tener la mitad de su inteligencia y su capacidad para enseñar.

Cuando presenté mi solicitud de admisión a la facultad de medicina, mi padre me llevó a mi entrevista en Kansas City. Durante cuatro horas en el automóvil me habló sobre las preguntas que creía que me harían. Me preparó, me hizo preguntas y me ayudó a formular mis respuestas. Cuando los entrevistadores preguntaron casi todo lo que mi papá había preparado, el orgullo me hizo sentirme como pavo real, tanto por mis respuestas como por la previsión del hombre que me crió.

Cuando recorrí el pasillo de la iglesia del brazo de mi padre el día de mi boda, traté de mirar a otro lado para que no viera mis lágrimas y yo no viera las suyas. Cuando levantó en brazos a mi primogénita cuando tenía sólo unos minutos de haber nacido, agradecí a Dios que mi papá estuviera ahí para apoyarla como lo había hecho conmigo. Estoy muy agradecida con mi papá por todo lo que me ha enseñado y por todos esos momentos en que estuvo a mi lado. Simplemente no puedo imaginar la vida sin él a mi lado.

Y así, al entrar a la clase de mi madre, estaba angustiada y nerviosa y un poco abrumada por todos los recuerdos. Mi mamá me miró con expresión sorprendida, pero feliz en cuanto entré.

—Mamá, ¿dónde está papá? —pregunté con voz temblorosa—. Creo que está perdido.

—¡Está trabajando en el jardín al lado de la casa! —contestó ella mientras hacía sentadillas.

—¡Ay, no! —me reí—. Entonces más vale que vuelva en seguida. ¡Creo que lo dejé fuera! —me apresuré a llegar al automóvil y volví a toda prisa a la casa de mis padres.

Cuando llegué unos minutos después, mi padre estaba podando los arbustos y no se había dado cuenta de nada de lo que había sucedido.

—¡Hola, papá! —grité y atropelladamente le conté de los miedos que había tenido en la última media hora.

Mi padre empezó a reírse de esa forma tan típica suya, siempre familiar y reconfortante, y me aseguró que no planeaba morirse pronto.

Estaba tan agradecida de tener todavía a mi papi. Él seguiría estando ahí listo a ayudarme como siempre lo había hecho.

Y así, después de abrir la puerta de la casa de mi padre, entramos para tomar nuestra acostumbrada taza de café y exhalé un enorme suspiro de alivio.

Gracias, papá, por todos los recuerdos y, sobre todo, por todo tu amor.

SHARON DUNSKI VERMONT

97

Un último recordatorio

—Adiós, carita de arroz.

—Hasta luego, cara de huevo.

Con ojos centelleantes y arrugados, mi padre siempre se reía de su propio ingenio cuando inventaba un nuevo giro de estos dichos de despedida familiares. Como conocía bien a su olvidadiza hija mayor, algunas veces me despedía con un cariñoso "Adiosito, cabeza de chorlito". Nunca sabía qué contestar a eso.

Papá era un gran "recordador". Se la pasaba recordándonos siempre a mí y a mi hermana las cosas que teníamos que hacer; cosas aburridas como cambiarle el aceite al automóvil. La mayoría de las veces, sentíamos que estos recordatorios eran tan innecesarios como inoportunos. Hasta que tenía que encontrarme a mitad del camino para darme el bolso que se me había olvidado o alguna otra cosa necesaria que había dejado en mi impaciencia por salir de la casa de mis padres e iniciar mi propia vida.

> Sentir gratitud y no expresarla es como envolver un regalo y no darlo.
>
> WILLIAM ARTHUR WARD

Esta vida cambió y yo me convertí en maestra casada con un profesor y dos hijos. Con el tiempo nos mudamos lejos de nuestras raíces, pero siempre hacíamos el viaje de regreso a casa en las vacaciones de Navidad. Durante la visita de 1997, noté (de nuevo) que papá ya no era tan joven como antes. Sin embargo, aún disfrutaba de su salida diaria por el correo. Era su oportunidad de ver gente y enterarse de las noticias locales. Cuando tenía un paquete que enviar, llegaba a la ventanilla con el paquete envuelto en lo que hubiera tenido a la mano, como una caja de zapatos cerrada con cinta de aislar. Me daba gusto ver que este hábito seguía intacto aunque su forma de andar se había vuelto inestable y el temblor de la mano era más intenso.

Un día estaba sentada en la sala frente a las escaleras cuando mi padre llegó y comenzó a subir las escaleras. Iba encorvado, se movía despacio y me miró con expresión de cansancio. Me sorprendió cuando dijo sin demostrar emoción: "Ya es hora de que me vaya".

Me sentí incómoda al oír esas palabras y contesté sin convicción: "Papá, no digas eso". Papá continuó subiendo.

Cuando la visita anual estaba por concluir y habíamos empacado nuestras cosas para volver a casa, nos resultó difícil encontrar suficiente espacio en el auto para nosotros cuatro entre la gran cantidad de equipaje y regalos. Mi madre había limpiado algunos armarios y había reunido algunos restos de encaje y cinta de adorno para que los usara en futuros proyectos de manualidades, y tuve que acomodar ese paquete junto con el resto de las cosas.

Nos despedimos con afecto y nos apretujamos en la camioneta, listos para regresar a casa a nuestra rutina, a nuestras actividades, como lo habíamos hecho muchas veces antes.

—Te amo.

—Yo te amo a ti.

—¿No se les olvida nada? ¿Llevas tus anteojos? ¿Revisaste una última vez?

—Sí, ya revisé. Creo que tenemos todo.

—Llamen cuando lleguen —papá sabía que se me olvidaría. Nos daría tiempo para recorrer los 600 kilómetros y luego llamaría para asegurarse de que hubiéramos llegado a salvo.

—Adiós, carita de arroz.

—Hasta luego, cara de huevo.

Al regresar a casa, por supuesto, nuestras actividades nos absorbieron y estábamos emocionados porque nuestro equipo favorito de futbol iba a jugar en el campeonato nacional. Me estaba divirtiendo cuando llamó papá. Llamó porque, como siempre, se me había olvidado el encaje que mamá me había guardado. Distraída como de costumbre con todo lo que tenía que hacer, respondí despreocupadamente:

—Ah, no te preocupes. No lo voy a usar en este momento. Lo recuperaré la próxima vez.

—Te lo puedo enviar por correo —ofreció.

—No, no te molestes.

Mi papá dijo la última palabra.

—No me molesta. No es ninguna molestia.

Terminamos la conversación y colgué para regresar a lo que estaba haciendo antes de la llamada sin darle mayor importancia al asunto.

Había pasado menos de una semana cuando recibí una llamada de mi hermana a las diez de la noche el seis de enero. Papá había muerto. Su corazón se había detenido y, así como me había dicho, se fue. Consternada, oí a mi esposo hacer la reservación para un boleto de avión. La estupefacción me protegió de un vuelo muy turbulento de regreso a mi estado natal mucho antes de lo previsto.

Mi esposo y mis hijos se fueron en auto para llegar al funeral y que todos pudiéramos regresar a casa juntos. Aún conmocionada, pasé las nueve horas en el automóvil intentando comprender las cosas. Había sido muy repentino. Tenía problemas de salud, sí, pero, ¿por qué ahora? ¿Qué había sucedido? Había tenido congestión bronquial ese día y había visto al médico. ¿Qué más había hecho? ¿Cómo había pasado el resto del día seis de enero?

Al llegar a casa después del largo viaje, exhaustos y sin energía, vi que había algo apoyado en la puerta principal que nunca usábamos. Bajé del automóvil, fastidiada, y caminé por la acera para ver qué habían depositado en nuestra ausencia. Tal vez era un paquete para el vecino, que habían dejado ahí por accidente.

Me dio muchísima pena cuando vi la vieja caja de cartón, doblada y aplastada, con cinta de aislar pegada en todas direcciones, con las orillas rotas y abriéndose por las esquinas. Al frente estaban escritos mi nombre y mi dirección con la letra cursiva temblorosa de mi padre. Revisé el sello postal: seis de enero de 1998.

Uno de los últimos actos de papá en esta Tierra fue enviar por correo el encaje viejo a su olvidadiza hija. Traté con todas mis fuerzas de recordar cada preciosa palabra de esa última conversación telefónica, aquella que no sabía que sería la última. ¿Le di las gracias? ¿Aprecié su intención de enviarla? ¿O actué molesta ante su insistencia de invertir tiempo y esfuerzo en hacer algo tan trivial? ¿Le dije que lo amaba o estaba demasiado impaciente por regresar a mi propia vida y mis actividades? ¿Lo dije? No podía recordar. Sólo me quedaba esperar haberlo hecho.

Rescaté esa caja maltratada con la escritura temblorosa y la cinta de aislar. La guardé debajo de mi cama hasta que nos cambiamos de casa diez años después. Incluso entonces, recorté el frente, donde mi padre había escrito mi nombre una última vez, y con cuidado lo empaqué junto con mis demás tesoros.

La vieja caja doblada me recuerda mis prioridades. Es un último recordatorio de mi padre: "Puede que olvides muchas cosas en tu vida: tu bolso, tus llaves, tus anteojos e incluso tu cita con el dentista, pero no olvides lo más importante. No olvides expresar gratitud a quienes te aman. No olvides prestar atención a las conversaciones con tus seres más queridos y cercanos, porque tal vez necesites recordarlas después. Sobre todo, no olvides decir 'te amo' siempre que tengas la oportunidad. Quizá sea la última vez".

—Gracias, papá. Te amo. Ah, y una última cosa que por poco se me olvida: adiós, carita de arroz.

JAN HAMLETT

98

Cuerdas del corazón

Cada año de mi infancia, nuestra familia de seis personas salía de vacaciones de verano. Atravesábamos el río Sacramento y los bosques de Idaho para llegar a la casa de la abuela.

Los viajes eran más sencillos entonces. Sin itinerarios, sin restaurantes, reservaciones en moteles, kits de viaje o unidades GPS dictando los kilómetros. Sólo algunos mapas viejos, monumentos históricos, lugares de escando y letreros de Burma-Shave marcaban nuestra ruta por la carretera.

Éramos una familia grande que vivía con el presupuesto de un profesor, así que empacábamos nuestra comida, dormíamos en el automóvil mientras nuestros padres conducían toda la noche, o nos quedábamos en las casas de nuestros parientes que nos recibían para pasar un rato divertido en familia en nuestro recorrido desde la costa occidental hasta las praderas del Medio Oeste de Dakota del Norte.

> Para un padre que envejece no hay nada más querido que una hija.
>
> EURÍPIDES

Tal vez viajar era más sencillo en aquel entonces, pero el ritual de empacar la camioneta familiar no lo era. Mi padre planeaba la colocación del equipo de acampar, las hieleras y las maletas, llenando hasta el tope la parrilla de equipaje y ocupando cada rinconcito y espacio debajo de los asientos. Había método en medio de la locura, pero sólo mi padre comprendía la logística.

La camioneta quedaba lista una noche antes mientras intentábamos dormir hasta las cuatro de la mañana, que era la hora de partida señalada. Subir a la familia a la camioneta no era menos estratégico que cuando alistan a los astronautas en sus asientos antes de lanzarlos al espacio.

Primero se llenaba el asiento trasero. Mi hermana Dawn se sentaba en el centro con los pies sobre la joroba en medio del piso que podía calentarse hasta causar verdadera incomodidad. Mi hermano se sentaba del lado del pasajero, ya que su experiencia de explorador le había ganado el puesto de lector de mapas oficial. Yo iba atrás del conductor con los pies sobre las sandalias de los demás, los libros de actividades, los cómics y las revistas. Mi hermana menor, Tammy, iba enfrente, entre papá y mamá, en un asiento con su propio volante de juguete, bocina, luces intermitentes y todo. Mi madre se sentaba con los pies sobre una hielera llena con todo el pollo que había freído, huevos cocidos, bollos, fruta, apio, papas fritas y sándwiches de salami y queso.

Antes de que mi padre subiera a la camioneta, revisaba la seguridad y comodidad de todos nosotros y luego hacía algo que mi corazón de catorce años nunca olvidaría. En un gesto de amor, respeto y aprecio por mi habilidad autodidacta, mi padre me daba la guitarra en su estuche de cartón rígido y me ayudaba a ponerla detrás de mí encima de todo lo demás en un espacio perfecto creado para guardarla. Era un lugar seguro, protegido del ajetreo y la luz directa del sol, y era muy accesible para que yo pudiera tocarla.

Hubiera sido muy comprensible que me dijera que no había lugar para algo tan voluminoso o que me dijera que era una molestia, o que no quería oír ese "ruido" durante todo el viaje. Pero esa no era la forma de ser de mi papá. La empacaba, la cuidaba en las paradas en la gasolinera y me alentaba a escribir canciones y a cantar mientras yo luchaba por tocar las cuerdas correctas.

Ahora soy yo quien empaca las cosas en el automóvil para llevar a mi papá y a mi mamá de vacaciones a nuestra cabaña en el lago. Mi esposo y yo construimos la cabaña tomando en cuenta la comodidad de mis padres y la silla de ruedas de mi madre. Cada año atiborro el automóvil hasta el tope. Cuando no encuentro lugar para algo más, cierro de golpe la cajuela, siempre aliviada cuando oigo que efectivamente cierra y no el ruido metálico de la resistencia por la sobrecarga.

Cuando estamos listos para partir, mi padre ayuda a subir a mi madre al automóvil. Aunque le resulta doloroso flexionar las rodillas, mi padre insiste en sentarla al frente.

En una ocasión mi padre se detuvo antes de subir al automóvil.

—¿No hay espacio para esto? —preguntó al tiempo que señalaba el estuche de mi guitarra que había dejado en la entrada.

—No en este viaje, papá —contesté e hice un esfuerzo por no mostrar mi decepción.

Cerré la casa mientras mi padre luchaba por acomodarse en el espacio limitado. Di marcha atrás por la entrada y partimos a un viaje de tres horas rumbo al norte.

Cuando me detuve en el camino de tierra que conducía a la cabaña, me estacioné y me apresuré a ayudar a mi madre a bajar del automóvil para colocarla en su silla de ruedas.

Después de asegurarme de que estuviera cómoda dentro de la cabaña, fui a bajar las cosas del automóvil. En ese momento me di cuenta de que mi padre no estaba en el muelle contemplando la belleza azul del lago. Aún estaba sentado en el asiento trasero.

—Cindy, ¿me puedes ayudar? —me preguntó, riendo—. Estoy un poco atascado.

Extrañada, fui a su lado del auto y vi cuál era el problema. Ahí, en su regazo, durante tres horas, sin decir una palabra o quejarse, había llevado mi guitarra, entremetida entre las rodillas y el respaldo de mi asiento. Su incomodidad era evidente.

Me apresuré a mover el asiento hacia adelante para poder sacar el estuche de la guitarra.

—¡Papá, no tenías que hacer eso!

—Claro que sí, Cindy. Siempre hago espacio para lo que es importante para mí y lo que es importante para ti —hizo una mueca de dolor mientras lo ayudaba a salir.

Mientras estiraba las piernas para poder caminar, mi padre contempló el lago y aspiró el aire con olor a pino. Sonrió a pesar del dolor.

—Te agradezco que nos hagas un lugarcito aquí.

—Papá, siempre haré lugar para lo que es importante para mí —le repetí sus palabras—, y tú eres importante para mí.

Cynthia M. Hamond

99

Sólo una llamadita

La parte posterior de los muslos se me empezó a enfriar por el linóleo. Llevaba sentada ahí veinte minutos intentando hacer una llamada telefónica, pero sólo había podido marcar tres números. No era la primera vez que intentaba llamarle, pero algo dentro de mí me decía que este sería el día.

> Un hombre no puede liberarse del pasado más fácilmente que de su propio cuerpo.
>
> ANDRÉ MAUROIS

Respiré profundamente, marqué el número y exhalé. Pese a las fotografías que había roto y arrojado al piso, los recuerdos que habían quedado en el olvido y las historias que habían quedado sin contar, el número telefónico se me quedó grabado en la mente. Se quedó ahí a pesar de mis intentos por olvidar. Era como si mi mente supiera que un día lo iba a necesitar.

—Hola —era él. Estaba segura. La voz me era muy familiar: una combinación del acento de Yonkers y una vida difícil de sesenta y cinco años. Aunque llamaba de mi cocina a trece estados de distancia, su voz llenaba el espacio como si estuviera en la misma habitación. Por un momento no pude respirar. Pensé en colgar.

—Hola —repitió él.

—Hola, papá, soy yo, Kierstan.

—Hola, extraña —saludó de inmediato sin inmutarse—, ¿qué hay de nuevo?

¿De verdad me acababa de preguntar "¿qué hay de nuevo?"? ¡Qué pregunta más complicada y tan esperada! ¿Por dónde empezar? Podía contarle que ya estaba haciendo mucho frío y que mis plantas comenzaban a morir. Nunca he podido mantener nada vivo. Tal vez podía alardear unos minutos de haber instalado un regulador de intensidad de la luz. Tal vez querría oír todo sobre la deliciosa cena de Día de Acción de Gracias que cociné yo sola para mi novio. Incluso estaba dispuesta a admitir que el pavo quedó un poco seco. Parecían temas típicos de una conversación entre padre e hija. El único problema es que no éramos nada típicos. Habían pasado catorce años desde la última vez que hablamos. No obstante, la tranquilidad de su voz me impulsaba a seguir y estaba desesperada por mantener esa conexión.

¿Cómo puede uno resumir la mitad de su vida? En catorce años pasé por la secundaria, la preparatoria, la universidad, un año de derecho y finalmente un título de maestría. Había vivido con los abuelos. Había vivido con mis tíos. Había vivido con una compañera de cuarto. Había vivido sola. Estuve con mi madre, su esposa, hasta que murió. Había visitado cuatro continentes. Había vivido en cinco estados. Me había casado y divorciado. Todo esto sería nuevo para él.

La última vez que había visto a mi papá estaba en sexto grado. Pensé en comenzar ahí. Terminé ganando en la feria de ciencias, gracias por la ayuda. Rompí con Tom unos días después. Usé aparatos en los dientes la mayor parte de la secundaria, aunque el espacio entre mis dos dientes frontales nunca se corrigió. Fui integrante del equipo de carreras a campo traviesa de la secundaria. Me encantaba correr aunque nunca había sido muy buena. En retrospectiva me doy cuenta de que los momentos que constituyen la vida diaria son experiencias plenas en las que intervienen todos los sentidos. A pesar del deseo de compartir mi pasado, faltarían piezas en el relato.

Una parte de mí pensaba que en realidad debería tomar esto con calma y contarle las cosas poco a poco. Él lo comprendería, es chef. Pero otra parte de mí sentía el impulso de contarle todo lo más rápido que pudiera. No estaba segura de si contestaría de nuevo si volviera a llamarlo otro día. Necesitaba contarle quién era yo, sólo para que supiera. Pero, ¿cómo contarle a alguien quién eres cuando no estás absolutamente segura de quién eres en primer lugar?

Durante años pensé: "Si alguna vez vuelvo a hablar con mi papá, le voy a decir que…". Me gustaría haber escrito algunas de esas ideas. Me gustaría no haber esperado tanto para llamar. Pero me sentía frágil frente a la fuerza de sus palabras, o mejor dicho, de su silencio. Había despertado esa mañana pensando que si mi papá decidía colgarme el teléfono o hablar conmigo, de un modo u otro podría soportarlo. Lograría sanar. Estaba preparada para eso. Desde el saludo inicial me sentí completa en los espacios que no sabía que estaban vacíos. Me da mucho gusto que no me haya colgado el teléfono.

—¿Qué hay de nuevo, papá? —pregunté—. Pues todo y hay mucho que sigue siendo exactamente igual a como podrías recordarlo. Lo logré; o más bien, trato de lograrlo todos los días. No soy perfecta, pero hace poco decidí que estoy muy orgullosa de la mujer que soy, y creo que si decides conocerme, tú también estarías orgulloso de mí. Extraño a mamá. Soy trabajadora social y estoy segura de que ella influyó en esa decisión. Por ironía de Dios, me parezco a ti. Soy creativa como tú, aunque en formas distintas. No soy particularmente religiosa, aunque creo que Dios me ha estado cuidando. Lo más importante es que ya no estoy enojada. Supongo que lo que intento decir es que si me llamas, yo contestaré.

Él me dio el resultado del juego de los Cachorros, me recitó una receta de cordero que nunca prepararé y me contó que tenía una caja de fotografías. ¿Me gustaría que me las mandara? No se mostró muy sentimental, pero así era como lo recordaba y me parecía suficiente. La conversación fluyó con facilidad. Nos reímos mucho. Una gran parte de mi sentido del humor la heredé de él. Después de casi una hora, decidimos colgar, pero antes de hacerlo me sorprendió.

—Te amo —dijo.

Y así de fácil sentí que era hija de alguien.

Kierstan Gilmore

100

La masacre de los arbustos

Los padres tienen todo tipo de virtudes, pero casi siempre hay una grandiosa que define quiénes son. En el caso de algunos padres es el amor por la naturaleza que transmiten a sus hijos, o simple reciedumbre. Mi padre posee más virtudes de las que puedo contar en esta historia, pero tiene una que es verdaderamente genial: su capacidad para perdonar.

No fui un chico fácil de criar. Nací en posición horizontal y, en lo que a mí concernía, ese era mi estado natural: acostado y, desde luego, sin realizar ningún esfuerzo físico, todo lo contrario de mi padre.

Mi padre ha trabajado toda su vida en empleos que exigen una gran fortaleza física. Y no sólo eso, sino que a pesar de trabajar en esos empleos físicamente exigentes, dirige un negocio de jardinería por su cuenta. Como soy su único hijo, me destinó a la jardinería en contra de mi voluntad.

> Quita la mala hierba y cosecha.
>
> AUTOR ANÓNIMO

Es posible que haya impuesto un récord mundial de gimoteos en mi niñez. No me quejaba todo el tiempo. De hecho, era un niño muy feliz, excepto cuando tenía que trabajar. Mi papá me llevaba con él a rastrillar las hojas en el jardín de alguna persona, o a acarrear pilas de maleza, y yo me quejaba todo el tiempo. Pero, ¿alguna vez se rindió y dejó de obligarme a trabajar? No.

Cuando me fui a la universidad, a sólo cuarenta y cinco minutos de la casa de mis padres, trabajaba para mi papá los fines de semana. Fue, en la primavera durante uno de esos fines, que sucedió la calamidad.

Como parte de mi desdén general por el trabajo físico, nunca me gustó la jardinería, en especial quitar la maleza. Desafortunadamente, eso es lo que por lo general me pedía, ya que las labores de jardinería más especializadas, como plantar arbustos, árboles y flores requerían la extraordinaria habilidad de mi padre. Ahora bien, si existe un trabajo que no quiero hacer, tiendo a hacerlo de manera descuidada y lo más rápido posible para acabar pronto. Esto resultó ser un grave error.

Mi padre me había pedido quitar la maleza de un arriate demasiado crecido frente a la casa de un cliente. Suspiré cuando llegué al lugar porque vi algunos lirios bonitos rodeados de una horrible maraña de hierbas enredadas y extrañamente bien arraigadas.

Comencé a trabajar con fervor, usando un hacha y una pala cuando lo necesitaba. Corté y cavé todo alrededor de los lirios. Estaba sudoroso y cubierto de tierra y virutas, pero muy satisfecho. Había vencido a las tenaces hierbas, las había cortado en pedazos y las había arrancado de la tierra. Sin embargo, tenía una curiosa sensación. ¿Debería haberme detenido a preguntar por qué las raíces eran tan fuertes? Llamé a mi papá.

Después de una breve sesión de preguntas y respuestas, mi error se hizo evidente: acababa de asesinar con el hacha alrededor de veinticinco arbustos que mi padre había plantado el año anterior. Una vez que me dijo lo que acababa de hacer, me estremecí y esperé una buena reprimenda. Acababa de quitar la maleza de una zona totalmente equivocada y deshecho horas de intenso trabajo. Pero, ¿saben qué hizo mi padre? Simplemente se rió, largo y tendido. Déjenme decirles que eso me facilitó el penoso proceso de volver a sembrar los arbustos, lo que hice de inmediato lo mejor que pude.

Mi padre tiene sesenta y cuatro años y todavía está en mejores condiciones físicas que yo, que tengo la mitad de sus años, gracias a su interminable actividad física. Desde luego, no heredé su tolerancia al trabajo físico. Sin embargo, lo que espero haber heredado es una de sus mejores cualidades: su capacidad de perdonar y tal vez de reír un poco.

RON KAISER, JR.

101

¿Está mamá por ahí?

En lo más profundo de mi desesperación, sólo una voz podía calmarme: la de mi madre. Llamé a casa para oír su voz melodiosa y tranquilizadora, pero de modo chocante, mi papá contestó el teléfono. Mi mamá había salido. Estaba jugando *mah-jong*, dijo mi padre al otro lado del teléfono.

—Ah, bueno —dije con evidente decepción en la voz—. Dile que me llame cuando llegue.

—¿Qué sucede? —preguntó papá.

—Nada —respondí, aunque era el tipo de respuesta que busca evadir en lugar de informar. No quería decirle en realidad a mi padre lo que estaba mal. Ya era una mujer de veintitrés años, con un título universitario y un trabajo de tiempo completo. Pero en ese momento, era una niña cuyo novio le había roto el corazón y necesitaba a mi madre.

> Un hijo es un hijo hasta que toma una esposa; una hija es una hija toda su vida.
>
> DICHO IRLANDÉS

Mamá era la persona indicada a quien acudía una chica para hablar de tales asuntos. Mi mamá siempre había sido mi confidente. Además, siempre apoyó con entusiasmo mi decisión de mudarme de Nueva Jersey a Massachusetts, cosa que en apariencia hice por mi carrera profesional, pero que facilitó mucho el hecho de que mi novio vivía ahí.

Por otra parte, mi padre era menos optimista. "No te ama", sentenció un domingo cuando mi novio se marchó después de una visita de fin de semana.

—¿Y tú qué sabes? —espeté, sentía que la ira subía como mercurio en un termómetro a la mitad de julio.

—Simplemente lo sé. No está comprometido contigo —respondió mi papá en un tono inexpresivo que me enfureció aún más.

—Eso no es verdad —repliqué; me di media vuelta y salí furiosa, preguntándome cómo tenía la audacia de juzgar mis relaciones. Estaba indignada por su insensibilidad y trato duro hacia el hombre que era el amor de mi vida. Nunca volvimos a hablar sobre mi relación con el muchacho en cuestión.

Cuando empaqué, guardé todo en el remolque de alquiler y me mudé a Massachusetts unos meses después, mi mamá introdujo discretamente cincuenta dólares en mi bolsillo como un regalo de "buena suerte". Me abrazó y me dijo que estaba muy emocionada por mí. Mi papá, por otra parte, me dio un abrazo y dijo poco, algo muy poco común en un hombre tan aferrado a sus ideas como él.

Todo fue muy emocionante. Vivía en un lindo departamentito y tenía un trabajo divertido (aunque absolutamente demandante) y un novio que veía los fines de semana. Parecía perfecto. Sin embargo, con el tiempo mi novio comenzó a justificar por qué este o aquel fin de semana no era bueno que nos viéramos. Cuando llevaba seis meses de estar ahí, me quedó muy claro que este muchacho no me amaba. Hacía un esfuerzo mediocre para que las cosas funcionaran (tal vez porque se sentía culpable por permitir que me mudara a su estado natal). Pero de pronto me di cuenta de que si tenía un poco de respeto por mi persona, debía terminar la relación. Le llamé y se lo dije, y ni siquiera intentó convencerme de lo contrario:

—Supongo que tienes razón —aceptó por teléfono—. ¿Podemos ser amigos? —preguntó.

—No —respondí—. No quiero ser tu amiga.

Y así terminaron la llamada y el romance al colgar el teléfono.

Fue doloroso, triste y muy duro. Fue entonces cuando llamé a mi mamá. Era terrible que no estuviera.

—¿Qué pasa, cariño? —insistió mi padre en el teléfono.

—No quiero contarte —respondí con voz entrecortada.

—Pero, ¿por qué? —preguntó.

—Porque vas a decir "te lo dije" —contesté.

—¿Qué ocurrió? —preguntó de nuevo. Entonces no pude más y desembuché. Le conté de la llamada telefónica con mi novio, lo que dije, lo que él dijo, lo que contesté y cómo había terminado todo finalmente.

—Ay, cariño —dijo mi papá—, eso debe ser muy duro para ti.

—Sí.

—Nunca te diría "te lo dije".

Entonces sollocé angustiada, mientras me resbalaba por la pared de la cocina en la que estaba apoyada y me derretía hasta quedar como un charco de agua en el suelo. Papá se quedó en el teléfono conmigo cerca de una hora. Hablamos como nunca lo habíamos hecho. Pensaba que sólo podía decirle a mi mamá ciertas cosas y resultó que estuvo muy bien contárselas a mi papá. Él me escuchó y con ello reconoció que la relación por la que yo lloraba había sido significativa y real. Fue considerado y cariñoso y, más que nada, me hizo sentir amada.

Cuando terminamos de hablar, quedé exhausta.

—¿Quieres que le diga a tu mamá que te hable en cuanto regrese? —preguntó.

—No —respondí—. Estoy cansada y quiero irme a dormir. Dile que le llamo mañana.

Esa noche fue un momento crucial en mi relación con mi padre. Siempre habíamos compartido un gran amor el uno por el otro, pero para los asuntos del corazón, siempre me había parecido lógico hablar con mi madre. Mi papá me probó que aunque quería proteger por instinto a su única hija de lo que podría lastimarla, también tenía la capacidad de escuchar y dar consejos con cariño genuino y compasión. No cambió en nada la comunicación que tenía con mi madre, pero me dio otro oído y otro punto de vista.

Tres años después, cuando llevé a casa a otro hombre muy diferente, mi padre tuvo una reacción totalmente distinta.

—Me agrada este muchacho —confió—. Te quiere, se nota.

Me casé con ese muchacho y mi padre bailó feliz en nuestra boda.

ANDREA ATKINS

Caldo de Pollo para el Alma

10

CAPÍTULO EXTRA

Abuelos fabulosos

102

El bateador emergente

Con una bandeja llena de palomitas, volví corriendo a la sala en el preciso instante en que Jason gritó:

—¡Mamá! —su voz se elevó una octava—. ¡Apresúrate! ¡Tienes que ver esto!

> Dicen que los genes se saltan una generación. Tal vez por eso a los abuelos les parece que sus nietos son muy agradables.
>
> JOAN MCINTOSH

Las palomitas caían al suelo cuando estiraba el brazo para alcanzar la bandeja, sin pensar en nada que no fuera el juego que estaba viendo en la televisión.

—¡Mira! ¡Mira! ¡Es un bateador emergente! Larkin es un bateador emergente. ¡Igual que yo!

Fue fácil hacer caso omiso de las palomitas dispersas por el suelo cuando me senté con mi hijo en el sofá. Su entusiasmo era contagioso. El sofá se tambaleaba cuando Jason se dejaba caer y luego volvía a levantarse.

—¡Esta es la buena! ¡Lo va a lograr! ¡Sé que lo logrará!

Estábamos a punto de presenciar lo que algunos consideran el mejor partido de la Serie Mundial que se haya jugado en toda la historia.

Nunca he sido gran aficionada, pero cuando oigo que el bate conecta con la pelota, la gente grita y el comentarista trata de narrar a toda velocidad mientras el corredor se barre al llegar al plato de home, no puedo más que amar los recuerdos que evoca. Los sonidos del beisbol siempre me llevan a casa.

Papá era columnista deportivo y fanático acérrimo del beisbol. Podía recitar estadísticas, resultados de juegos y dar cátedras ilustradas de algún momento importante en el lenguaje más colorido. Se codeaba con gente como Nolan Ryan y con grandes estrellas del futbol americano como Frank Gifford.

En aquellos días, antes de la invención de las pantallas divididas, no era raro oír un partido de beisbol en la radio a la vez que papá veía otro juego en la televisión. Mis hermanos y yo creíamos que todos los niños de Estados Unidos se iban a acostar los lunes por la noche con la narración concisa y rápida de Howard Cosell como fondo mientras sus mamás les contaban historias para dormir. Silbatos, peleas entre árbitros y el rugido de las multitudes eran parte de nuestra banda sonora con imágenes de palomitas y cacahuates bailando en nuestras cabezas.

De alguna forma, este gen del fanatismo por los deportes se saltó mi generación para decepción de mi padre, ya que ninguno de mis hermanos compartía su amor por el beisbol. No fue sino hasta el verano de 1991 cuando papá encontró a su bateador emergente.

Para entonces, papá había cambiado de trabajo. Ya no cubría el mundo deportivo, sino que ahora escribía para una empresa de relaciones públicas que lo llevó a esferas más amplias alrededor del mundo. El lápiz que antes estaba detrás de su oreja desapareció y aparecieron un portafolios, un traje y una corbata.

Visitamos a mis padres ese julio. Y aunque Disney World fue como anotar una carrera, el vínculo que establecieron mi padre y mi hijo mayor, Jason, fue lo que mandó la pelota fuera del campo. Jason, de once años, era todo lo que mi padre había querido en un hijo. Era fanático del beisbol. Además, creía que mi papá era la personificación de un verdadero héroe. Y ahí, en el sofá de mis padres, un hombre envejecido que solía ser columnista deportivo y un niño fascinado de once años se volvieron los mejores amigos.

Papá y Jason pasaron juntos cada momento que estaban despiertos. Discutían la sección deportiva en el desayuno con café y cereal frío, recorrían todas las tiendas en busca de tarjetas de beisbol y luego veían el resumen de los resultados del día antes de ir a acostarse, sólo para levantarse y comenzar de nuevo a la mañana siguiente.

Así como todo gran juego tiene un final, también nuestras vacaciones llegaron a su término. Sin embargo, el amor recién descubierto de Jason por el beisbol no murió una vez que llegamos a casa, como tampoco se extinguió su amor por el abuelo. De alguna forma mi hijo logró romper la dura fachada y pudo conocer al hombre de verdad; algo que yo no había logrado sino hasta que pude verlo a través de los ojos de mi hijo.

Casi dos semanas después de nuestro regreso de Florida, encontré a Jason estudiando la parte posterior de sus tarjetas de beisbol y tomando notas cuidadosamente.

—¿Qué haces? —le pregunté con curiosidad; quería saber por qué había sacado una vieja foto suya del álbum familiar.

—Estoy haciendo un regalo sorpresa para el abuelo —respondió él sin volverse.

—¿Y qué es un bateador emergente?

—El abuelo dice que es alguien que sustituye a otro y ocupa su lugar al bate —se mordió el labio como si estuviera pensando en algo y luego me enseñó el regalo—. ¿Crees que le guste al abuelo?

—Le fascinará —afirmé con un nudo en la garganta.

El día primero de septiembre amaneció como cualquier otra mañana de domingo. El caos dominaba la casa mientras nos apresurábamos a desayunar, vestirnos para llegar a tiempo a la iglesia. El teléfono que sonaba era sólo una interrupción más en una mañana ya de por sí atareada. Pero la terrible noticia de que mi padre había muerto la noche anterior mientras estaba de viaje de trabajo me dejó pasmada. Las imágenes del extraordinario lazo que se había formado entre mi padre y mi hijo me pasaban por la cabeza una y otra vez. Una profunda tristeza se apoderó de mí. Sabía que lo peor aún estaba por llegar. Debía decirle a Jason que su abuelo, su mejor amigo, había muerto.

Sepultamos a mi padre con sus lentes y otro artículo. En el bolsillo de su abrigo estaba la fotografía de un niño rubio, muy pequeño, aspirante a beisbolista, listo para batear. Jason transformó una fotografía suya de cuando tenía casi dos años en una tarjeta de beisbol. Al reverso escribió estadísticas ficticias usando terminología perfecta del juego, la envidia de cualquier héroe de las ligas mayores. La foto tenía por título: bateador emergente. Fue más que evidente que la tarjeta había emocionado mucho a papá cuando la recibió. La consideraba invaluable.

Era la parte baja de la décima entrada y había casa llena. Las palomitas estaban desperdigadas por toda la sala mientras la tensión aumentaba en la habitación. Vimos con respiración agitada cómo Gene Larkin de Minnesota pasó al plato. Peña, de los Bravos de Atlanta, estaba en el montículo del lanzador. Había un silencio tal que podríamos haber oído caer un alfiler. Peña se preparó y lanzó. Larkin abanicó y conectó. El bateador emergente obtuvo la carrera de la victoria y convirtió a los Twins en los campeones de la Serie Mundial de 1991.

—Al abuelo le habría encantado ver esto —comentó Jason, con la cara encendida por la emoción. Yo tuve que estar de acuerdo. Le habría encantado el juego, pero no tanto como compartirlo con su bateador emergente.

DAWN LILLY

103

Lecciones para toda la vida

Mientras las mujeres de nuestra familia dormían en la oscuridad antes del amanecer, el abuelo y yo tomamos los cubos y las cañas de pescar, salimos de la casa y abordamos su camioneta Zephyr marrón. Subimos y bajamos por las colinas de nuestro vecindario en Pittsburgh, listos para emprender una aventura sólo para hombres. Íbamos sentados uno al lado del otro en el asiento de adelante mientras se oían en el radio canciones viejas del abuelo. Cuando nos paramos en un riachuelo detrás de una gasolinera, empezaba a despuntar el alba. Ahí estábamos. Me bajé de la camioneta y esperé a que la magia comenzara.

> Un abuelo es alguien con plata en el cabello y oro en el corazón.
>
> Autor anónimo

El abuelo, con un sombrero de camionero y overol, se transformó en el maestro pescador. Su rostro resplandeció cuando sumergió su viejo cubo en el agua verde y lo sacó despacio. Como un niño ve asombrado a un mago, miré con los ojos bien abiertos los cientos de pececillos que nadaban dentro.

En ese entonces yo tenía sólo nueve años y estaba feliz de pasar el tiempo con el abuelo. Pero años después, los recuerdos como ese significarían mucho más. Eran lecciones de vida y de hombría. Fueron piedras de toque que me anclaron a los valores y la fe. Y un día, esos momentos con el abuelo me salvarían de mí mismo.

Algunos niños buscan la guía de sus padres. Yo tenía al papá de mi mamá. Mientras que la presencia de mi padre era escasa, la de mi abuelo era como una roca. Impartía sabiduría como sembraba semillas en su jardín. Sembraba conocimiento y esperaba a que brotara.

Cualquier momento que pasábamos juntos era una oportunidad de enseñarme algo. Él me enseñó la importancia de aprender nuevas cosas. "Siempre habrá tiempo para jugar", solía decir con el acento que revelaba huellas de su infancia en Virginia Occidental. "Abre un libro y aprende algo." Cuando lo veía trabajar con motores de automóviles en el patio, me decía lo importante que era aprender un oficio: "Eso es algo que nadie te puede quitar". Cuando lo seguía por el jardín de atrás de la casa y lo ayudaba a cuidar los tomates y ejotes, me decía que disfrutara de las bendiciones de Dios.

Entonces el abuelo se enfermó. Su piel morena clara se volvió pálida. Su cabello, siempre pintado de negro azabache, comenzó a mostrar su verdadero color plateado. Fui testigo de cómo se iba debilitando su cuerpo y su lucha por sobrevivir se fue apagando. Diez días antes de que yo cumpliera catorce años, el abuelo murió de cáncer de próstata. Perderlo fue como perder una brújula. Dondequiera que mirara me sentía perdido. No sólo me quedé sin una figura paterna en mi vida, sino que también me sentía abandonado y solo. De pronto, tuve que hacerme hombre por mi cuenta. O por lo menos eso era lo que pensaba.

Le di la espalda a las lecciones que el abuelo me enseñó y comencé a tomar malas decisiones. Dejé de ir a la iglesia. Mis cumpleaños se volvieron recordatorios dolorosos de que él ya no estaba debido a que caían unos días después de su aniversario luctuoso. Por eso dejé de celebrarlos.

Un día me miré al espejo y vi a alguien que no conocía. Mi mirada era fría y dura. Mi corazón era de hielo. Sabía que estaba en una encrucijada. Podía seguir por el camino que iba y terminar derrotado o muerto. O podía escoger el camino de la esperanza. Entonces, mi abuela me dijo algo que me caló hasta la médula: "Al abuelo se le rompería el corazón de verte así". Primero como un susurro y luego casi como un grito, podía oír su voz hablándome al oído: "Aprende un oficio. Abre un libro. Sé un hombre que haga enorgullecer a su familia". Las lecciones que el abuelo me enseñó de niño volvieron para guiarme cuando más lo necesitaba.

Cambiar el curso de mi vida fue todo un proceso. Dejé de andar de vago. Comencé a aprender el oficio de mecánico de automóviles. Poco a poco, y de manera deliberada, empecé a encontrar mi camino.

Hoy soy esposo y padre. Tengo una casa y trabajo seis días a la semana como asesor en una distribuidora de automóviles. Sueño con tener algún día mi propio negocio. Sé que el abuelo estaría orgulloso.

Visito su tumba de vez en cuando y le agradezco por llenarme de lecciones que viven en mí como su recuerdo en mi corazón. En mi casa tengo una fotografía del abuelo. Se le ven los ojos arrugados de alegría al sonreír. Es mi recordatorio para ser la clase de hombre que él era.

KEVIN PRICE, como le narró la historia a KELLY STARLING LYONS

104

Padre amoroso

—Llegó la hora —anuncié a mi madre por teléfono. Bueno, ¿en realidad dije esas palabras? No tengo idea, pero sé que mamá y papá dejaron todo lo que estaban haciendo y corrieron al hospital para estar conmigo mientras yo estaba en trabajo de parto, deseando que todo terminara pronto.

Mi padre aún tenía su consultorio médico y mi madre se hacía cargo de administrarlo. No sé si tenían planes para ese día, no sé si tenían pacientes en la agenda. Debieron de haber cancelado todo para estar ahí conmigo.

Papá estrechó lazos con mi hija desde el instante en que la vio.

Aunque seguía exhausta después de cuarenta y seis horas de labor de parto y una cesárea, me permitieron regresar a nuestra casa de varios pisos.

> Los grandes padres ascienden a ser abuelos.
>
> AUTOR ANÓNIMO

—No —no hubo pretexto que valiera con papá. Mis padres no sólo nos ofrecieron un lugar en su casa, sino que también nos dejaron su cama—. Tenemos una de esas camas eléctricas. Puedes levantar la cabecera para sentarte sin tener que hacer esfuerzo con los músculos abdominales —explicó papá.

—Y no tienes ni que levantarte de la cama para darle el pecho al bebé —agregó mi mamá.

Así, mientras se fortalecía el vínculo amoroso entre mi primera hija y yo, el amor de mis padres por ella crecía también. De forma inesperada, empecé a ver a mi padre con otros ojos y a entenderlo mejor. Por supuesto no recuerdo cómo fue en mi infancia. Crecí pegada a mi mamá. Mis hermanos tenían a papá y yo tenía a mamá. Cocinábamos juntas mientras papá, cuando estaba en casa, jugaba ajedrez con mis hermanos. Durante mi niñez, papá tenía que pasar mucho tiempo fuera de casa. Era su trabajo. El teléfono sonaba a cualquier hora del día o de la noche. Eran pacientes que lo necesitaban.

Al crecer mi hija, también creció la devoción de mi papá por ella.

—¿Cuánta fiebre tiene? —preguntaba cuando le llamaba para decirle que la bebé estaba enferma—. Ponte tu abrigo, vamos para allá —oía que le decía a mamá mientras yo veía el termómetro.

—Tiene 38 grados, papá. Puedo controlarlo —ellos vivían a ochenta kilómetros de distancia—. No necesitan venir hasta acá por nada —una parte de mí se sentía ofendida. ¿No confiaban en mi habilidad como madre? Cuando llegaron, la fiebre había cedido por completo—. Lamento que hayan perdido el tiempo.

Cuando papá entró a la casa, con la cara transformada por la preocupación, no era mi papá, era el doctor. Era el abuelo. Y tenía que ver a su nieta.

—Verte nunca es una pérdida de tiempo.

—Necesitas salir más —insistió mi mamá—. Creo que debes darte un descanso —sabía que yo siempre necesitaba pasar un tiempo a solas.

—Y salgan a pasear —agregó mi papá, queriendo decir que deseaba estar con mi hija sin que mi esposo y yo estuviéramos por ahí.

Eran niñeras a larga distancia. Estoy segura de que había muchos adolescentes capaces en el vecindario a los que les hubiera encantado el trabajo de niñera. Pero no. Mis padres realizaban el viaje cada vez más largo a medida que el tránsito aumentó con el paso de los años. Hubo muchas ocasiones en las que tenía más sentido que mamá viniera sola. Después de todo, si papá no veía a sus pacientes, no ganaba dinero. Eso no importaba. El peso de criar a sus propios hijos era ya más ligero, y siempre se daba tiempo. Se había perdido de muchos detalles en la vida de sus hijos, no por decisión, sino por las circunstancias. Y ahora quería compensarlo siendo un abuelo activo.

Mis padres llevaban a mi hija al parque, al teatro y a museos. La llevaban a comer platos maravillosos en restaurantes diversos y nunca dejaban pasar la oportunidad de comprarle regalos en las tiendas. Mamá podía decir que no, como lo hacía a menudo cuando yo era niña, pero papá no podía negarle a mi hija nada.

Cuando llegó mi segundo hijo, mi papá me ayudó mucho: entretuvo a mi hija de cuatro años y la mantuvo feliz, estimulada y ocupada, mientras mamá me ayudaba a recuperarme y a cuidar de mi hija recién nacida.

—Anda, abuelo, vamos al parque.

—Es justo lo que iba a decirte —la tomaba de la mano y salían.

Y luego tuve un hijo. El primer nieto de mi papá. Pasamos el verano después de que nació en la casa de mis padres. A mi hijo le empezaron a dar cólicos a los pocos días de que llegamos. Cada tarde, cuando nos sentábamos a cenar, los gritos comenzaban. Era un niño muy tranquilo las otras veintitrés horas del día, pero durante esa hora estaba inconsolable. Oírlo llorar hacía que cada músculo de mi cuerpo se me encogiera.

—Es que percibe tu estrés —dijo mamá.

Suspiré.

—Él es el que me estresa.

De alguna manera a papá no parecía afectarle. Una vez más sacrificó el tiempo que podía pasar con la familia y una cena caliente, y salía con mi hijo en brazos y lo acunaba suavemente. Le cantaba y le hablaba con voz tranquilizadora mientras caminaba de un lado a otro del patio. El tambaleo que ocurría cuando pisaba con las piernas desiguales ayudaba a mecer al bebé hasta que se quedaba dormido.

Nunca pensé mucho sobre el tipo de padre que el mío había sido cuando yo era pequeña y todo lo que tuvo que pasar para mantenernos y aun así intentar hacer tiempo para estar con nosotros. Necesité convertirme en mamá y verlo ser un abuelo amoroso que se sacrificaba por sus nietos para comprender lo que hizo por mí de niña. Su generosidad no tiene fin.

—Anda, abuelo —mi hija le dice de nuevo—. Vamos a jugar.

Lo observo mientras se levanta para abandonar la compañía de los adultos.

—Gracias, papá.

D. B. ZANE

105

Aguantar el acoso

Más o menos cuando empezaba a tomar con seriedad la relación con un novio, se acercaba una gran festividad y yo comenzaba a sudar. Navidad, el Día de Acción de Gracias y la Pascua eran días de fiesta importantes para mi familia y requerían una gran cena. Estas cenas eran la perdición de mi existencia, porque si estaba saliendo con alguien, el novio debía asistir sin excusa ni pretexto.

Sabía por qué teníamos esta regla. Era para que mi padre y mi abuelo pudieran examinar a mi pareja, lo que yo llamaba "el acoso". Por más que tratara de no separarme de mi pareja y protegerlo de este par, siempre encontraban la forma de aislarlo de la multitud para interrogarlo.

> Ver a tu hija salir con un muchacho que va a recogerla se siente como darle un Stradivarius de un millón de dólares a un gorila.
>
> JIM BISHOP

Con un sexto sentido impresionante, siempre sabía cuándo lo habían atrapado, y trataba en vano de rescatarlo antes de que mi abuelo hiciera la gran pregunta: "¿Te vas a casar con mi nieta?". Por lo general, lanzaba la pregunta de la nada y sin advertencia previa.

No importaba si llevaba una semana saliendo con la persona, o un mes o un año. Si mi abuelo lo atrapaba, le hacia la gran pregunta.

Trataba de preparar a mis parejas, pero parecía que nunca comprendían lo terrible que sería. Nunca lo tomaban con seriedad. Mi abuelo sabía que yo les advertía, así que cambiaba sus preguntas. Si el abuelo no se formaba una buena idea de quién era el chico después de su pregunta sobre el matrimonio, proseguía con otras: "¿Cuándo piensas tener hijos?". Cualquier cosa que me avergonzara en gran medida bastaba. Mi papá siempre se centraba en las preguntas financieras: "¿A dónde piensas llevarla a vivir y cómo planeas mantenerla?". "¿Qué piensas sobre tu jefe?" Para el abuelo, no importaban las cosas pequeñas. Creció durante la Gran Depresión y combatió en la Segunda Guerra Mundial. El desempeño bajo presión era la mejor medida de un hombre.

Al pasar una década sin un novio que hubiera logrado hacer una segunda aparición en la familia, decidí que era suficiente y durante dos años no llevé a nadie e informé a mi familia que había renunciado a los hombres. Pensé que eso arreglaría las cosas, que estarían felices de que volviera a salir con alguien y que dejarían de acosarlos hasta ahuyentarlos. Se aproximaba el Día de Acción de Gracias y yo había estado saliendo con una persona todo el verano. No era nada serio. Pasábamos un buen rato juntos. No le había contado gran cosa a la familia sobre él y no planeaba hacerlo. No lo iba a invitar a la cena. Había aprendido mi lección y no había forma de que tuviera que aguantar el acoso.

Al aproximarse la festividad, mi pareja me preguntó qué planes tenía para la fecha. Le conté sobre la cena con la familia, pensando que se daría cuenta de que estaba ocupada. En cambio, sin pensarlo le dije a qué hora era la cena y llamé a mi madre para pedirle que colocara otro lugar en la mesa.

A este ni siquiera le advertí del acoso. No estaba enamorada.

Por supuesto, tuve que irme a lavar los platos y dejé a mi pareja con mi padre y mi abuelo en la habitación de al lado. Mientras tanto, las mujeres me presionaron en la cocina para que les diera detalles. Yo no quería decir mucho. De pronto se hizo un silencio absoluto. No se oía ni el tintinar de un plato y el partido de futbol americano estaba sin volumen. Yo estaba guardando unos platos en el mueble del comedor y podía ver la sala desde ahí. Vi a mi pareja con mi abuelo a un lado y mi padre del otro.

—Entonces, ¿planeas casarte con mi nieta? —quise que me tragara la tierra. No me iba a casar con este hombre. Sólo éramos amigos.

—Sí, señor, así es —contestó mirando de frente a mi abuelo.

Entonces mi papá intervino.

—¿Y cómo planeas mantenerla?

Les contó de su trabajo y luego continuaron con temas menos polémicos.

Le subieron el volumen al partido, se sirvió el postre y todo siguió como si nada, aunque las mujeres empezaron a entrecruzar sonrisas y a darme consejos para cocinar el pavo cuando fuera mi turno de ser la anfitriona del Día de Acción de Gracias. Por otro lado, yo estaba muy sorprendida.

Alguien había aguantado el acoso y había sabido salir airoso. Debía replantear mi postura respecto a este hombre. Observé a mi pareja el resto de la tarde y me di cuenta de que era alguien especial; jugó con mis sobrinas, ayudó a la abuela a llevar los platos del postre y habló sobre futbol americano con mis hermanos y tíos. Huelga decir que se casó conmigo y encajó en la familia desde entonces.

No fue sino hasta años después que me enteré de que a mi abuelo le importaba más cómo contestaban sus preguntas que el contenido de las respuestas. Si evadían el contacto visual, todo quedaba confirmado. No se podía confiar en ese hombre y no era adecuado para mí.

Mi abuelo me ve ahora desde el cielo, pero mi padre estará listo. Ansío ver el acoso en acción. Ya sabrán, tengo una hija de quince años que comenzará a salir con chicos en un par de años. Quiero que sus amigos pasen por la misma prueba. Aún puedo ver el brillo en los ojos de mi abuelo cuando mi esposo contestó sus preguntas y recibió su aprobación. Los padres y los abuelos de verdad saben más, sin importar lo vergonzoso que pueda ser el proceso de aguantar el acoso.

W. S. GAGER

106

Lo llamo papá Jim

Tenía treinta años cuando se volvió mi padre. Era un mayor retirado del ejército, alto y muy atractivo, con su porte y hábitos militares intactos. Pero yo no me sentía intimidada. En general, me sentía agradecida. Han de saber que fue mi amigo antes de conocer a mi madre, conocía el tipo de carácter que tenía y estaba emocionada de que, al casarse con mi madre, fuera parte de nuestra familia para siempre. Por lo tanto, aunque antes lo llamaba "Jim", un frío día de noviembre, después de casarse con mamá, le puse un nombre nuevo. Se llamaría papá Jim. Él sería mi nuevo papá.

Tenía un padre biológico y no le tengo ningún resentimiento. Lo que pasa es que no lo conozco y él no me conoce a mí. Nos dejó cuando yo tenía quince años. Tiene una nueva familia con una esposa e hijos que nunca he conocido. Desde que se fue, me gradué de la preparatoria y la universidad con mención honorífica, me casé, me divorcié y me volví a casar. He luchado con la anorexia, la infertilidad y un tumor cerebral. He dado a luz a tres hijas, cumplí mi sueño de ser escritora y ¡gané el primer lugar en la división femenil de tiro a platos! Si mi padre biológico pasara un día conmigo ahora, tendría que empezar de cero. Él no sabe nada de la mujer en que me convertí. En cambio, papá Jim sí me conoce.

Recuerda: todos caemos, todos y cada uno de nosotros. Por eso es un consuelo ir tomados de la mano.

EMILY KIMBROUGH

Papá Jim hizo algo por mí que distingue a los verdaderos padres.

Ha estado ahí, a mi lado, apoyándome, a cada paso del camino. En las buenas y en las malas en los últimos dieciocho años.

Recuerdo el día que di a luz a mi primera hija, Zoe, después de doce años de infertilidad. Papá Jim se quedó solo en la sala de espera, caminando nervioso con las manos hundidas en los bolsillos, esperando mientras mi madre y el padre de mi hija estaban conmigo en la sala de labor. Papá Jim estuvo ahí, al lado de mi cama, con lágrimas en los ojos oscuros, cuando le pasé a mi hija recién nacida. "Conoce a tu nieta", le dije y le puse a la bebé en los brazos. En ese momento, recordé la incontable cantidad de sacrificios que había hecho en los últimos nueve meses: las cenas a solas mientras mi madre estaba conmigo cuando pensaba que perdería al bebé; la paciencia que mostró durante las numerosas llamadas nocturnas a mi mamá, cuando tenía miedo porque mi bebé no se había movido mucho durante el día o cuando sentía un dolor inesperado.

Cuando mi matrimonio terminó dos años después, papá Jim fue en automóvil de Georgia a Indiana para mudarnos de vuelta a casa a mí y a mi bebé. Le había dado un ataque al corazón para ese entonces, pero uno nunca se daría cuenta por la forma en la que camina muy derecho y brioso por las escaleras. Bajó del camión la cuna de Zoe, el sofá y las mil y una cajas de juguetes, la ropa, los platos... y MI VIDA... Trabajó incansablemente y con eficiencia, y tuve que obligarlo a descansar de vez en cuando.

—Hagamos esto —protestaba—. Sigamos adelante, cariño.

Yo no lo sabía entonces, ni tampoco él, que esta sería la primera de muchas mudanzas en las que me ayudaría a mí y a mis tres hermanas menores al pasar de los años.

El día que me operaron del cerebro, papá Jim y mi madre fueron las últimas personas que vi antes de la cirugía. Verlo ahí, fuerte y firme junto a mi madre que lloraba, me dio tranquilidad, como siempre desde que entró en nuestras vidas. Unas semanas después de la cirugía, estuve viviendo con mis hijas en la casa de mis padres para recuperarme. Papá Jim quitó, sin decir nada, su colección de trenes y su biblioteca militar y los guardó en un almacén para hacernos espacio.

No fue sencillo. A papá Jim le gusta la paz, el orden y el silencio. La vida con tres nietas pequeñas era lo opuesto a su sentido del orden y disciplina militar. Hubo veces que podía ver la frustración en su mirada y hubo veces que no pudo ocultarla. A veces se le salían unas palabras ásperas, o una respuesta tensa a alguna pregunta. Pero no bien las decía, papá Jim iba conmigo o con mis hijas a disculparse.

—Cariño, perdóname, no sé qué me pasó —me decía con arrepentimiento en la voz y en los ojos.

Así es él, pronto para disculparse, aceptar su culpa y muy franco.

Además, adora a mi madre. Son inseparables. Se levantan y se acuestan al mismo tiempo. Van juntos de compras y él hace sacrificios por ella. Por años ha soñado con regresar a Hawái. Estuvo ahí hace mucho tiempo en el ejército y nunca dejó de extrañar las islas. Pero siempre hace de lado su sueño, año tras año, debido a que surgen cosas importantes. Como la vez que mis hermanas y yo nos mudamos con ellos; como las mudanzas en las que nos ha ayudado; como criar nietos.

Hace cuatro años, mis padres aceptaron en su casa a mi hermana y a sus gemelos, niño y niña, recién nacidos. Mi hermana y sus cinco hijos se mudaron después de unos meses, pero los gemelos se quedaron con mamá y papá Jim, que accedieron a criarlos. Papá Jim pasó meses cambiando pañales, calentando biberones, buscando chupones perdidos. Ha recorrido muchos kilómetros dando vueltas con bebés que lloran de un lado a otro en los pasillos de su casa, dándoles palmadas en la espalda, tratando de aliviarlos y de dormirlos. Los gemelos tienen cuatro años ahora y él juega a la pelota con ellos en el jardín, se sienta pacientemente junto a la piscina para niños en el patio, y espera con bolsas de papel mientras los niños corren recogiendo nueces y sostiene los frascos de vidrio para la colección de luciérnagas en las noches de verano.

Francamente no puedo recordar mi vida antes de que él llegara a nosotros, y no puedo imaginar mi vida sin él. Amo mucho a mi increíble, mi fabuloso papá Jim

DONNA REAMES RICH

107

Mi padre, mi hijo

Papá y yo nos acercamos a la ventana y miramos al interior.

—Al fondo —dije yo mientras señalaba a través del vidrio reforzado.

Papá sólo miró y sonrió, no dijo mucho al ver a su nieto recién nacido por primera ocasión. Por lo general, no sabía expresarse cuando se trataba de asuntos del corazón, por lo menos conmigo, y esa vez reservó lo que tenía que decir para mi esposa, Linda.

—Es el primer nieto, Xavier —Linda me contó que le había comentado enternecido, mientras sonreía feliz al lado de la cama de mi esposa en el hospital.

Cada generación necesita regeneración.

CHARLES H. SPURGEON

Media docena de niños ya le decían abuelo a mi padre, pero este pequeño era el primer hijo de un hijo.

—La siguiente generación —comentó.

Era abuelo desde hacía más de doce años, y recuerdo bien el día en que mi hermana mayor tuvo a su primer hijo. Me enteré de la noticia en cuanto llegué de la escuela, y como casi todos los niños fastidiosos de nueve años hubieran hecho, le pregunté si a partir de entonces debíamos llamarlo abuelo. Bastó una mirada suya y no volví a llamarlo abuelo.

Papá trabajaba todo el día en ese tiempo, uno de los sacrificios que impone el trabajar por cuenta propia. No lo veíamos mucho, aunque siempre estaba en los momentos importantes, como los cumpleaños, graduaciones, bodas y nacimientos, y cada noche durante la cena. Nunca se ponía la cena en la mesa sino hasta que papá llegaba a casa. Mamá tenía lista la cena mientras lo esperaba, y cuando papá llegaba, se lavaba las manos y nos sentábamos. Era la regla, pero para nosotros era sólo la cena.

Aunque a veces cometió errores, fue un gran padre. Nunca me dijo cómo criar a mis hijos, al menos no con palabras. Sin embargo, todo lo que sé acerca de ser padre, lo aprendí de él.

Al parecer, treinta y cuatro años se pasan volando, porque sin mayor esfuerzo aún puedo ver a Brent como un bebé recién nacido, con la pelusilla color rubio claro que apenas le cubría la coronilla.

Al criarlo, Linda y yo cometimos errores. Algunos de ellos fueron heredados, cosas como anteponer el trabajo a mis hijos. Algunos errores fueron exclusivamente míos, como hacer su niñez más estricta que la mía, porque no quería que cometieran los mismos errores que yo. Dudo que alguna vez se dieran cuenta.

Pero a medida que crecían mis hijos, me preguntaba si había hecho lo suficiente, si había trabajado con ellos lo suficiente y les había enseñado lo suficiente para que fueran mejores padres que yo cuando llegara el momento. Sinceramente así lo esperaba.

Estaba en la sala de espera del hospital. Esa noche las cosas no fueron como las esperábamos mi hijo y yo. Sentí su miedo, aunque en verdad era más suyo que mío, y traté de ofrecerle palabras de aliento. Se resistió a mis esfuerzos como a veces sucede cuando se trata de asuntos del corazón. Se parece mucho a su abuelo y las semejanzas a veces me asustan.

Por lo tanto, me limité a observarlo, esperando poder ayudarlo y estar ahí si me necesitaba, aunque rara vez es así. Lo seguí a la sala de recuperación mientras el doctor le explicaba que todo estaba bien, que tanto la madre como el bebé estaban bien. Todo había salido bien a pesar del susto del último momento.

Lo vi con las manos recién lavadas. Lo vi seguir a la enfermera y lo vi contemplar a su hija, mi nieta, por primera vez.

Y lo vi sonreír. Sonreía como sólo lo había visto una vez, el día de su boda hace algunos años.

"La siguiente generación", pensé mientras veía esa carita perfecta y le di las gracias a Colleen por traer al mundo a esa hermosa niña. Entonces, alguien me dijo abuelo.

Cuando mi padre se convirtió en abuelo hace tantos años, no sé si sintió el cambio de inmediato, como a mí me pasó hace unas semanas. Para mí, significó una mayor responsabilidad, ya que ahora había otra generación por la cual preocuparse. Y sólo puedo esperar que la guía que le di a mi hijo desde niño haya sido suficiente, suficiente para servirle de ejemplo cuando tenga que enseñarle a está preciosa niña pequeña, porque ahora es su turno.

Mi padre, mi hijo. La sabiduría de la generación anterior, la energía de la presente. La vida en verdad es increíble.

GARY B. XAVIER

Caldo de Pollo para el Alma

Conoce a nuestros colaboradores

Linda Apple es autora de *Inspire! Writing from the Soul*. Sus historias han aparecido en once libros de *Caldo de pollo para el alma*. Linda es también oradora motivacional y actualmente trabaja como instructora regional de oradores de Stonecroft Ministries en Arkansas. Visita su sitio electrónico en www.lindacapple.com o escríbele por correo electrónico a: lindacapple@gmail.com.

Teresa Armas hizo su licenciatura y maestría en Educación en la California State University en Los Ángeles. Trabaja en el campo de la educación. Su libro para niños *Remembering Grandma* fue finalista del Tomas Rivera Children's Book Award. Le gusta viajar, escribir y pasar tiempo con sus hijos y familia, que son su inspiración.

Ronda Armstrong y su esposo disfrutan de los bailes de salón. Corretean detrás de sus dos queridos gatos y se relacionan con la familia y los amigos. Los ensayos e historias de Ronda han aparecido en libros de *Caldo de pollo para el alma*, *The Des Moines Register* y *Knee High by the Fourth of July*, una antología del Medio Oeste estadounidense. Escríbele por correo electrónico a: ronda.armstrong@gmail.com.

Andrea Atkins es una escritora cuyo trabajo ha aparecido en muchas revistas nacionales, entre ellas *Woman's Day, Good Housekeeping, Better Homes & Gardens* y otras. Es madre de dos hijas y está casada con David Hessekiel.

Caitlin Quinn Bailey es coordinadora de comunicaciones de una organización sin fines de lucro y siempre ha sido escritora, gracias al increíble apoyo de su familia. El 24 de abril de 2010 su papá le dio otro regalo invaluable: entregarla en el altar el día de su boda. Gracias, papá. Escríbele por correo electrónico a: caitlinqbailey@gmail.com.

Kathleene S. Baker y su esposo Jerry residen en Plano, Texas con dos perros, Hank y Samantha. Un schnauzer precioso llamado Josey inspiró la primera experiencia literaria de Kathleene. Como escritora independiente, ha colaborado con periódicos, antologías, revistas, revistas electrónicas y escribe una columna semanal llamada "Heart of Texas". Visita su página en internet en: www.txyellowrose.com.

Kerrie R. Barney vive todavía con sus padres y le encanta tejer y hacer crochet, y aún aprovecha la habilidad que tiene su papá para desenmarañar madejas cuando un proyecto sale mal. Vive y escribe en el hermoso desierto de la región central de Oregon.

Jill Barville es artífice de la palabra profesional que escribe de todo, desde artículos para periódicos y revistas hasta textos de relaciones públicas y manuales de computación. Vive en Spokane, Washington, con su esposo y tres hijos y puede ir caminando desde su casa a la de sus padres. Cenan juntos la mayoría de los domingos. Comunícate con ella por correo electrónico a la dirección: jbarville@msn.com.

Tina Bausinger ha publicado poesía e historias cortas y es columnista humorística de la University of Texas en Tyler. A Tina le encanta leer y pasar tiempo con su esposo Lee y sus tres hijos. Escríbele por correo electrónico a: tinaboss71@yahoo.com.

Donna Buie Beall es escritora independiente y profesora adjunta de inglés en el Brewton-Parker College al sur de Georgia. Esta es la segunda publicación de Donna en la serie *Caldo de pollo para el alma* y está trabajando en su primera novela.

Cindy Beck vive en Utah con su esposo, dos gatos y un perro pequeño y gordo. Es autora de numerosos cuentos y coautora de un libro de anécdotas humorísticas. Cindy se dedica a escribir para libros, revistas y una columna humorística que se publica en un diario. Visita su página en internet en: www.bythebecks.com.

June Harman Betts es autora de la serie *The Echoes in My Mind: Father was a Caveman*, *We Were Vagabonds* y el siguiente libro *Executive*, que está por publicarse. Le gusta escribir, pasar tiempo con su familia, trabajar como voluntaria y viajar. Infórmate más en: www.authorsden.com/junehbetts.

Robin Pepper Biasotti obtuvo su título en economía por la University of Notre Dame y su doctorado en derecho por la University of Dayton. Vive en Connecticut con su esposo y cuatro hijos. Antes de ser ama de casa, Robin era abogada especialista en derecho familiar.

Cynthia Blatchford trabaja como asistente dental de tiempo completo y le gusta escribir en su tiempo libre. Tiene la esperanza de ayudar a los demás a sanar por medio de la palabra escrita basada en sus experiencias personales. Escríbele por correo electrónico a: cindy_700@hotmail.com.

Sharon Beth Brani es madre soltera de dos preciosas hijas, terapeuta profesional con licencia y entrenadora de adopción. Tiene más de cuatrocientos cuentos y artículos que han aparecido en una variedad de publicaciones, entre ellas *Caldo de pollo para el alma*. Visita su página electrónica en: www.heartprintsadoption.com.

Tim Brewster es contador y entusiasta de las actividades al aire libre; vive en Alberta, Canadá, con su esposa y dos hijas. Juntos disfrutan de esquiar, salir de pesca, andar en bicicleta, patinar, acampar, contar historias y contemplar las estrellas.

Elaine Bridge trabajó en los bosques de la costa occidental como guardabosques antes de ser ama de casa y madre de tres hijos. Ahora vive en Ohio, trabaja medio tiempo en un supermercado y está dedicada a fortalecer su relación con Dios, cuidar de su familia y escribir material edificante.

Christine Brooks es escritora independiente, activista que trabaja por la protección marina y surfista que cree en cuidar el océano, que es una inmensa inspiración en muchos aspectos de su vida. Su segundo libro, *A Voice to Be Heard*, se publicó en 2010. Para más información visita: www.fourleafclover.us.

Barbara Canale es escritora independiente y columnista del *Catholic Sun* de Syracuse, NY. Ha publicado en *Chicken Soup for the Veteran Soul, Chicken Soup for the Adopted Soul* y *Chicken Soup for the Soul: Count Your Blessings*. Es autora de *Our Labor of Love: A Romanian Adoption Chronicle*. Le gusta andar en bicicleta, esquiar y trabajar en el jardín.

Tracy Cavlovic se reincorporó en fechas recientes al trabajo después de haber sido ama de casa durante diez años. Tiene dos hijos maravillosos que la mantienen ocupada y entretenida con sus sueños de hockey. Su anhelo es seguir escribiendo y que otros disfruten sus textos. Escríbele por correo electrónico a: tracycavlovic@sympatico.ca.

Karen Gray Childress vive en el Medio Oeste. Le encanta escribir, viajar, trabajar con colores pastel y pasar tiempo con su familia. Encontrarás más información en: www.karenchildress.net.

Jane Choate se graduó de la Brigham Young University y ha tejido historias en la mente desde que tiene memoria. En años recientes cumplió su sueño de que se publicaran sus textos.

Sheila Curran es autora de *Everyone She Loved*, que trata sobre los esfuerzos de una mujer por proteger a su propia familia incluso después de la muerte. Su primer libro, *Diana Lively Is Falling Down*, es una comedia romántica que Jodi Picoult calificó de cálida, graciosa, creativa y original, mientras que Booklist la considera una joya. Visita: www.sheilacurran.com para obtener más información.

Danielle está terminando su último año de preparatoria y planea asistir a la universidad el próximo año, donde estudiará psicología. Es miembro del equipo de animadoras de su escuela y también le gusta esquiar. Escríbele por correo electrónico a: Danielle0971@aim.com.

Lola Di Giulio de Maci es colaboradora de varios libros de *Caldo de pollo para el alma*. Su inspiración para escribir historias para niños son sus hijos, que ya son mayores, y los niños a los que les ha dado clases a lo largo de los años. Lola tiene una maestría en educación e inglés y sigue escribiendo desde su soleado departamento que tiene vista a las montañas de San Bernardino. Escríbele por correo electrónico a: LDeMaci@aol.com.

Aunque es ciega, **Janet Perez Eckles** trabaja como intérprete de español y es oradora internacional, escritora y autora de *Trials of Today, Tresures for Tomorrow - Overcoming Adversities in Life*. Le gusta trabajar, desde su hogar en Florida, en ministerios de la iglesia y tomar cruceros por el Caribe con su esposo Gene. Imparte inspiración en: www.janetperezeckles.com.

Barbara Edwards es madre de dos jóvenes. Trabaja como reportera de un periódico y en una escuela primaria en el norte de California. Barbara disfruta de viajar, ir de compras, ver el futbol americano colegial y escribir para adolescentes y preadolescentes. Escríbele por correo electrónico a: bandked@yahoo.com.

Shawnelle Eliasen y su esposo Lonny crían a sus hijos en una vieja casona victoriana junto al río Mississippi. Les da clases en casa a sus hijos más pequeños. Su trabajo ha sido publicado en diversas revistas. Escribe sobre la vida, la familia, la amistad y la gracia de Dios.

Melissa Face vive en Virginia. Da clases de educación especial y escribe tan seguido como le es posible. Su trabajo ha aparecido en periódicos, revistas y diversas antologías. Visita su blog en www.melissaface29.blogspot.com o contáctala por correo electrónico en: writermsface@yahoo.com.

James S. Fell, MBA, CSCS, es esposo, padre, corredor, levantador de pesas y autor de libros sobre acondicionamiento físico. Además de escribir para una gran variedad de revistas de acondicionamiento físico, es autor de *Body for Wife: The Family Guy's Guide to Getting in Shape*. Visita www.bodyforwife.com o escríbele por correo electrónico a: james@bodyforwife.com.

Sally Friedman se graduó de la University of Pennsylvania y ha escrito comentarios personales desde hace cuatro décadas. Su trabajo ha aparecido en *The New York Times, The Philadelphia Inquirer, AARP, The Magazine* y otras publicaciones nacionales, regionales y locales de Estados Unidos. Colabora con frecuencia en la serie *Caldo de pollo para el alma*. Escríbele por correo electrónico a: pinegander@aol.com.

Rachel Furey, oriunda del norte del estado de Nueva York, es estudiante de doctorado en Texas Tech. Ganó el premio Wabash que otorga la *Sycamore Review* en la categoría de obras de ficción. Su trabajo también ha aparecido en *Women's Basketball Magazine, Chicken Soup for the Soul: Twins and More, Freight Stories, Squid Quarterly* y *Waccamaw*.

W. S. Gager escribe para la serie *Mitch Malone Mystery* y da clases de inglés en Baker College en la región occidental de Michigan. Su primer libro, *A Case of Infatuation*, fue ganador del concurso Dark Oak Mystery 2008. Entérate de sus novelas de misterio en www.wsgager.com o escríbele por correo electrónico a: wsgager@yahoo.com.

Bryan Gill hizo su licenciatura en comunicación en la Auburn University y su maestría en teología en la Beeson Divinity School. Es director del Baptist Collegiate Ministry del área metropolitana de Memphis, Tenn. Bryan es autor de *31 Verses Every Teenager Should Know*, un libro devocional (Student Life; Birmingham, 2009). Le gusta la fotografía y el canotaje en kayak.

Kierstan Gilmore obtuvo su grado de licenciatura en The Catholic University of America y su maestría en trabajo social por la Saint Louis University. Es trabajadora social psiquiátrica por el momento y espera que algún día pueda llamarse una verdadera escritora. Escríbele por correo electrónico a: kierstan.gilmore@gmail.com.

Jenna Glatzer (www.jennaglatzer.com) es autora o escritora fantasma de dieciocho libros, entre ellos *The Marilyn Monroe Treasures* y la biografía autorizada *Celine Dion: For Keeps*. Su última colaboración fue en *Unthinkable,* de Scott Rigsby, el primer amputado de ambas piernas en terminar el triatlón Hawaiian Ironman. Ella y su hija viven en Nueva York.

Ashlan Gorse es corresponsal y anfitriona sustituta de *E! News*. Obtuvo su título de licenciatura de la escuela de periodismo de la University of North Carolina, Chapel Hill. Cuando Ashlan no está siguiendo películas, moda o celebridades, se dedica a viajar en busca de la copa perfecta de *pinot*.

Amanda Green nació y se crió en Texas, aunque ahora vive en la ciudad de Nueva York. Ha publicado en *New York Press*, *The Guardian*, *Mr. Beller's Neighborhood* y en el blog City Room de *The New York Times*. Escribe sobre sus desventuras en la ciudad (¡y más allá!) en: www.noisiestpassenger.com.

Tina Haapala no toca la guitarra como su papá, pero espera que le vaya mejor como escritora. Esta es su cuarta contribución a *Caldo de pollo para el alma*. El sitio de Tina en internet, www.excuseeditor.com, trata de ayudar a aspirantes a escritores. Si deseas oír "Tina Marie '73", escríbele por correo electrónico a: tinamarie73@gmail.com.

Cathy C. Hall es escritora independiente y columnista humorística de Georgia. Sus colaboraciones han aparecido en periódicos, revistas y antologías. A menudo escribe sobre su familia y amigos. Si conoces a Cathy, probablemente haya escrito sobre ti. Encuentra más información en: www.cathy_c_hall.com.

Jan Hamlett es escritora independiente que vive en Little Rock, Arkansas. Es profesora jubilada de inglés que disfruta de leer, trabajar en el jardín, seguir el futbol de la SEC y viajar. Las historias de Jan han sido publicadas en la revista *Women Alive*, *The Wittenburg Door* y en la publicación electrónica *Bewildering Stories*. Escríbele por correo electrónico a: jt1950@yahoo.com.

Cynthia M. Hamond tiene numerosas historias en más de veinticinco libros de *Caldo de pollo para el alma* y también en otras publicaciones importantes, como la revista *Woman's World* y King Features Syndication. Cynthia ha recibido dos premios y dos de sus historias han sido adaptadas para televisión. Cynthia está disponible para visitas escolares y charlas en grupo. Obtén más información en: www.Cynthiahamond.com.

Charles E. Harrel fue pastor por treinta años antes de retirarse para escribir. Ha publicado más de 280 obras. Sus historias y textos devocionales han aparecido en veinte libros, entre ellos *Chicken Soup for the Father & Son Soul*. Charles disfruta de la fotografía, tocar guitarra y las excursiones familiares para acampar.

Heidi Durig Heiby ha trabajado como maestra y tutora de inglés y alemán. Vive en Ohio con su esposo, Fritz, y su hija Anna. A Heidi le gusta leer, escribir, su maravilloso grupo de escritores, viajar, cocinar, la vida al aire libre y la compañía de amigos cercanos y familiares. Escríbele por correo electrónico a: hheiby@yahoo.com.

Patti Callahan Henry es novelista de la lista de *bestsellers* del *New York Times*. Tiene seis novelas publicadas por Penguin/NAL. Patti ha sido calificada como una nueva voz original en la ficción sureña. Ha sido finalista del Townsend Prize for Fiction y ha sido nominada para recibir el premio Southern Independent Booksellers Alliance Fiction Novel of the Year. Vive en las afueras de Atlanta con su esposo y tres hijos. Página en internet: www.patticallahanhenry.com.

Elizabeth Herrera recibió el título de maestría en liderazgo educativo en agosto de 2004. Es orientadora vocacional y siempre le ha gustado trabajar en ambientes de servicio social y con poblaciones marginadas. Le encanta viajar, correr y pasar tiempo con su esposo.

Fracia Heter vive en Wellington, Kansas, donde nació y creció. Recibió el título de Associate of Arts en 2009. A Fracia le gusta leer, escribir textos creativos, ir de compras y mimar a su shih tzu, llamada Emma. Escríbele por correo electrónico a: fmarie1211@aol.com.

Kathy Irey es trabajadora social y escritora independiente en Pittsburgh (¡vivan los acereros!). Su trabajo ha aparecido en distintas publicaciones, entre otras *The Secret Place*, *Devo'Zine* y *Affaire de Coeur*. Entre sus pasiones figuran los toboganes, las piscinas de olas, su alma máter Penn State y la historia de las mujeres.

Ron Kaiser, Jr. da clases de inglés y redacción universitaria en el vibrante y hermoso New Hampshire con su absolutamente radiante esposa. Después de su encantadora esposa, antes mencionada, y su maravillosa familia, su segundo amor es escribir obras de ficción. Actualmente busca publicar dos novelas y una colección de historias cortas. Escríbele por correo electrónico a: kilgore.trout1922@gmail.com.

J. Aday Kennedy es autor galardonado que ha publicado muchas obras y textos edificantes y de inspiración cristiana, así como de literatura infantil. Tres libros ilustrados están bajo contrato esperando con impaciencia que los publiquen. Es tetrapléjica dependiente de un ventilador que hace sus sueños realidad con una historia a la vez. Como oradora, Aday entretiene, instruye, motiva e inspira a públicos de todas las edades. www.jadaykennedy.com y http://jadaykennedy.blogspot.com.

Jess Knox colaboró en el libro *Chicken Soup for the Soul: Cancer Book* de 2009. Se graduó de la University of Southern California en 2007 con un título como escritora de guiones cinematográficos y en la actualidad trabaja para el Omnipop Talent Group en Los Ángeles. Escríbele por correo electrónico a knox.jess@gmail.com.

Robyn Kurth es escritora independiente cuyo trabajo ha aparecido en varias publicaciones y sitios electrónicos. Es colaboradora asidua de Examiner.com, donde escribe como la Orlando Parenting Examiner. Robyn ha publicado en varias antologías, como *Chicken Soup for the Chocolate Lover's Soul* y *The Ultimate Christmas*. Ponte en contacto con ella en: rwrodworks@earthlink.net.

Victoria LaFave dejó hace nueve años su carrera de mercadotecnia para seguir su sueño de ser escritora y madre. Una de sus historias se publicó en el libro *My Teacher Is My Hero*, y también ha publicado artículos en las revistas *Parents*, *FamilyFun* y *Woman's Day*. Escríbele por correo electrónico a: vrlafave@sbcglobal.net.

John Lavitt quisiera decir que tenía razón y su padre estaba equivocado cuando se trataba de pronósticos del futuro, pero estaría mintiendo. A pesar de las protestas de su padre, John aún trabaja en Hollywood, aún escribe poesía y aún cree que bateará ese jonrón.

Dawn Lilly considera que el noroeste del Pacífico es el lugar ideal para vivir, escribir y tener un jardín. Como esposa, madre y abuela, Dawn heredó su pasión por la escritura de Doug Miles, su padre, su primer editor y la inspiración de la historia "El bateador emergente". Escríbele por correo electrónico a 22dlilly@gmail.com.

Amy Lyons es escritora y editora, vive en Los Ángeles y ha trabajado para *The Boston Globe*, entre otras innumerables publicaciones en Los Ángeles. Le encanta escribir, ir al teatro, escuchar música y pasar tiempo con su familia y amigos. Escríbele por correo electrónico a: amykly@yahoo.com.

Kelly Starling Lyons es hermana de Kevin Price y autora de literatura infantil de Carolina del Norte. Obtén más información sobre Kelly en www.kellystarlinglyons.com. Esta historia está dedicada a Kelly y su abuelo, Thurman Starling.

Timothy Martin es autor de cuatro libros y siete guiones. Tiene tres novelas infantiles publicadas en 2010. Las historias de Tim han aparecido en varios libros de *Caldo de pollo para el alma*. Su programa de televisión *Repossessed* está en desarrollo en Indigo Films. Puedes comunicarte con él en: tmartin@northcoast.com.

Bonita Y. McCoy vive en Alabama con sus tres maravillosos hijos y su esposo, con quien tiene veinte años de casada. Estudió la licenciatura en periodismo e inglés en la Mississippi State University. En la actualidad da clases de inglés en preparatoria. A la familia McCoy le encanta ir de excursión y han tenido muchas aventuras en su vehículo deportivo, que se llama Seymore.

Abbey McNutt obtuvo el título de licenciatura por la St. Gregory's University en 2002. Da clases en el nivel de transición a primer grado en Oklahoma. Le gusta trabajar con niños, en especial los de parejas divorciadas y planea escribir un libro sobre su experiencia como hija de un divorcio. Escríbele por correo electrónico a: ramcnutt2000@yahoo.com.

Kimberlee Murray es esposa y orgullosa madre de dos hijos, Nicholas y Christopher. Se mantiene muy ocupada con su activa familia y en su tiempo libre escribe acerca de cómo simplificar la vida en su blog "Life Isn't Rocket Science" (http://kimberleemurray.blogspot.com). Escríbele por correo electrónico a: kbernard53@hotmail.com.

Sheila Myers escribe por la mañana para una organización internacional sin fines de lucro, y de forma independiente el resto del tiempo. Actualmente trabaja en un libro de ciencia ficción para adultos jóvenes. Escríbele por correo electrónico a: sjblomyers@sbcglobal.net.

Como exexperta en crianza y educación de los hijos del canal Fox TV 4 de Kansas City, **Brenda Nixon** (www.BrendaNixon.com) es autora del libro ganador de un premio The Birth to Five Book, es conductora del programa radiofónico The Parent´s Plate y oradora popular para padres y profesionales del cuidado infantil. Vive en Ohio con su esposo y cerca de sus tres hijos adultos.

Kirsten Ogden creció en Hawái, pero ahora tiene su casa en Los Ángeles, donde da clases de redacción en el Pasadena City College. Es poeta laureada de Gambier, Ohio, y también enseña poesía en escuelas públicas dentro del programa California Poets in the Schools. Visita el blog de Kirsten en: www.eatthepaper.com.

Jill Olson se graduó de la University of North Carolina en Chapel Hill en 1993 como licenciada en economía. Luego se mudó a la ciudad de Nueva York donde trabajó para un fondo de cobertura en el que hacía análisis de divisas globales e instrumentos de inversión de renta fija. Desde 1999, Jill ha participado en varias organizaciones sin fines de lucro, todas centradas en luchar contra la pobreza.

Debra D. Peppers es profesora de inglés jubilada, profesora universitaria, conductora de televisión y radio, autora y dramaturga ganadora del premio Emmy. Es parte del prestigioso National Teachers Hall of Fame y miembro de la National Speakers Association. La Dra. Peppers está disponible para reservaciones en el teléfono 314-842-7425 o en: www.pepperseed.org.

Mark Damon Puckett ha escrito para *Saveur* y *Greenwich Magazine*. Obtuvo su maestría en escritura creativa por la University of Houston, otra maestría en inglés y otra en estudios afroamericanos en Middlebury. Sus historias han aparecido en *Gulf Coast*, *The Crescent Review* y *The Tusculum Review*. Visita su página en internet en: www.markdamonpuckett.com.

Jennifer Quasha es escritora independiente y editora que, a pesar de haber sido atacada por babuinos, le sigue gustando viajar a lugares exóticos. Visita su página en internet en: www.jenniferquasha.com

D. R. Ransdell enseña a escribir en la University of Arizona. Su CD de música de maricahi se titula *Diana canta la venganza*. También tiene una colección de poemas sobre gatos titulada *The Secret Lives of the Pink House Cats*. En fechas recientes terminó una gira de seis conciertos en

China con la Southern Arizona Symphony Orchestra. Visita su página en: internet en: www.dr_ransdell.com.

Natalie June Reilly es madre soltera de dos adolescentes extraordinarios. Es mamá de tiempo completo, fanática del futbol americano y autora del libro para niños *My Stick Family: Helping Children Cope with Divorce*. Natalie vive y ama con gratitud cada día y te invita a contactarla en la dirección: natalie@themeanmom.com.

Eric T. Reuscher estudió su licenciatura en la University of Pittsburgh en 1987. Trabaja en el área de desarrollo de la Eastman School of Music. A Eric le gusta el golf, la jardinería, los deportes y pasar tiempo con su familia y amigos. Continúa escribiendo historias para niños y adolescentes. Escríbele por correo eléctronico a: pitt8787@yahoo.com.

Donna Reames Rich es una ávida escritora y ha escrito de forma independiente en los últimos veinte años. Es también enfermera psiquiátrica. Ama a sus tres perros y un gato, pero se la pasa mejor como madre de tres hermosas y vivaces hijas: Zoe, Chloe y Caroline. Escríbele por correo electrónico a: donnachloe@yahoo.com.

Sallie A. Rodman es una autora galardonada de muchas historias que han aparecido en antologías de *Caldo de pollo para el alma*, además de otras antologías y revistas. Vive en Los Alamitos, California, con su esposo Paul, Mollie el beagle e Inky el gato. Sally atribuye el éxito que ha tenido en la vida a su padre y a los valores que le inculcó. Escríbele por correo electrónico a: sa.rodman@verizon.net.

Stephen Rusiniak es esposo y padre de dos, además de ser ex-detective de policía especializado en asuntos familiares y juveniles. Ahora comparte sus pensamientos por medio de sus escritos, que han aparecido en varias publicaciones, entre ellas la antología *Chicken Soup for the Father & Son Soul*. Comunícate con él en: stephenrusiniak@yahoo.com.

Heather Simms Schichtel es escritora, intercesora de personas con necesidades especiales y madre de Samantha, niña de tres años. Esta es su segunda publicación en la colección de *Caldo de pollo para el alma*. Desea agradecer a su padre por haber sido la inspiración de la historia Morey. Comunícate con Heather en: www.samsmom_heathers.blogspot.com.

Joel Schwartzberg es un escritor galardonado y autor de *The 40-Year-Old Version: Humoirs of a Divorced Dad* (www.40yearoldversion.com), que fue publicado con reseñas en 2009. Sus ensayos han aparecido en *The New York Times Magazine*, *Newsweek*, *New York Daily News* y *New Jersey Monthly*, entre otros.

Michelle Sedas es autora de *Welcome the Train* y *Live Inspired*. Es coautora de *The Power of 10%*, conductora de *Inspired Living Café* y cofundadora de Running Moms Rock. Michelle se graduó de la Texas A&M University y vive en Texas con su esposo y dos niños. Visita su página en internet en: www.michellesedas.com.

Michael Jordan Segal, que desafió todas las probabilidades de sobrevivir después de que le dispararan en la cabeza, es esposo, padre, trabajador social, autor independiente (entre otras obras de un CD/Descarga de doce historias para leer con música ambiental titulado *Possible*) y orador motivacional. Ha publicado muchas historias en los libros de *Caldo de pollo para el alma*. Para más información, visita: www.InspirationByMike.com.

Al Serradell, originario de Los Ángeles, California, ahora vive en Oklahoma, ciudad donde trabaja como administrador del Workforce Center del estado de Oklahoma; entre sus pasatiempos destaca rescatar chihuahuas y escribir historias.

Sara F. Shacter es escritora para niños. Sus artículos han aparecido en publicaciones como *Highlights for Children* y *World Book's Childcraft Annuals*. Hizo su debut en la literatura de ficción con un libro ilustrado que lleva por título *Heading to the Wedding*. Como exmaestra, le fascina hablar en escuelas. Visítala en www.sarafshacter.com.

Kathleen Shoop terminó su doctorado en la University of Pittsburgh en 1999. Escribe novelas y sus artículos se publican con regularidad en revistas y periódicos, además de trabajar medio tiempo en una escuela para niños desde preescolar hasta el octavo grado en la ciudad de Pittsburgh. También tiene un maravilloso esposo y dos hijos que nunca dejan de hacerla reír a carcajadas. Escríbele por correo electrónico a: jakenmax2002@aol.com.

Curtis Silver es escritor independiente que vive en una casa de tres dormitorios en Sarasota, Florida, con su esposa y tres hijos. Cuando no escribe, sufre el tormento diario de tomar el tren suburbano para ir y venir del trabajo y fingir ser inteligente. Comunícate con él por correo electrónico en: cebsilver@gmail.com, vía Twitter en @cebsilver o en internet en: http://cashorcheckonly.wordpress.com.

Adrian R. Soriano vive en San Antonio, Texas. Está felizmente casado con su esposa Jennifer y tiene tres hijas que se llaman Jasmine, Abigail y Adrian Jr. Este es su primer artículo y agradece el honor de que se haya publicado. Con Dios, todo es posible. Mateo 19:26

Diane Stark fue profesora y luego se volvió ama de casa y escritora independiente. Su primer libro, *Teachers' Devotions to Go*, fue publicado en el otoño de 2009. Diane vive al sur de Indiana con su esposo Eric y sus cinco hijos. Escríbele por correo electrónico a: DianeStark19@yahoo.com.

El más reciente libro de **Elissa Stein** es *FLOW: the Cultural Story of Menstruation*. Anteriormente publicó *City Walks with Kids: New York*, notas interactivas de agradecimiento e historias icónicas visuales de la cultura pop. Es dueña de su propio negocio de diseño gráfico y también practica yoga, teje y colecciona abrigos clásicos. Vive con su familia en el área de la ciudad de Nueva York.

Annmarie B. Tait vive en Conshohocken, Pennsylvania, con su esposo Joe y Sammy, el "Yorkie Maravilla". Ha publicado en la colección de libros de *Caldo de pollo para el alma*, la revista *Reminisce* y *Patchwork Path*. Cuando no escribe, a Annmarie le gusta cocinar, cantar y grabar canciones folclóricas irlandesas y estadounidenses que reflejan su legado. Escríbele por correo electrónico a: irishbloom@aol.com.

Lura J. Taylor es abogada que se jubiló precozmente y ahora disfruta de dar clases de francés, viajar y cuidar a su familia y mascotas. Actualmente trabaja en una novela gráfica sobre sus primeros años de adulta en Wichita y en Lawrence, Kansas. Escríbele por correo electrónico a: ltaylor94@gmail.com.

Marsha D. Teeling es abuela de dos maravillosos nietos, Madison y Logan, de 5 y 3 años, respectivamente. Le gusta escribir como pasatiempo, pero trabaja de tiempo completo como administradora de casos de niños enfermos de gravedad. Lleva 30 años de casada con su alma gemela, Antony. Le gusta la jardinería, tejer, leer y disfruta de la compañía de sus amigos. Su hermana gemela vive cerca de ella.

Marla H. Thurman vive en Signal Mountain, Tennessee, con sus dos perros, Oreo y Sleeper. Su papá aún la rescata de vez en cuando.

Marni Tice es madre y ama de casa dedicada a cuidar a sus hijos trillizos y a sus hijas. Fue relatora de tribunales por muchos años y ahora es dueña de su propia compañía de transcripciones legales al sur de Florida. Le encanta escribir y en la actualidad trabaja en su primer novela. Escríbele por correo electrónico a: Ameriscopes@aol.com.

Christine Trollinger es escritora independiente de Kansas City, Missouri. Sus historias cortas han aparecido en muchos libros y revistas. Le gusta viajar, la jardinería y pasar tiempo con su familia.

Megan Tucker-Hall está en su primer año de la carrera de psicología en la University of Tennessee, en Chattanooga. Esperaba ir a la escuela de medicina en 2011. Le gusta leer, trabajar como voluntaria en su comunidad, viajar y pasar tiempo con sus hermanas de la fraternidad. Escríbele por correo electrónico a: PrimRose8806@aol.com.

Dave Ursillo estudió la licenciatura en ciencias políticas en el College of the Holy Cross en 2008. Es escritor, inspirador de escritores y entrenador de vida. Escribe obras de autoayuda y motivacionales y ofrece sus obras gratis en el sitio electrónico DaveUrsillo.com. Escríbele por correo electrónico a: Dave@DaveUrsillo.com.

Sharon Dunski Vermont es esposa y madre de tiempo completo, además de escritora de medio tiempo y médico pediatra graduada de la University of Missouri-Kansas City. Su esposo, Laird, sus hijas, Hannah y Jordyn, y sus padres, Neil y Harriet Dunski son la inspiración de todo lo que escribe. Puedes contactarla en la dirección: svermont1987@yahoo.com.

Sidney Wain está en primer año de preparatoria. Ha estado en el cuadro de honor toda su vida y forma parte del equipo de vóleibol. Le gusta ir al centro comercial con sus amigas. Sidney se esfuerza por que le vaya bien en la escuela para ir a la universidad en algún país de Europa a estudiar relaciones internacionales.

Nick Walker es meteorólogo de The Weather Channel y escritor y cantante de *Sing Along with the Weather Dude*, un CD/Libro que enseña a los niños los fundamentos de la meteorología, además de *Don't Get Scared, Just Get Prepared*, que enseña a prepararse para fenómenos meteorológicos extremos. Contacta a Nick en su sitio "Weather Dude", en: www.wxdude.com.

Terrilynne Walker es madre de cinco hijos y abuela de seis nietos, y es educadora del sistema escolar de Florida. Le gustaría que su padre hubiera vivido lo suficiente para conocer a su familia, no sólo por sus logros, sino por el espíritu amable que heredaron de él.

Stefanie Wass vive en Ohio con su esposo y sus dos hijas. Sus ensayos han sido publicados en varios periódicos y antologías, entre ellas cinco de *Caldo de pollo para el alma*. Actualmente Stefanie busca agente para su primera novela infantil. Visita su página en internet en: www.stefaniewass.com.

Gail Wilkinson vive en una zona rural de Illinois con su esposo, hijos y mascotas. Trabaja como directora de recursos humanos de una compañía de software. Gail se interesa particularmente en relatos que preserven y honren la historia de las familias. Su novela para chicos de secundaria sobre la vida de sus abuelos, *Alice and Frosty: An American Journey* fue publicada en 2010 por Iowan Books.

Karyn Williams es la hija mayor de Pat Williams, ejecutivo de Orlando Magic, y "hermana mayor" en una familia de diecinueve niños adoptados de todo el mundo. Escribe música para Universal Music, además de ser escritora y artista dedicada a la grabación. Su primer álbum de estudio salió a principios de 2010. Visita su página en internet en: www.karynwilliams.com.

Paul Winick, M. D. vive en Florida con su esposa, Dorothy. Practicó pediatría por treinta años. Tiene dos hijos y cinco nietos. Paul es profesor de Pediatría Clínica en la escuela de medicina de la University of Miami. Esta es su quinta colaboración para la serie *Caldo de pollo para el alma*. Publicó unas memorias tituladas *Finding Ruth*, y varias historias reconocidas. Escríbele por correo electrónico a paulwinick@pol.net.

Ray M. Wong es esposo y padre devoto. También es escritor independiente y tiene una columna titulada "Family Matters", que se publica en varios periódicos de Estados Unidos. Terminó unas memorias tituladas *Chinese-American: The Journey Home*. Visita su página en internet en www.raywong.info. O escríbele por correo electrónico a: Ray@raywong.info.

Mary Jo Marcellus Wyse se graduó del programa para escritores del Vermont College of Fine Arts en 2006 y actualmente está terminando una novela sobre la relación padre-hija. Le encanta ser ama de casa y estar con sus dos maravillosos hijos. Mary Jo y su familia viven a las afueras de Boston.

Gary B. Xavier es autor y conferencista que se presenta por todo Estados Unidos y Canadá. Ha publicado numerosos libros de texto sobre mecánica. Escribe una columna dominical en el periódico, artículos de revistas y fue publicado en *Chicken Soup for the Father & Son Soul*. Se casó con Linda hace treinta y nueve años y tiene dos hijos grandes y una nieta. Escríbele por correo electrónico a: gary_xavier@yahoo.com.

D. B. Zane es escritora, maestra y madre de tres hijos. En su tiempo libre, le gusta leer, pasear al perro y llevar a los niños a visitar a sus abuelos. Escríbele por correo electrónico a: dbzanewriter@gmail.com.

Heidi L. R. Zuñiga ha vivido toda su vida en Gilbert, Arizona. Es la tercera hija de una familia de once. Heidi tiene cinco hermanos y cinco hermanas y le encanta tener una familia grande. Se mantiene ocupada haciendo deportes y pequeños trabajos. Heidi, junto con su hermana y dos amigas, crearon un pequeño negocio para ganar dinero.

Caldo de Pollo para el Alma

Conoce a nuestros autores

Jack Canfield es cocreador de la serie *Caldo de pollo para el alma*, que la revista *Time* llamó "el fenómeno editorial de la década". Es coautor, asimismo, de muchos otros libros que han tenido gran éxito de ventas.Jack es director general del Canfield Training Group en Santa Bárbara, California y fundador de la Foundation for Self-Esteem en Culver City, California. Ha impartido seminarios intensivos de desarrollo personal y profesional sobre los principios del éxito a más de un millón de personas en veintitrés países, ha pronunciado discursos ante cientos de miles de personas en más de mil empresas, universidades, conferencias profesionales y convenciones, y lo han visto millones de personas más en programas de televisión a escala nacional en Estados Unidos.

Jack ha recibido numerosos premios y reconocimientos, entre ellos tres doctorados honoríficos y un certificado de Guiness World Records por haber conseguido que siete libros de la colección *Caldo de pollo para el alma* aparecieran en la lista de bestsellers del *New York Times* el 24 de mayo de 1998.

Para comunicarte con Jack, visita la página:
www.jakcanfield.com.

Mark Victor Hansen es cofundador, con Jack Canfield, de *Caldo de pollo para el alma*. Es orador estelar muy solicitado, autor de bestsellers y experto en mercadotecnia. Los eficaces mensajes de Mark sobre posibilidades, oportunidades y acciones han producido cambios importantes en miles de organizaciones y millones de personas en todo el mundo.

Mark es un escritor prolífico, con numerosos bestsellers además de la colección de *Caldo de pollo para el alma*. Mark ha ejercido profunda influencia en el campo del potencial humano a través de su biblioteca de audiolibros, videos y artículos en las áreas de pensar en grande, metas de ventas, acumulación de riqueza, éxito editorial y desarrollo profesional y personal. También es fundador de la serie de seminarios MEGA.

Mark ha recibido numerosos premios que honran su espíritu emprendedor, corazón filantrópico y perspicacia para los negocios. Es miembro vitalicio de la Horatio Alger Association of Distinguished Americans.

Para comunicarte con Mark, visita la página:
www.markvictorhansen.com.

Wendy Walker empezó a escribir y a editar hace varios años mientras se quedaba en casa a cuidar a sus hijos y ahora es autora de dos novelas: *Four Wives* y *Social Lives*, ambas publicadas por St. Martin's Press. En fechas recientes editó el libro *Chicken Soup for the Soul: Power Moms* (2008) y *Chicken Soup for the Soul: Thanks Mom* (2010).

Antes de ser madre, Wendy trabajó como abogada en un despacho privado en Nueva York y Connecticut. También trabajó como abogada sin cobrar honorarios en ACLU. Cuando asistió a la escuela de leyes de Georgetown University, pasó un verano en la Special Prosecutions Division de la oficina del Fiscal de Estados Unidos para el distrito este de Nueva York.

Wendy obtuvo una doble titulación profesional de la Brown University en economía y ciencias políticas. Su primer año lo pasó en la London School of Economics. Después de la graduación, trabajó como analista financiera en el departamento de fusiones y adquisiciones de Goldman, Sachs & Co. en Nueva York.

De niña, Wendy entrenó para las competencias de patinaje artístico en Colorado y Nueva York. Ahora es parte de la junta directiva de patinaje artístico en Harlem, una organización comprometida con el desarrollo de niñas con recursos escasos, y ha apoyado a esta organización desde 1997.

Wendy vive en los suburbios de Connecticut y está ocupada criando a sus tres hijos mientras escribe su tercera novela.

Acerca de Scott Hamilton

Como autor, Scott fue objeto de grandes elogios de la crítica por su autobiografía *Landing It* (Kensington Books, octubre de 1999), que figuró en la lista de bestsellers de *The New York Times*. Este libro es una mirada íntima a su vida personal y profesional dentro y fuera de la pista de hielo.

Scott aparece con regularidad en televisión y es un invitado popular en noticiarios nacionales, como *The Today Show*, programas de noticias de la farándula y también en publicaciones de noticias nacionales, como *People*. Hizo su debut cinematográfico con la película *On Edge*, una parodia de un documental sobre patinaje artístico, y protagonizó la película *Blades of Glory*, con Will Farrell y Jon Heder.

El público ha aplaudido las interpretaciones de Scott con numerosas orquestas sinfónicas en su *Scott Hamilton's American Tour* y en quince temporadas de gira nacional con *Stars on Ice*, que también cocreó. Scott fue coproductor de *Stars on Ice* hasta que se retiró después de la gira en abril de 2001. A partir de entonces, regresó en dos temporadas a *Stars on Ice* como invitado especial en ciudades selectas, y continúa siendo la fuerza creativa detrás de cada producción anual.

Durante catorce años con la CBS Television Network, Scott cubrió varios juegos olímpicos. Recientemente firmó un contrato exclusivo a tres años con NBC Sports para cubrir todas las transmisiones de patinaje de la cadena, incluidas las Olimpiadas de invierno de 2010.

Scott pasó a formar parte del Salón de la Fama Olímpica de Estados Unidos en 1990. En ese mismo año también lo nombraron miembro distinguido del Salón de la Fama del Patinaje Artístico Mundial.

Scott trabaja para numerosas organizaciones de beneficencia. Es el portavoz oficial de Target House del St. Jude Children's Hospital en Memphis, Tennessee, como también de su propia Scott Hamilton CARES Iniciative (Cancer Alliance for Research, Education and Survivorship) en el Cleveland Clinic Taussig Center en Cleveland, Ohio. Scott también mantiene el sitio web www.Chemocare.com, y es parte del Consejo de Administración de las Olimpiadas Especiales.

Scott se casó con la exnutrióloga Tracie Robinson en 2002 y la pareja tiene ahora dos hijos, Aidan y Maxx. Cuando Scott no trabaja, actúa o promueve sus causas de beneficencia, se relaja en el campo de golf o pasa tiempo con su esposa e hijos en su casa en Nashville, Tennessee.

¡Gracias!

La fuerza de los lazos familiares se ha hecho patente con la profundidad emocional y la sinceridad que entrañan las historias de nuestros colaboradores. No fue posible incluir todas las historias, pero cada historia contribuyó a la riqueza con la que pudimos explorar las relaciones de padres, padrastros y abuelos en este libro. Ofrezco mi profundo agradecimiento a las miles de personas que mandaron sus sentidas historias personales. Al compartir sus experiencias y pensamientos, ustedes ayudan a crear el vínculo especial que existe entre la vasta cantidad de lectores de *Caldo de pollo para el alma*.

Caldo de pollo para el alma: Gracias, papá fue en verdad un esfuerzo de colaboración. La asistente editorial D'ette Corona leyó miles de entregas y trabajó con cada colaborador durante el proceso de edición. La editora Amy Newmark guió el ensamblaje del manuscrito de principio a fin con una clara visión de lo que este libro debería ser. Las editoras Kristiana Glavin y Barbara LoMonaco perfeccionaron cada línea con edición meticulosa. Y vaya un gran agradecimiento para Brian Taylor de Pneuma Books por el atractivo diseño de la portada.

Bajo el liderazgo de Bill Rouhana, director general, y Bob Jacobs, Presidente, *Caldo de pollo para el alma* continúa conectando a millones de personas cada año por medio de los temas más humanos y relevantes. Es un verdadero privilegio formar parte de este equipo.

WENDY WALKER

Esta obra se imprimió y encuadernó
en el mes de mayo de 2018,
en los talleres de Impregráfica Digital, S.A. de C.V.
Calle España 385, Col. San Nicolás Tolentino,
C.P. 09850, Iztapalapa, Ciudad de México.